가족신분사회

호주제 폐지 이후의 한국가족정치

표지 설명

배경은 회색빛이다. 표지 중앙에는 푸른빛의 수많은 단선들이 마치 물결처럼 이어져 있다. 굵기와 빛깔이 각기 다른 선들은 서로 맞닿으며 표지를 위아래로 가로지른다. 선들 위에는 제목인 '가족신분사회'와 부제인 '호주제 폐지 이후의 한국가족정치'가, 선들 아래에는 '한국사회에서 가족은 왜 신분이 되는가'라는 문장이 적혀 있다. 표지 우측에는 저자인 '가족구성권연구소'가 세로로 적혀 있고, 그 아래에는 출판사인 '와온'이 적혀 있다.

가족신분사회

호주제 폐지 이후의 한국가족정치

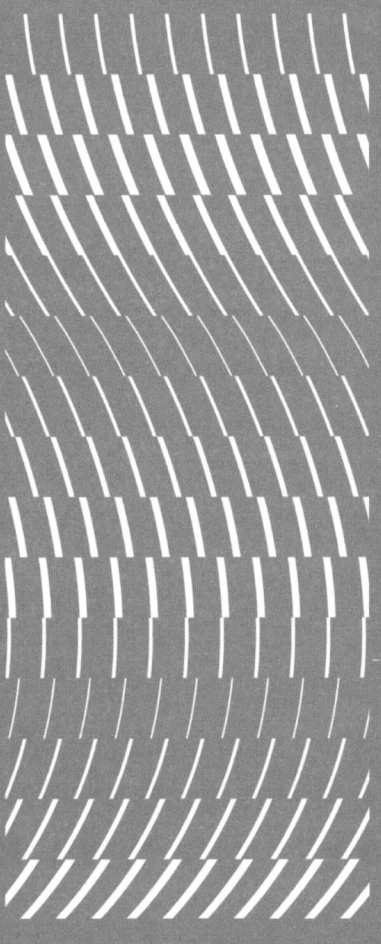

차례

기획의 말 | 포스트 호주제와 퀴어가족정치   7

1부   가족은 왜 신분이 되는가

가족법 개정운동과 호주제 폐지 이후의 과제   김대현   23

트랜스젠더 성별변경과 가족제도   나영정   56

아동·청소년의 가족구성권   김현경   82

2부   '정상가족'을 벗어난 시민의 삶은 가능한가

가족 뒤로 숨는 국가와 사회복지제도의 '가족' 호명 비판   성정숙   105

정상가족 밖에서 생존의 세계를 모색하는 한부모여성   김순남   130

비혼 단독 출산으로 보는 여성의 재생산 권리
: 국가의 시민권 박탈 과정 속 비혼화를 중심으로   김소형   152

다문화가족 정책과 결혼이주여성
: 친족성폭력 피해자 혼인취소 추방사건   장서연   170

3부   삶과 죽음은 어떻게 가족정치의 의제가 되는가

탈시설 운동과 가족구성권
: 내가 원하는 사람과 살아가는 삶을 쟁취하기 **김다정** 183

가족의 안과 밖을 질문하는 퀴어-비혼 정치
: 언니네트워크의 비혼 운동을 중심으로 **이유나** 200

죽음 이후의 가족: 사후자기결정권과 유언장 **한가람** 220

4부   새로운 결속은 어떻게 이루어지는가

다양한 친밀성과 돌봄 관계를 위한 제도적 공간 만들기
: '생활동반자'에서 '사회적 가족'까지 **정현희** 235

동성 결합의 실천과 혼인평등 운동 **이종걸** 252

관계와 시민의 기본값을 바꾸는 1인 가구 **홍한솔** 266

주석 290

일러두기

- 단행본은 『 』, 정기간행물은 「 」로 표기했다. 논문·논평·보고서·문화예술작품 등은 〈 〉, 언론사·행사·사업 등은 《 》로 표기했다.
- '비혼/미혼', '출생/출산'을 함께 사용했다. '비혼'과 '출생'이 성평등의 지향을 담은 말이지만, 법률·정책·학문·통계 용어로 쓰이거나 맥락상 필요한 경우에는 '미혼'과 '출산'으로 표기했다.

기획의 말
포스트 호주제와 퀴어가족정치

2005년 한국사회의 가부장적 가족 구조의 근간이었던 호주제가 폐지된 후 20년이 되어 가는 시점에, 우리는 '포스트 호주제'라는 기획을 통해서 가족을 불평등의 장으로, 정치의 영역으로, 저항의 공간으로 연결하기 위해 오랜 시간 고민한 결과를 담아 보려 한다.

한국사회에서 호주제 폐지운동은 가족이 자연적인 것이 아니라 성차별을 공고히 하는 국가의 제도적인 기획임을 공론화하는 가족정치의 중요한 획이었다. 또한 인권과 시민권의 관점에서 가족을 새로운 관계를 계획하고 상상하는 변혁의 장으로 인식하는 흐름을 만들어 냈다. 그렇다면, 호주제의 폐지를 통해서 새로운 가족정치는 '완성'되었는가? 호주제 폐지를 법적으로 호주가 사라지는 것으로만 본다면 포스트 호주제는 이미 완성된 것일 수 있다. 그러나 호주제 폐지 이후에도 가족제도는 남성·이성애·결혼·비장애 중심적인 가부장제와 자본주의 체제를 통해서 '가족의 정상성'을 강화하고 있으며, 우리는 한국사회 곳곳에서 작동하는 이 정상성을 쉽게 확인할 수 있다.

　이 책은 호주제 폐지가 '온전히' 담아내지 못한 성평등, 관계의 민주주의, 가족을 넘어서는 사회적인 연대의 장에 주목한다. 이는 호주제 폐지운동의 과정부터 '소수자'의 관점으로 가족을 정치의 장으로 만들어 온 사회운동들의 연대가 있었기에 가능한 일이다. '가족을 구성할 권리'를 향한 이 운동은 가족제도와 불화하며 불온한 시민으로 간주되는 존재들과의 연대를 모색해 왔고, 운동 초기부터 성소수자 운동뿐만 아니라 장애 운동, 비혼 운동 등과의 교차적인 만남을 통해서 확장되어 왔다. 가족을 저항의 언어로 정치화하면서 '정상가족'과 '이성애 중심성'의 해체를 요구하는 운동이 이어져 왔다. 현재는 기존의 가족을 넘어, 함께 살고 돌보고 의지할 수 있는 실질적인 삶의 토대, 즉 사회적 재생산 정의에 대한 요청과 가족을 구성할 권리가 교차되는 국면을 맞이하고 있다.

　이 책 또한 기존의 가족제도 너머의 삶, 관계, 사회에 대한 급진적인 질문을 던진다. 이는 가족제도로부터 억압되고 추방된 존재들이 이미 만들어 내고 있는 돌봄, 친밀성, 연대의 장을 새로운 사회의 방향으로 맥락화하고자 하는 연결의 의지를 담고 있다. 이러한 점에서 포스트 호주제는 가족의 정상성을 해체하는 '퀴어가족정치'의 문제의식을 통해 상상되고 실현되는 정치적인 기획일 수밖에 없다.

퀴어가족정치는 남성/여성, 이성애/동성애, 비장애인/장애인, 선주민/이주민, 시스젠더/트랜스젠더, 정상가족/취약가족, 생산인구/비생산인구 등의 위계를 통해 작동해 온 기존 가족의 정상성을 해체하면서 가족질서에 포섭되지 않는 삶의 재생산을 모색하는 정치학이다.[1] 돌봄의 공공성을 무력화하고 사회적 연대를 가로막는 야만적인 자본 축적, 국가 유지를 공고히 하는 인종화되고 도구적인 이주정책 및 인구정책과 단절하면서 다른 세계를 상상하고 연결하기 위한 방법론이자 인식론이다. '퀴어정치'가 이분법과 위계를 해체하고 권력이 교차하는 방식에 주목하는 것과 마찬가지로, '퀴어가족정치'는 가족제도 안과 밖의 경계를 구성하고 그것을 공고히 하는 권력의 교차점에 주목한다.[2] 이러한 퀴어가족정치의 관점은 우리가 지속적으로 교차적인 운동의 장을 확장해 온 토대이기도 하다.

무엇보다 이 책의 기획을 오래도록 절실하게 고민한 이유는 한국사회의 가족을 둘러싼 불평등이 심화되고 있고, 생존의 불안정성을 일상적으로 감각하는 이들이 증가하고 있기 때문이다. 우리는 사람들이 경험하는 고립의 핵심이 기존 가족 '밖'을 상상하지 못하게 하는 불평등한 세계와 연결된다는 점에 주목하면서, 존재론적 불안이나 취약성이 가족이 없는, 가족을 만들 수 없는, 가족에게 버림받은 '미래가 없는' 이에게서 기인한 것으로 간주하는 사회와 국가에 개입하고자 한다.

불평등이나 고립을 개인의 문제로 돌리고 가족끼리 알아서 생존하게 하는 우리 사회에서 '미래 없음'의 상태는 퀴어, 장애인, 여성, 가난한 사람, 이주자 등 소수자만이 느끼는 게 아니다. 미래는 특정한 계급이나 자원이 있는 시민에게 쉽게 주어지는 것으로, 많은 사람들이 이를 체감하고 있다. 국가는 이 '미래 없음'을 가난하고, 결혼하지 않고, 자식도 없는 시민의 증가와 연결 짓는다. 하지만 우리는 이 책을 통해, 미래의 문제는 관계 맺을 수 있는 물적 토대를 끊어 버리고 가족에게 생존을 일임하는 폐쇄적 가족제도로 인한 것임을 분명히 하며, 기존의 가족을 넘어 '다양한 가족'을 구성할 권리를 향해 전진하고 있는 많은 이들의 움직임에 주목할 것이다.

2000년대 이후 '정상가족 너머의 삶'을 모색하는 움직임이 본격화되었지만, 여전히 법적 가족의 정의가 협소해서 많은 이들이 자신이 맺고 의지하는 관계를 인정받지 못하고 있다. 하지만 그 시간 동안 국가의 법 보호 밖에서 존재해 온 '비국민'들이 겪는 차별과 고통이 강화된 것만은 아니다. 이 시기는 가족제도의 불평등에 대항하는 새로운 주체들이 전면에 등장한 때이기도 하다. 비혼 운동, 혼인평등 운동, 탈시설 운동, 청소년의 탈가정·탈학교와 주거권 운동, 성별이분법에 저항하는 성소수자 운동 등 기존의 가족제도를 벗어난 이들이 새로운 소속, 관계, 사회를 만들고자 하는 흐름이 이어지고 있다. 또한 비혼이 장기화·지속화되고, 1인 가구가 급격히 증가하였으며, 노년에 자녀에게 '의지'하지 않겠다는 가치의 변화가 일어났다. 코로나19 재난 시기를 거치면서 돌봄과 양육의 사회화에 대한 요구가 전례 없이 터져 나왔다. 이러한 흐름들은 더 이상 이전의 가족질서로 돌아갈 수 없는, 그것에 기반을 둔 삶의 재생산은 불가능함을 인지하는 이들의 출현으로 이어졌다.[3]

이렇듯 사회적 재생산의 위기가 전면화되는 동시에 기존 가족을 떠나서 다른 삶의 방식을 모색하는 다양한 주체가 등장하는 지금 이때를, 가족구성권 운동의 전환점으로 보고자 한다. 새로운 사회적 재생산 모델을 찾아가기 위해서 정치적이고 변혁적인 의제를 교차적으로 논의해야 할 시기인 것이다. 이제 사회적인 연대의 확장을 통해서 기존 가족 너머에서도 돌봄과 상호의존을 수행할 수 있는 사회를 만들어 가야 한다. 가족상황과 무관하게 개인이 사회적으로 살아갈 수 있는 토대를 만들고, 삶의 재생산을 막아서는 조건들을 불평등의 문제로 가시화해야 하는 것이다. 특히 이를 위해서는 사람들이 계급, 나이, 성별 정체성 등 각자의 사회적인 자원에 따라 동일하지 않은 생존 전략을 모색하고 있다는 사실에 주목해야만 한다.

이 책은 다음의 네 가지 축으로 구성된다. 1) 가부장제 신분제도의 철폐를 요구해 온 호주제 폐지운동이 담아내지 못한 성별이분법적이고 위계적인 친권 중심의 신분제도에 개입하고, 2) 정상가족주의를 공고히 하는 가족제도의 불평등과 소수자 권리의 박탈이 교차되는 지점을 포착하고, 3) 퀴어가족정치의 장으로서 탈시설 운동, 비혼 운동, 유언장 쓰기 운동을 정치적으로 확장시키며, 4) 이성애규범적인 관계성을 교란하면서 출현하는 생활동반자와 사회적 가족, 동성 부부를 비롯한 성소수자 가족, 1인 가구를 대안적인 의제로 사유한다. 이를 위해 13명의 필자는 각자가 마주한 사회 현장에서 생성된 의제에 기반하여 가족정치의 장면들을 구체적으로 분석하고 있다.

1부는 '호주제 폐지운동의 핵심을 신분 철폐로 본다면 과연 그 기획은 완성되었는가?'라는 질문으로 구성된다. 호주제가 이성애 가부장제의 기획이며 근대적 국민국가의 틀이 만들어지는 방식과 관련이 있다면, 호주제를 정치화하는 것은 남성·시스젠더·친권 중심의 위계적인 신분관계를 해체하는 것과 연결된다.

김대현은 호주제가 한국의 '고유한' 전통이 아니라 일제강점기에 국가에 대한 충성을 위해서 '탄생'되고 '발명'되었으며, 가부장제 가족제도를 넘어서 제국주의와 국가주의를 공고히 하는 불평등한 제도였음을 세밀하게 소개하고 있다. 식민지 조선이 호주제를 자연스럽게 받아들이게 된 정치적인 배경에 남성 중심의 친권과 재산권 행사를 가능하게 하는 가부장제의 특권이 있었다는 점에서 호주제가 식민지 남성들의 공모된 제도였음을 드러낸다. 또한 해방 후 가족법 개정운동 50년의 역사를 살피며, 가족의 정상성을 정치화하는 '모두'를 향한 돌봄과 유대의 장을 포스트 호주제의 과제로 제시한다.

나영정은 '트랜스젠더는 가족법에서 어떤 자리에 배치되는가?'라는 질문을 통해서, 근대적 국민국가의 핵심인 한국의 가족법이 성별화된 신분제도로 작동하는 맥락을 분석하고 있다. 이를 통해 호주제의 전통이 여전히 가족법 안에서 지속되고 있음을 지적한다. 트랜스젠더의 '성별변경'은 성별이분법에 기반을 둔 신분질서를 교란하는 중요한 가족정치의 장이다. 이 글에서는 대법원의 성별정정 예규를 통해 가족관계등록부가 확정하고 이상화하는 여성/남성의 삶이 어떻게 '정상시민'의 자리와 만나는지 살펴봄으로써, 트랜스젠더의 불안정한 신분이 역설적으로 가족제도의 안정화를 위해 필요한 권력의 장치임을 드러낸다.

김현경은 친권을 규정하는 민법 조항들을 통해 아동·청소년의 가족구성권을 살피고 있다. 호주제 폐지로 인한 민법 개정 과정에서 미성년 자녀가 친권에 '복종'해야 한다는 조항이 삭제되었다. 그럼에도 친권자의 폭력을 정당화하는 '징계권'은 2021년에 와서야 겨우 삭제되었고, 친권자가 지정한 장소에 미성년 자녀를 거주하게 하는 '거소지정권'의 문제는 여전하다. 이 글은 아동·청소년이 어떤 양육자를 만나는지에 따라 삶이 결정되는 '운을 따르는' 사회가 아닌 누구와 함께하더라도 권리를 보장받을 수 있는 사회를 요청하며, 집 '안'과 '밖'에서 가족을 구성할 권리가 가능한 지점까지 논의를 확장시켜 나간다.

2부에서는 한국사회의 이성애 규범적인 가족 모델에서 벗어난 이들이 경험하는 불평등과 차별, 낙인에 주목한다. 이를 위해 가족 중심의 복지제도, 보호자로서의 위치를 강제당하는 한부모여성, 재생산 권리를 박탈당한 비혼여성, 그리고 젠더화·인종화된 다문화 결혼제도에 천착한다.

성정숙은 '가족 뒤로 숨는 국가'를 질문하면서, 한국사회에서 가족은 삶에서 경험하는 위기를 알아서 해결하고 책임져야 하는 '복지'의 단위라고 지적한다. 무엇보다 부양과 돌봄의 책임을 다하지 못한 가족을 향한 낙인이 공고하게 작동하는 가족통치의 장으로서 복지제도를 집중적으로 분석한다. 이렇듯 정상가족주의를 견고히 하는 복지제도를 비판하면서, 사회복지에서 지속적으로 '가족' 대신 '사회'를 호명할 것을 요청하고 있다.

김순남은 돌봄·양육·이주·빈곤·장애·가족·젠더 문제가 교차되는 횡단의 정치의 장으로서 한부모여성의 삶에 주목한다. 한부모여성은 특정한 인구 그룹으로 쉽게 분리 가능한 '정책적인 범주'를 넘어, 남성 생계부양자 없이 홀로 자녀를 양육하는 여성의 위치성을 드러낸다. 이 글은 '불행의 아카이브'를 통해서 한부모여성의 삶을 들여다보고, 그가 경험하는 불평등을 개인의 비참으로 돌리는 사회적 정동을 포착하고자 한다. 나아가 중산층 중심의 핵가족 모델과는 다른 관계성을 통해 정상가족 밖에서의 생존을 모색하고 있다.

김소형은 보조생식술을 이용하여 비혼 단독 출산을 한 방송인 사유리 씨의 사례를 통해 비혼여성의 재생산 권리에 주목하면서, 결혼을 통한 출산만 상상하는 '출산의 정상성'에 개입하고 있다. '저출산'의 원인을 불평등한 가족제도가 아닌 '이기적인' 비혼여성의 탓으로 돌리는 사회 분위기를 조명하고, 여성을 권리의 주체가 아닌 인구정책의 대상으로 규정하여 재생산 권리를 침해하는 모자보건법, 저출산·고령사회기본법, 건강가정기본법을 분석한다. 나아가 '능력' 있는 여성만 비혼 출산이 가능하다고 간주하는, 능력주의에 기반을 둔 자유주의적 재생산 권리에 대해서도 비판적으로 접근하고 있다.

장서연은 2005년 호주제가 폐지된 이후에도 여전히 여성을 인격체가 아닌 재생산의 도구로 상정하는 가족제도가 '한국식 다문화 가족 정책'으로 이어지고 있다고 분석한다. 결혼이주여성은 체류 자격의 불안정성 속에서 '위장결혼', '사기결혼'이라는 낙인을 경험하며, 그들이 한국사회에 정주할 수 있는 삶의 조건 또한 취약하다. 이 글은 법원으로부터 '혼인취소' 판결을 받아 본국으로 추방된 한 이주여성의 사례를 통해서, 가부장제가 남성 중심적인 제도일 뿐만 아니라 성·인종적 차별과 교차하면서 작동하는 위계적인 제도임을 드러내고 있다.

3부에서는 결혼·친족·비장애 중심의 가족을 정치화해 온 사회 운동들의 흐름에 주목하면서 탈시설 운동과 비혼 운동, 사후자기결정권을 위한 유언장 쓰기 운동을 들여다본다.

김다정은 '탈시설 운동과 가족구성권 운동은 어떻게 연결될 수 있을까?'라는 질문을 던진다. 탈시설 운동은 시설 밖의 삶의 가능성을 모색하고, 누구나 통제 가능한 몸이 아닌, 자신이 어디에서 머물고 어떤 삶을 살아갈지 결정하는 주체로 등장할 수 있는 사회를 만들어 가는 운동이다. 이렇듯 탈시설 운동이 의존과 독립을 재정의하는 운동이라면, 가족에게만 의존하고 가족을 통해서만 독립을 상상하는 가족제도에 개입하는 가족구성권 운동과 필연적으로 교차될 수밖에 없는 것이다.

이유나는 여성주의문화운동단체 언니네트워크의 비혼 운동의 역사를 기록하면서, 단일한 범주로서의 '여성'을 해체하고 결혼제도 밖에서의 삶의 가능성을 모색한다는 의미에서 비혼 운동을 '퀴어한' 운동이라고 규정하고 있다. 또한 '정상적 여성-되기'를 구성하는 가족복지체계, 노동시장의 성별 분업, 이성애·핵가족 제도에 대항한다는 의미에서 비혼의 정치학을 새로운 돌봄과 친밀성이 생성되는 장으로 위치 짓는다. 무엇보다 비혼의 정치학은 정상/비정상의 경계에 도전하는 퀴어정치학으로서 가족과 섹슈얼리티에 대한 위계가 사라지지 않는 한 지속될 것임을 강조하고 있다.

한가람은 가족구성권연구모임(현 가족구성권연구소)에서 2009년부터 시작한 유언장 쓰기 프로그램인 《찬란한 유언장》을 사후자기결정권의 측면에서 분석하고 있다. 이 프로그램은 2008년 톱스타 최진실 씨의 사망 이후 사회적으로 의제화된 친족·상속제도에 개입하기 위해 기획된 것이다. 현재의 친족·상속제도에서 정상가족과 다른 형태의 가족을 이룬 사람들은 소중한 이의 죽음 앞에서 배제되고 차별받는다. 이 글은 사후자기결정권을 보장하는 최소한의 장치인 유언장 쓰기를 넘어, 친족·상속제도가 혈연, 배우자, 친권자 중심이 아닌 실질적인 파트너나 정서적 유대를 가진 관계 중심으로 확장되어야 한다고 강조한다.

4부에서는 이성애 규범적인 관계성을 정치화하고 새롭고 대안적인 형태의 결속을 의미화하기 위해서 생활동반자와 사회적 가족, 동성 부부를 비롯한 성소수자 가족, 1인 가구를 살펴본다.

정현희는 호주제 폐지운동을 통해 촉발된 '생활동반자법'을 분석하면서, 이 법이 하나의 법안이 아니라 정상가족 중심의 가족제도를 변화시키고자 하는 다양한 소수자들의 정치적인 장으로 이루어진 것임을 드러낸다. 나아가 또 다른 제도화의 모델로 '사회적 가족'의 개념도 소개하고 있다. 2023년 처음으로 관련 법안들이 발의되었지만, 법안에 담지 못한 다양한 관계를 포착하기 위해서는 지속적으로 익숙하고 위계화된 관계의 틀을 해체해야 하며, 사회적인 권리를 재정의하는 움직임을 계속해 나가야 한다고 역설한다.

이종걸은 혼인평등 운동을 통해서 가시화되는 성소수자 가족구성권의 정치적인 의미를 살펴보고 있다. 동성 커플이 동성혼이 가능한 국가에 가서 혼인신고를 하거나 국내에서 결혼식을 치르는 풍경이 낯설지 않은 일상이 되었지만, 그럼에도 여전히 다른 반차별 운동과의 사회적인 연대가 필요하다고 강조한다. 불평등에 맞서는 혼인평등 운동이 되기 위해서는 성소수자 운동을 둘러싼 갈등이나 쟁점을 드러내야 하며, 그것이 곧 운동 자체를 동질화하지 않고 퀴어링하는 과정이라는 것이다.

홍한솔은 제도 속 1인 가구가 정상가족의 틀에서 벗어나지 못하고 있다고 지적한다. 1인 가구가 결혼 전 단계의 임시적인 삶이나 사회화를 통해 '구원'받아야 하는 고립된 존재로 여겨짐으로써, 돌봄의 관계망이 누락되고 삶이 불안정해진다는 것이다. 이 글은 결국 1인 가구의 증가가 가구 형태의 다양화로 끝나는 것이 아니라, 이성애 규범적인 가족 모델에 기반한 '시민'의 기본값을 바꾸는 논의로 이어져야 한다고 강조한다. 가족의 기본값을 정치화하는 일이 곧 시민의 기본값을 바꾸는 일이다.

우리는 한국사회에서도 급격하게 다양한 관계성이 출현하는 지금 이 시점에서 무엇이 누락되고, 어떤 관계가 배제되는지 논의할 필요성에 대해 말하고자 하였다. 무엇보다, 사회적 재생산 위기가 일상화된 사회에서 소수자가 모색해 온, 하나가 아닌 여러 갈래의 '난잡하고 문란한' 돌봄과 친밀성의 장을 가시화하고자 하였다. 가족구성권 운동이 원가족, 혈연, 배우자 중심의 시민 모델을 넘어 다양한 관계에 기반을 둔 돌봄·양육 모델과 지속적으로 교차되기를 바란다.

마지막으로, 이 책에 참여한 필자들은 가족구성권 운동으로 연결되어 함께 활동하는 동료들이다. 그럼에도 각자가 가지는 정치적인 견해는 동일하지 않을 수 있으며, 그러한 관점의 차이가 가족제도의 불평등을 해소하기 위한 퀴어가족정치의 '당연한' 모습임을 전한다.

저자들을 대신하여, 김순남

가족은 왜 신분이 되는가

/

1부

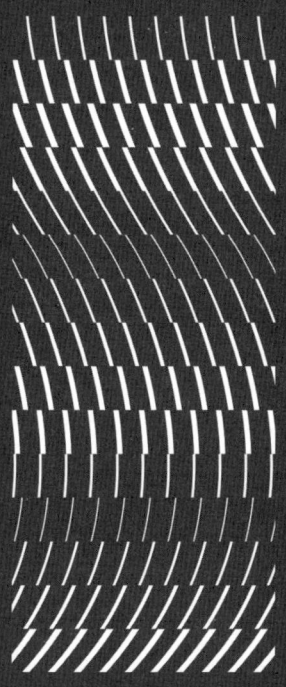

가족법 개정운동과
호주제 폐지 이후의 과제

/

김대현

세계 유일의 가족제도, 호주제

호주제는 지난날 한국의 여성 차별에 압도적인 영향력을 행사한 가족제도다. 2005년 헌법재판소의 위헌 결정을 통해 달성된 호주제 폐지는, 한국 여성운동의 역사를 통틀어 가장 오랜 기간에 걸쳐 전방위적인 방법을 써서 이루어 낸 결과이다.[1] 과거 호주제가 명시되었던 민법 제4편 친족 편과 제5편 상속 편을 통틀어 가족법이라 부르고, 따라서 가족법 개정운동은 호주제 폐지운동의 상위 범주에 속한다. 물론 넓은 범위에서 가족과 관계된 법은 민법 외에도 적지 않지만,[2] 민법상 가족 규정은 다른 법들에 그대로 적용되는 경우가 많기 때문에[3] 가족관계법에서 친족상속법, 즉 가족법이 차지하는 위치는 작지 않다.

가족 관계를 매개로 한 여성 차별은 비단 한국만의 문제는 아니다. 가령 혈연 외에 가족 관계의 창설을 담당하는 대표적인 제도가 결혼이다. 그런데 이 결혼에 따른 계약이야말로 근대적 가부장제의 근간이 되었다는 주장이 있다. 근대적 시민사회의 주체로 그려지는 시민은 인간 이전에 '남성'이고 그 남성은 자본주의하에서 주로 전업 노동자로 상상되는데, 그가 전업으로 생산노동에 몸담을 수 있는 바탕에는 가정에서 돌봄·양육 등 재생산노동을 전업으로 담당하게끔 상정된 '여성'이 있다. 이 둘 사이의 결혼 계약이야말로 '성적 계약'으로서 근대적 가부장제를 뜻한다는 것이다.[4]

이러한 계약에 따라 여성은 가족 안에 머물면서 재생산 기능에 대한 전문성을 요구받는 한편,[5] 그런 가족 안의 활동은 남성의 시민적 영역과는 다른 여성의, 혹은 여성적인 전유물로 이해된다.[6] 이렇게 여성은 끊임없이 가족 안에만 머무는 사람으로 간주된다. 여성에게 부여되는 가족 내 재생산의 전문성에도 불구하고, 바로 그 점을 이용해 결혼 계약은 여성을 가족에게 고착된 존재로 만듦으로써 남성과는 다른 열등한 존재로 위치 짓는다.[7] 이런 방식으로 이성애 결혼은 사회적 재생산의 역할을 사적 영역에 전가하는 공식적인 사회계약으로 자리 잡고, 혈연을 통한 상속은 양친의 사회경제적 지위를 가족을 통해 유지하게 함으로써, 가족법은 사회적 불평등에 기여하는 제도로 기능한다.[8]

이 모든 내용은 한국 가족정치의 현실에도 대부분 해당되지만, 한편으로 한국의 호주제는 이런 보편적인 내용의 가족정치 분석만으로 포괄할 수 없는 면이 있다. 1947년 일본이 호주제를 폐지한 이래, 호주제는 전 세계에서 오직 한국에서만 유지되어 온 가족법 체제였다. 호주제는 가족 내 남성 호주에게 친권, 재산권, 상속권 등 압도적인 권리를 부여하고, '아버지 성'으로 대표되는 부계혈통주의에 입각하여 아들-딸(미혼)-처-어머니-며느리의 순서로 호주를 승계함으로써, 남녀 가족구성원 사이에 심각한 수준의 불평등을 만든 법정 가족제도이다.[9] 그 불평등이 어느 정도였는가 하면, 호주제가 존치되던 시절 호주의 손자는 어머니, 누나, 할머니에 앞서 친권과 재산권을 휘두르는 호주의 지위를 승계받을 수 있었고,[10] 심지어는 배 속의 태아가 그 아이를 밴 어머니보다 더 높은 호주상속 순위를 인정받았다.[11] 이렇게 가족 내 남성과 여성의 법적 권리가 다르다 보니, 남아선호사상은 호주제의 관점에서 보면 전혀 이상한 일이 아니었다.

더구나 호주제는 이성애 정상가족 내에서의 여성 차별뿐만 아니라, 부계혈통주의의 정상성에 미달되는 존재를 끊임없이 비정상적인 존재로 차별하는 효과도 가져왔다. 가령 재혼 가정의 경우, 재혼 사실을 숨기기 위해 자식에게 부여된 전 남편의 성을 바꾸려고 자식을 사망·실종신고 한 후에 현 남편 밑으로 입적시키는 방법이 성행했다.[12] 혼외출생자의 경우도 문제였다. 아버지를 특정할 수 없이 태어난 아이가 유독 문제였고, 그런 아이는 '사생아'의 낙인을 감

당해야 했다. 아버지가 외국인인 '혼혈아'의 경우는 아예 국외로 입양 보낼 것이 권고되었다.[13]

왜 이런 폐단을 지닌 가족제도가 전 세계에 유일무이한 형태로 그렇게나 오래 유지되었을까? 여기에는 흔히 핵가족 모델로 상징되는, 공과 사를 분리하여 후자의 여성적·정서적 공간을 가족으로 상정하는 근대적 가부장제만으로는 설명할 수 없는 무언가가 있다. 이와 관련해 한국의 가족은 온전히 사적이지도 온전히 공적이지도 않은 "제3의 공간"이라는 주장과 더불어,[14] 한국의 가족정책이 부양 의무를 지닌 경제 공동체 및 복지 공동체로서 실용적 기능을 담당하는 가족의 역할을 유독 강조한 점을 주목할 필요가 있다.[15] 새로 들어오는 며느리에게 가족 내 대소사를 "경영"할 역할이 기대된 것처럼,[16] 과거 한국의 가족법과 가족정책은 가족에게 좀처럼 사적인 낭만을 허락하지 않았다. 이렇게 가족구성원의 기능적 의무가 강제되는 사회에서, 사람들은 스스로 그러한 의무를 지는 것이 위험하다고 판단하고 현실적인 이유에서 결혼을 단념하거나 자녀 수를 줄여 가족의 위험에서 벗어나고자 하는 경향이 있다.[17]

이렇듯 호주제는 한국사회 특유의 가족정치와 거기에 깔린 구조적 모순의 중심에 서 있던 법제도다. 2005년 호주제 폐지 이전과 이후, 호주제 및 법정 가족의 개념과 그 잔영이 과거와 현재에 각각 어떤 사회를 창출하였는지가 그래서 중요하다. 이를 위해 먼저 호주제가 어떤 방식으로 한국의 가족관행을 조성해 왔고, 그것이 어떤 명분으로 유지되었는지를 알아보고자 한다. 더불어 호주제 폐지

운동 및 가족법 개정운동 과정에서 어떤 가족정치 의제가 소환되었는지 알아보고, 이를 통해 어떤 과제들이 여기 오늘의 현실에서 살아 숨 쉬고 있는지를 살펴보기로 한다.

조선총독부의 호주제 이식과 한국의 가족법

일본 민법의 이식을 위한 조선 관습의 활용

호주제의 '호戶'는 한 집안이라는 '가家'를 뜻하고, '호주戶主'는 그 집안의 가장을 뜻한다. 가장에게 가족 내 친권과 재산권 등을 법적으로 독점케 하고, 그것을 아들, 손자 등 남성 직계비속에게 우선 세습시키는 제도가 호주제다. 이 '가'로 표상되는 가족과 그것을 뒷받침하는 호주제는 과연 어디에서 왔을까? 그것이 전근대 시기 조선의 유교 윤리에서 왔고, 따라서 호주제는 우리나라 고유의 '미풍양속'에 속하는 가족제도라는 생각은 오랜 기간 의심 없이 한국사회에 회자되었다. 그러나 연구를 통해 밝혀진 실상은 사뭇 다르다.

우선 조선시대의 '호'는 꼭 혈연으로 매개된 가족이 아니라 하나의 가옥에 거주하는 이들, 공동생활 단위로서의 '가'를 뜻했다. '호'를 파악하려는 목적 또한 혈통의 법적 승인이 아니라 어디까지나 호세 징수, 즉 납세의무자를 명시하기 위한 수단이었다. 마찬가지로 조선시대의 '호주'는 주로 군역을 담당하는 대상으로 자리매김되었다.[18] 한마디로 조선시대의 '호'와 '호주'의 용례는 20세기 한국의 호주제와는 많이 달랐다.

혈연 공동체로서 '가' 의식은 다름 아닌 일본에서 들어온 것이다. 일본 근대 천황제는 '가'를 국가 조직이자 법적인 혈연 공동체로 기획하고, 가족의 응집력을 국가의 단결력으로 활용하고자 했다. 이에 따라 종래 유교 가족제도에 내포된 효를 중심으로 한 종법 및 문중 질서의 영향력은 국가가 승인한 공적 의미의 가족과 재산 개념의 강조를 위해 상대적으로 약화되었고, 그렇게 일제는 조상에 대한 효보다 국가에 대한 충이 우선시되는 사회구성 원리를 만들어 냈다. 즉 일제는 기존의 유교적 효 공동체를 대체하는 천황제적 국가-가족 기관의 창설을 위한 방안으로 호주제를 구상했고, 마침내 1896년 메이지 민법을 통해 이를 법제화했다.[19]

1910년 경술국치 후 일제는 식민지 조선에 자신들의 민법을 이식하려 했다. 1907년부터 일제가 조선의 관습을 조사하여 3년 뒤 〈관습조사보고서〉를 간행했지만, 이 사업의 목적은 조선의 관습을 그 자체로 존중하려는 것이 아니었다. 그 증거는 식민지 조선의 민법과 일본 본토 민법의 관계를 법제화한 조선민사령의 제·개정 과정에서 찾아볼 수 있다. 1912년 조선총독부 제령으로 공포된 조선민사령을 통해, 식민지 조선의 민법은 일본 메이지 민법을 따르되 친족·상속 관련 가족 법규는 조선의 관습을 따르기로 결정하였다. 조선민사령은 총 세 번 개정되었는데, 2차 개정 때인 1922년에는 기존에 조선 관습을 따르던 친족·상속 관련법에 일본 민법의 적용 범위를 확장하였고, 3차 개정 때인 1939년에는 비로소 성씨를 조선 관습이 아닌 일본 민법에 따라 바꾸는 창씨개명을 법제화했다. 즉 일제에게 조선 관습의 법적 승인이란, 장차 조선의 관습을 폐기하고 궁극적으로 일본 민법을 조선에 이식하기 위한 과도적이고 한정적인 조치였다.[20]

나아가 일제가 조사했다는 조선의 관습 또한 실제 조선의 것이 아니었다. 여기에는 일제의 또 다른 잇속이 끼어 있었다. 첫째, 본래 조선에는 친족 간 '상속'이란 말이 없었다. 조상으로부터 물려받은 재산을 '깃衿'이라 불렀고, 부모 생전에 재산을 자식에게 나누는 것이 원칙이었다. 조선시대를 통틀어 재산상속은 자녀의 성별에 따른 차등을 두지 않는 균분상속 관습이 이어지다, 조선 후기인 18세기에 들어서야 법전 〈경국대전〉에 따라 장자 우대, 단독 상속 관행이 차츰 자리 잡았다. 따라서 재산상속을 '상속'이라는 말로 부르기 시작한 것은 일제강점기 이후부터다. 일제는 일본 민법상 상속 규정과 법률 용어에 기반하여 조선의 상속 관행에 대한 조사를 실시했다. 이 관습 조사는 처음부터 일본 메이지 민법 체제에 조선의 관습을 끼워 맞추는 과정에 가까웠다.

둘째, 일제의 관습 조사에는 조선의 성 규범에 대한 근거로 유교의 〈내훈서〉가 활용되었는데, 이 책에서 강조된 여성의 정조 등은 조선시대 양반가 여성에게 해당되는 이상적인 규범이었을 뿐, 신분질서가 분화된 조선시대의 실제 성 규범을 반영한 것은 아니었다.

셋째, 결정적으로 일제강점기 호주제의 근간이 되는 장자 단독 상속, 호주 남성에 매여 스스로 인감도장도 재산권도 가질 수 없는 기혼 여성의 법적 무능력자 규정 등은 모두 조선의 관습이 아니라 일본 메이지 민법에서 기원한 것이었다. 관습 조사는 이러한 일본 민법의 젠더 불평등한 체계를 표준으로 삼아 진행되었다.[21] 즉 일제는 관습 조사를 통해 조선의 관습을 사실상 발명하고 창안하였으며, 그렇게 발명한 관습을 근거로 일본 민법의 호주제를 조선에 적용해 나갔다.

그렇다면 이러한 시도가 어째서 당대 식민지 조선에 짐짓 자연스러운 것으로 받아들여질 수 있었을까? 그 까닭은 일제가 일본 민법상 호주제를 이식하기에 유리한 조선의 전통을 취사선택해 활용한 데에서 찾을 수 있다. 바로 제사상속 관행이 그것이다. 실제로 호주제에 적용되는 호주상속의 우선순위는 과거 조선의 제사상속 우선순위(장남-장손-차남-차남 아들 순으로 여성이 포함되지 않음)와 비슷하다. 다만 조선의 제사상속은 지배 이념인 유교 윤리에 따라 사회적으로 중요한 위상을 가졌을지언정 그야말로 봉사할 권리의 '도의적' 승계를 의미했을 뿐이고, 법정 호주제에 명시된 친권과 재산권의 행사와는 거리가 멀었다. 일제는 이 제사상속 관행에 일본 민법의 가독상속家督相續, 즉 호주 승계인이 호주의 모든 재산을 단독 상속하는 법정 제도를 결합하는 형태로 식민지 호주제를 완성해 나갔다.[22]

이렇게 종래의 제사상속이 호주상속으로 바뀐 것이, 조상의 제사를 모시는 식민지 조선의 남성들 입장에서는 일제의 가족법을 별다른 저항 없이 수용할 수 있는 유인으로 작용했다. 이를 두고 일본의 가부장제와 한국의 가부장제가 서로 결탁한 결과로 보거나,[23] 일제가 조선에 행한 것만이 아니라 조선의 남성 엘리트가 여성에게 행한 것 또한 식민 지배로 보아야 한다는 해석이 존재한다.[24] 분명한 것은, 식민지 조선의 가족법상 호주제를 통해 형성된 근대적 시민은 애초에 극심한 젠더 불평등을 전제하였고, 이러한 호주제의 골자는 일본 메이지 민법에서 왔으며, 그것을 이식하는 과정에서 조선의 전통과 관습이 일제에 의해 선별 차용되었다는 사실이다. 이 모든 것은 호주제가 조선 전통의 관습이 아니라 되레 일제의 잔재에 가깝다는 증거다.

1958년 신민법상 호주제 법제화

해방 후 대한민국 정부가 수립된 후에도 한국의 민법은 한동안 일본의 구민법을 의용했다. 민법이 새로 제정된 것은 한국전쟁 이후인 1958년의 일이다. 호주제가 명시된 조항이 민법상 친족상속편이므로, 호주제 폐지를 노리는 가족법 개정운동 측에는 신민법 제정 논의가 자연히 초미의 관심사였다. 1953년 7개 여성단체들은 여성도 분가하여 호주권이 인정될 수 있도록 하고, 가족법상 친권·재산권 규정을 "남녀평등 기본정신"에 입각해 개정하라는 건의서를 발표했다.[25] 또한 가족법 분야의 권위자인 정광현 교수는 신민법 제정에 헌법 정신의 존중이 필요함을 역설했다. 1948년 제헌헌법 때부터 줄곧 이어 온 조항인 제8조 성별에 의한 차별금지, 제20조 부부동권 정신에 따라 민법이 재편되어야 한다는 주장이었다.[26]

그러나 신민법 심의 과정에서 호주제는 그것이 한국의 고유한 전통이라는 이유로 끝내 민법 조문을 통해 명문화되었다. 그 중심에 있던 인물이 바로 대법원장 김병로였다. 그는 제1공화국기 이승만 대통령의 행정부 독재에 맞서 사법부를 지켜 낸 인물이지만, 가족법에 관해서만큼은 극도로 보수적인 입장에 섰다. 그는 가족법은 "기본 논리"보다 국가·민족의 윤리와 역사적 전통에 따라 제정되어야 하고, 헌법상 양성평등은 정치·사회·문화의 "기회균등"에 해당될 뿐 "가정윤리"와 "사회도덕"에는 해당되지 않는다고 못 박았다.[27] 심지어 그는 가족법 개정운동을 초창기부터 이끌어 온 여성 변호사 이태영에게 "내가 살아 있는 동안은 친족상속편 초안의 일자일획도 못 고친다"는 엄포를 놓았다.[28] 호주제가 한국 고유의 미풍양속이라는 당대의 여론에 밀려, 그것을 결코 "객관적으로 타당한 한 개의 사실로서 순풍미속"으로는 볼 수 없다는 이태영의 주장은 좀처럼 받아들여지지 않았다.[29]

앞서 본 대로 호주제가 조선의 제사상속을 차용해 일제가 만든 발명품임에도, 어째서 그것이 한국 고유의 전통이라고 별다른 의심 없이 받아들여졌을까? 여러 이유 중 하나를 살펴보면, 그 시절 한국은 일제의 식민 통치로부터 갓 해방된 탈식민 국가이자 미·소 냉전에 막 휘말린 이른바 자유 진영의 국가로서, 일본의 것도 미국의 것도 아닌 한국 고유의 무언가를 부여잡고픈 욕망에 사로잡히기 쉬운 상황이었다. 그런 까닭에 유교에 입각한 양반가의 가족규범은 마치 민족의 주체성을 회복하는 방도처럼 여겨졌고, 그것이 호주제를 전통으로 손쉽게 받아들이는 데 일조했을 수 있다.[30] 김병로가 호주제 법제화를 고수할 때 한국민족이 세계 유례없는 "선진민족"이고 "문화민족"임을 내세웠던 것 또한 이와 일맥상통한다.[31]

결국 신민법을 통해 법제화된 호주제는 이후 가족구성원의 존엄과 자유보다 부계 혈통 계승을 우선하는 반헌법적인 가족법으로 무려 50년가량 한국사회를 주름잡았다.[32] 호주제의 원류인 일본은 1947년 민법 개정을 통해 호주제를 폐지한 반면, 정작 한국의 호주제는 전 세계에서 유일한 가족제도로 2005년까지 존속하였다.

가족법 개정운동 50년의 역사

호주제가 만든 사회

어느 시대건 법 밖의 사회는 있기 마련이고, 한 사회를 온전히 규율하는 법은 존재하지 않는다. 그러나 분명 어떤 법은 시기에 따라 사회에 중요한 영향력을 행사하고, 이를 통해 사회를 거듭 창출하기도 한다. 가족법이 그 대표적인 예이다. 가족의 형태는 고래로부터 존재했지만, 국가가 국민을 관리하고 의무와 권리를 부여하기 위한 신분등록제로서 가족제도는 근대의 산물이다. 특히 한국에서 근대적 신분등록제의 근간이 된 호주제가 개인과 가족에게 부과한 행정적·사회적 영향력은 실로 막심했다. 서두에서 그 사회적 폐해에 대해 잠깐 알아보았지만, 여기서는 또 다른 대표적인 예 두 가지를 살펴보도록 하자.

우선, 호주제 체제에서 기혼여성은 이혼을 결심하기 어려운 조건에 있었다. 1977년 가족법 개정 때 부부의 자식에 대한 공동친권이 법제화되고 소유가 불분명한 재산에 대한 공동소유가 인정되었으며, 1989년 개정 때 비로소 이혼 시 자식에 대한 공동친권과 재산분할권이 인정되었다. 이는 각각의 법 개정 전에는 여성 배우자가 이혼할 경우 자식에 대한 친권도, 부부 공유재산에 대한 재산권도 제대로 행사할 수 없었음을 의미한다. 한마디로 1980년대 말까지 한국에서 여성이 이혼할 때에는 부부간에 쌓인 재산과 낳은 자식 모두를 포기하고 절연할 각오를 해야 했다.

여성이 막대한 희생을 치르지 않고서는 이혼하기 어려운 가족법과 그것이 만들어 낸 사회의 풍경에 당대 언론과 대중매체는 예민하게 반응했다. 1950~60년대에 미디어상에서 여성혐오misogyny의 대상, 즉 남성의 견고한 특권이 유지되는 세계에 진입하는 여성으로 주로 등장한 것은 '여대생'이었다.[33] 남자는 밖에서 일하고 여자는 집에서 일하는 압도적인 성별 분업이 만연한 사회에서,[34] 그나마 여대생은 남성의 일자리를 위협할 수 있는 존재로 여겨졌기 때문이다. 반면 같은 시기 이혼여성은 여성혐오의 대상이기보다 주로 '비운의 이혼녀' 같은 형태로 미디어에 등장했다. 이혼 과정에서 친권도 재산권도 가질 수 없었던 여성은 그야말로 비참한 신세가 되었고, 남성의 지위를 위협할 역량을 갖추지 못한 것으로 간주된 탓에 손쉬운 연민의 대상이 된 것이다. '이혼녀'가 여성혐오의 대상으로 새롭게 부상한 것은 1991년 가족법 개정을 계기로 여성이 상대적으로 당당히 이혼의 권리를 요구할 수 있게 된 후의 일이다.[35]

가족법은 다음과 같은 사회상도 만들어 냈다. 1964년 한 레즈비언 커플이 모 지방법원에 혼인신고서를 제출한 일이 법조계에 화제가 되었고, 이에 이듬해 이들 동성 커플의 혼인신고를 어찌 처리할 것인가에 대한 특집 기사가 법조 잡지에 나란히 게재되었다. 서울가정법원과 대법원 측의 주장은 이러했다. 혼인신고서와 호적부의 양식에는 남편夫란과 부인婦란이 있는데 동성 커플의 경우 각각의 난에 기재할 수 없을 뿐만 아니라, 혼인은 당연하게도 이성 간의 결합이기에 동성 커플의 혼인신고는 '사망자의 혼인신고'와 같다는 이유로 수리할 수 없다는 것이었다.

법정 호주제의 성별이분법에 의거한 당대 한국사회의 성소수자 혐오를 적나라하게 드러내 주는 일례다. 동시에 이 사례에는 호주제를 둘러싼 또 다른 맥락이 자리한다. 바로 가족법상 여성은 예외적인 경우가 아니고서는 호주가 될 수 없다는 것이었다.[36] 어머니, 할머니보다 아들, 손자가 호주 계승의 우선순위에 놓이는 호주제 아래에서, 여성이 호주가 되는 일은 남성 가족원에게 호주 지위가 계승되기 전 그야말로 잠깐 그 자리를 대신하는 경우에 한정되었고, 따라서 여호주女戶主는 어딘가 비정상적인 존재로 간주되었다. 그런 이유로 여호주는 한국의 사회복지 관계법에서 오랜 기간 '요보호' 대상으로 자리 잡았고, 1998년에야 생활보호대상자 요건에서 삭제되었다.[37] 이처럼 당대 사실혼 관계의 레즈비언 커플은 동성애자이면서 여성이라는 이중의 억압에 놓여 있었고, 호주제가 창출한 법적·사회적 억압은 퀴어와 젠더를 오가며 사람들의 몸을 가로지르고 있었다.

가족법 개정과 2005년 호주제 위헌 결정

가족법 개정운동의 역사와 각 시기별 의제는 한 권의 책으로도 다 정리하기 어려울 만큼 방대한 주제이므로 여기서는 최대한 간략하게 그 역사를 일별해 보고자 한다. 2005년에 비로소 달성된 호주제 폐지는 앞서 보았듯이 1950년대 초반부터 여성단체들이 줄기차게 주장해 왔던 의제이고, 50여 년에 달하는 시기 동안 가족법 개정운동의 핵심 주장은 그다지 큰 변화를 겪지 않았다. 이는 21세기 들어 실현된 사회적 성취를 누군가는 이미 1950년대부터 예견했다는 증거이며, 하나의 주장을 50년 동안 반복해야 했을 만큼 그 운동이 녹록지 않은 세월을 건너왔음을 암시한다.

호주제 폐지 이전의 유의미한 가족법 개정으로는 1977년과 1989년 개정을 꼽을 수 있다. 먼저 1977년은 유신 개헌으로 국회의원 중 3분의 1이 간접 선거로 선출되던 때다. 가족법 개정안에 집권 여당인 공화당과 유정회는 찬성하고 야당인 신민당은 공교롭게도 개정 반대의 당론을 택했다.[38] 유신 정권이 가족법 개정을 추진한 것은 당시 추진 중이던 가족계획에 남아선호사상에 따른 다산 풍조가 방해물로 여겨졌기 때문이다.[39] 당시 가족법에서는 호주권을 계승할 수 있는 아들과 손자의 출생이 중요했기에 이는 지극히 당연한 귀결이었다.

　1977년 개정으로 인해 가족 내 여성의 법정 상속분이 증가하여, 아내의 경우 종래에 장남의 3분의 1이던 데에서 장남과 비율이 같아졌고, 혼인하지 않은 딸의 경우 아들의 절반이던 데에서 아들과 같게 조정되었다. 또한 앞서 본 대로 친권을 아버지 단독이 아니라 부모가 공동으로 행사할 수 있게 바뀌었고, 소유가 불분명한 부부간 재산의 귀속은 남편 명의에서 부부 공동명의로 수정되었으며, 협의이혼제도 절차가 신설되었다.

　그 밖에 고인의 유언과 별개로 가족구성원의 재산상속 지분을 의무로 정하는 유류분 제도가 이때 처음 생겼다. 이는 호주가 장자 등 호주 승계자에게만 재산을 독점 상속하는 것을 막음으로써 나머지 유가족의 생존권을 보전하기 위한 제도로,[40] 1953년 여성단체들의 가족법 개정 관련 건의문에도 명시된 요구안이었다.[41] 여기에는 호주 승계자 남성과 여성 가족원 사이의 경제적·사회적 평등 및 여성의 가사노동을 비롯한 사회적 재생산의 기여분에 대한 인정과 호주의 재산이 곧 가족 공동의 재산이라는 발상이 깔려 있었다.[42]

　이 유류분 제도는 2024년 4월 헌법재판소가 형제자매에 대해서는 위헌, 패륜을 저지른 자녀·배우자·부모에 대해서는 헌법불합치 결정을 내림으로써 향후 개정이 불가피하게 되었다.[43] 호주제가 폐지된 오늘날 장남 위주의 상속 관행은 거의 없어졌고, 도리어 자식이기만 하면 일정 수준의 상속 비율을 법적으로 보장받는 상황이 소위 '불효자 상속권'의 관행을 양산했기 때문이다. 이는 호주제 시대와 포스트 호주제 시대 사이에 놓인 한국사회의 변화를 체감하게 하는 사례이다. 동시에 친족과 상속을 중심으로 구성된 민법상 법정 가족이 경제 단위로서 가족을 파악하는 데에 얼마나 치우쳐 있는지, 돌봄과 친밀성 등 실제 가족생활에 필요한 기능과 얼마나 거리가 먼 형태로 구성되어 있는지를 알려 주는 일화다.

1989년 개정은 1987년 6월 항쟁 이후 직선제 쟁취와 더불어 정치민주화의 물결 속에 진행된 움직임이었다. 앞서 본 대로 이혼여성의 공동친권 행사 및 재산분할 청구를 통한 재산권 행사가 이때 처음 가능해졌다. 또한 부계 8촌, 모계 4촌으로 규정되었던 혈족의 범위가 양계 모두 8촌으로 조정되었고, 재산상속에서 남성과 여성 가족원의 상속분이 비로소 동등하게 맞춰졌다. 이에 따라 민법상 친족상속 규정을 원용하던 공무원연금법 및 군인연금법에 깔린 젠더 불평등도 상당 부분 해소되었다.[44]

그리고 2005년, 한국사회의 진전된 시민의식과 민주화 열망에 힘입어 입법부·여성부·법무부·사법부의 협업을 통해 마침내 호주제 폐지를 실현시켰다.[45] 여기에는 과거 통제와 지배를 중심으로 한 법 관념에서 개인의 자유와 권리를 핵심에 놓는 법 관념으로의 변화가 개입하였다.[46] 이러한 흐름 속에 부계 혈통 계승을 가족구성원의 권리보다 우선시하는 호주제의 법리는 점차 설 곳을 잃게 되었다.

물론 저항도 거셌다. 호주제 폐지를 반대한 세력의 주장 역시 대체로 일관되었다.[47] 1980년대 유림의 입장은 다음과 같았는데, 호주제로 표현되는 국가와 민족의 가족윤리란 불변의 법칙이고, 가족법은 곧 가족의 헌법과도 같아 함부로 개정해서는 안 된다는 것이었다.[48] 2000년대 가족법 관련 헌법재판소 위헌심판 당시에도 가족제도야말로 대한민국이 수립되기 이전부터 이미 "자생적으로 형성"되고 "전승"된 것이기에 국가의 간섭을 최소화해야 한다고 주장했다.[49] 이에 대한 근본적인 비판은 앞서 보았듯 그것이 애초에 한국의 전통이 아닌 일제 식민지의 유산임을 드러내는 것이다.[50] 하지만 헌법재판소는 호주제가 과연 전통에 부합하는지 여부는 차치하고, 설령 그것이 헌법 제9조에 명시된 '전통문화'라 할지라도 제36조에 명시된 '개인의 존엄'과 '양성평등'에 반한다면 헌법적 정당성이 없다는, 즉 전통보다 합헌성을 중시하는 판단을 통해 민법상 호주제를 위헌으로 결정했다.[51]

포스트 호주제의 과제

가족은 왜 혈연과 혼인으로 구성되어야 하는가

호주제의 뿌리는 뽑혔어도 그 잎과 줄기와 가지는 많이 남아 있다는 평가처럼,[52] 호주제가 폐지된 후에도 그 흔적은 한국사회 곳곳에 남아 있다. 대표적인 예가 언론에 심심찮게 보도되는, 연예인의 아버지나 큰형·큰오빠가 연예인 당사자의 재산을 마음대로 착복하는 경우다. 호주제 폐지 이전에 호주의 권한이 막대했던 시절에는 문제 되지 않았을 일이라는 점에서, 이는 명백히 호주제에서 비롯된 그릇된 '전통'이다.

　이와 관련하여, 호주제와 더불어 오직 일본과 한국에만 존재하던 가족 관련 법조항이 있다. 바로 민법 제828조 부부간 계약취소권이다. 부부 사이의 계약은 어느 한쪽이 언제든지 취소할 수 있다고 명시한 이 조항의 근거는, 부부 사이란 본래 정의情誼, 즉 사귀어 친해진 정으로 얽힌 사사로운 관계이므로 법과 계약으로 다룰 사안이 아니라는 것이다. 이는 부부로 구성된 가족을 공적 정의正義가 닿지 않는 사적 정의情誼의 영역으로 여김과 동시에, 그 속에서 일어나는 재산상의 일을 개인의 재산권 보장이 아닌 외부의 간섭이 기피되는 가족의 시각으로 다루겠다는 뜻이다.[53] 이 조항은 2012년 민법 개정을 통해 삭제되었다.

　반면 2024년 7월 현재 이와 비슷한 법조항이 살아 있는 경우도 있다. 바로 형법 제328조 1항, 친족 간의 재산범죄는 고소 여부와 상관없이 그 죄를 형사처벌 하지 않는다는 규정이다. 이를 친족상도례親族相盜例, 즉 친족 사이 재산 관련 범죄에 대한 특례라 일컫는다. 이 법조항 또한 가족 내부의 돈 문제를 정의正義가 아닌 정의情誼의 문제로 접근한다는 점에서 부부간 계약취소권과 일맥상통한다. 이 조항 또한 2024년 6월 헌법재판소의 헌법불합치 결정으로 폐지가 확정되었다. 이 조항이 존재함으로써 가족 간 돈 문제를 겪는 당사자가 적절한 법적 절차를 밟을 수 없다는 이유에서다.[54] 이러한 일련의 사례들은 한 가족구성원의 재산을 다른 가족원이 마치 자기 주머니에 손 집어넣듯이 빼 가는 행위가 한국사회에서 어떤 방식으로 정당화되었는지를 보여 준다.

이처럼 호주제는 단순히 지나간 시절의 후일담으로 취급할 수 있는 의제가 아니다. 호주제의 관행에서 비롯되었거나 그와 연관된 가족 내외의 불평등과 사적 세계의 불의는 지금도 건재하기 때문이다. 이에 2005년 호주제 폐지를 이끌어 낸 가족법 개정운동을 오늘날 새롭게 조망하고, 그 과정에서 등장한 화두를 통해 지금의 한국 사회를 진단하고 성찰하는 일이 새삼 필요한 것이다.

지난날 호주제에 얽힌 가족정치는 특정 가족구성원에게 제한된 공간만을 허용함으로써 차등적인 성원권을 부여한 데에 그 특색이 있었다.[55] 이렇게 특정 가족원의 성원권을 조건적·한정적으로 부여하는 관행은 남성과 부계 혈통 계승이라는 기준만 일부 수정되었을 뿐, 호주제가 폐지된 지금까지도 여전히 벌어지고 있는 가족정치이다. 그 차등적 성원권 부여의 기준 가운데 하나가 바로 현행 민법 제779조에 명시된 '혈연'과 '혼인'만을 바탕으로 하는 법정 가족 개념이다.

2000년 발족한 '호주제 폐지를 위한 시민연대'는 발족 선언문에서 호주제의 최대 피해자로 이혼·재혼 가족 및 미혼모 가구를 지목했다. 또한 이들을 비정상가족으로 인식하게 만드는 가족법을 문제 삼으면서 "다양한 가족 형태의 인정"을 통해 "민주적이고 열린 가족 문화"를 만드는 데 스스로 앞장서겠다고 밝혔다.[56] 이후 호주제 위헌심판 소송 과정에서 양현아 교수는 의견서를 통해, 기존의 제도적 가족을 넘어 "1인 가구, 여자 가구주, 비친족 가구, 집단 가구, 소년소녀가장 가구, 동성애 가구, 동거 가구" 등 돌봄을 매개로 한 여러 관계들이 존재하며 이는 "가족해체"가 아니라 "다양한 가족 형태"로 평가된다고 주장했다.[57] 이는 헌법재판소 결정문에도 반영되었는데, 호주제 위헌 결정 사유를 밝히면서 오늘날 가족 관계는 "성별을 떠나 평등하게 존중되는 민주적인 관계로 변화"하고 있으며 "사회 변화에 따라 가족 형태도 다양해지고 있다"고 설명하였다.[58]

이 모든 장면들은 가족법 개정운동이 호주제 폐지를 넘어 혈연과 혼인의 기준을 넘어서는 다양한 가족에 대한 법적 인정을 목표로 삼았음을 뜻한다. 그 다양한 가족 형태는 민법상 가족의 범주를 넘어 "비혼 동거 가족, 법률혼 경험이 있는 동거 커플, 비성애적 관계의 생활동반자" 등[59] "이성애 핵가족의 전형적인 틀"을 벗어나는 "생활공동체"를 포괄한다.[60]

여기에 등장하는 '생활'과 연결되는 화두가 바로 가족 간의 '돌봄'이다. 현행 민법은 혈연·혼인 외의 가족 형태를 인정하지 않는 것 이외에 가족 간의 의무를 오직 '생계 부양'에만 맞추는 한계가 존재한다. 경제적 생산을 통한 부양과 사회적 재생산을 통한 돌봄은 엄연히 서로 다른 활동이다. 집에 돈을 갖다준다고 가족이 알아서 돌봐지는 것은 아니기 때문이다.[61] 현재 입법 논의 중인 생활동반자법은 바로 이런 돌봄의 약속을 기준으로 하는 법정 관계를 신설하고, 거기에 일정한 제도적 인정을 부여하는 것을 목표로 삼고 있다.[62] 물론 생활동반자법을 넘어 장차 민법상 가족 개념에도 이 돌봄의 기준과 가치가 명시적으로 삽입될 필요가 있다.[63]

다양한 가족/관계의 인정에 필요한 기준을 '돌봄'으로 설정하는 것은, 그것이 살아가는 데 반드시 필요한 활동이기 때문이다. 또한 이미 제도적 인정을 누리는 혈연·혼인을 통한 민법상 가족이 내부 구성원 간의 돌봄을 제대로 수행하지 못하는 경우가 많기 때문이다. 한국은 개발독재 시기를 거치면서 정부가 일정 부분 맡아야 할 복지와 돌봄의 기능을 광범위하게 가족에 외주해 왔고,[64] 그 결과로 법정 가족에게 과중한 사회적 의무가 부과되었으며, 이것이 곧 한국의 가족을 사적 영역도 공적 영역도 아닌 '제3의 공간'으로 만든 원인 중 하나다. 이런 현실 속에서 사람들은 위험이 집중되는 가족의 범위를 축소하는 경향을 보이게 되고, 그 결과 나타난 것이 오늘날 한국사회의 낮은 혼인율과 출생률이다.[65] 특히 여성의 경우 가족을 통한 개인적 위험에서 벗어나기 위해 "표준화된 생애사" 대신 "알아서 만들어 나가는 생애사"를 선호하는 경향이 강한데,[66] 그간 호주제가 창출한 사회상을 생각했을 때 이는 지극히 당연한 귀결이다.

보편적 복지, 모두에 포괄되지 않던 이들을 포괄하는 '모두'

이렇듯 민법상 가족 규정은 척 보기에도 빈틈이 많고 현실과 맞지 않는다. 혈연과 혼인으로 해결할 수 없는 너무 많은 삶의 국면들이 지금 여기에 이미 존재하기 때문이다. 따라서 이와는 사뭇 다른 가족 기준을 적용하는 노력이 일찍이 사회복지법 분야에서 시도되었다. 가령 1960년대에 제정된 공무원연금법과 군인연금법은 민법상 가족 규정을 그대로 의용했지만, 1973년에 제정된 국민복지연금법은 호주제와는 다르게 자녀보다 배우자가 연금을 우선 수급할 수 있게 했다.[67] 또한 부계 상속의 원칙이 건재하던 1980년대에 국민연금법과 공무원연금법은 이미 연금 지급 대상으로 배우자의 직계존속을 포함하는 등 복지법은 민법에 앞서 부계와 모계를 아우르는 양계제의 원리를 채용했다.[68]

이러한 흐름은 2024년 7월 대법원이 내린 '동성 배우자의 건강보험 피부양자 자격 인정' 판결과도 연결된다.[69] 1977년 개정 시행된 의료보험법(현 의료급여법)도 앞서 예시를 든 복지법의 일환으로, 호주제가 명시한 상속 규정을 넘어 아버지, 아들, 손자보다 배우자에게 보험금 지급 신청인 순서를 먼저 부여한 바 있다.[70] 이에 더해 현행법은 법정 혼인을 거친 배우자뿐 아니라 사실혼 관계의 배우자도 건강보험 피부양자로 인정하고 있는데, 대법원 전원합의체는 이 규정을 활용해 동성 부부도 피부양자로 인정된다고 판시한 것이다. 이는 한국 성소수자 인권운동의 쾌거라 할 만한 사건이다.

나아가 사회복지 수급자로서 가족 형태의 다양성 인정은 비단 성소수자 정체성에만 매인 의제가 아니다. 동성 부부, 동성 커플 등 여러 형태의 가족들을 포함하는 '다양한 가족'은, 그저 다양한 가족 형태의 집합 그 이상의 의미를 지니기 때문이다. 그것은 과거 사회복지 정책에서 '다양한 가족'에 상응해 호명되던 대상이 다름 아닌 '취약가족', '위기가족'이었던 데서 알 수 있다.[71] 이는 호주제 폐지가 현실화되던 1997년에서 2005년 사이, 사회복지 관계법상 주요 개념의 명칭이 '요보호자'·'피보호자'에서 '수급자'·'수급권자'로 바뀐 것과도 일맥상통한다. 다시 말해 사회의 변화에 따라 사회복지의 이념은 국가에 의한 직권적 보호에서 개인의 권리 보장으로 차츰 이동해 왔고,[72] 사회복지가 설정하는 대상과 방법론 또한 선별복지에서 보편복지의 흐름으로, 즉 '특별한' 자들을 향한 선심의 형태에서 모두에 포괄되지 않던 이들을 포괄하는 '모두'를 상상하는 방식으로 점차 이행해 왔다.

성소수자 가족도 가족이고 그들의 관계도 관계이며, 그 가족/관계에도 돌봄이 있고, 그렇기에 그에 걸맞은 제도적 인정이 필요하다는 성소수자 가족구성권의 의제 또한 이러한 맥락 위에 존재한다. 지난날 '요보호'의 프레임대로 성소수자가 특별히 보호할 대상이 아닌,[73] 마땅히 '모두'에 포함되는 보편 복지의 수급자여야 한다는 사실이 중요하다. 그런 점에서 성소수자의 가족구성권은 성소수자 정체성에만 매인 일이 아니다.

동성 결혼을 법제화·합법화한 나라들은 대체로 혼외출생률이 높은데, 이는 이성애 결혼을 통해서만 가족 구성과 출생을 해야 하고 그 외의 출생아는 '사생아'로 낙인찍는 종류의 사회적 압박이 이들 국가에 상대적으로 작다는 것을 의미한다.[74] 따라서 여기서의 '혼외'란, 비단 동성혼이 법제화·합법화되기 전부터 이성애 정상가족이 아니라는 이유로 법적·사회적으로 배제되어 온 과거의 동성 커플뿐만 아니라 그 외 다른 수많은 형태의 가족/관계를 포함한다. 즉 위 국가들에서는 법적 혼인 여부와 상관없이 이러한 가족/관계 하나하나에 대해 복지의 책임이 전제되어 있는 것이다.[75] 이처럼 '다양'이라는 말에는 여러 가족/관계의 형태 중 어느 하나를 불쌍하거나 특이하게 보지 않고 모두를 보편의 눈으로 바라본다는 뜻이 깃들어 있다. 그럴 때에 비로소 '모두'라는 말은 제값으로 빛난다.

목적별 신분등록제, 바깥에서 국가의 눈을 마주 보기

지금까지는 주로 법정 가족의 제도적 범주를 확장해야 한다는 주장을 다루었지만, 이와 더불어 유독 법정 가족이 독점한 제도적 자원의 경계를 질문하고 그것을 해체하자는 주장도 존재한다.[76] 이는 가족법처럼 인간의 내밀한 사적 세계에서 일어나는 돌봄과 친밀성 실천 중 그 어딘가에 선을 긋고, 그중 어느 한쪽만 제도적으로 인정하는 관행과 관련이 있다. 이러한 제도적 분할은 그 제도적 인정으로부터 배제된 사람들에게, 내가 맺은 친밀한 관계는 관계가 아니고 내가 해 온 돌봄은 돌봄도 아니라는 식의 강렬한 정동적affective 불평등을 몰고 온다.[77]

지난날 호주제를 통해 제도적으로 배제된 사람들은 주로 부계혈통주의에 편입될 수 없는 여성 가족원이었다. 호주제 폐지를 통해 비로소 남편과 아내가 동등한 권리를 갖는 양성평등적 가족규범이 가족법에 명시되었다. 그러나 인간의 돌봄 및 관계 실천 가운데 제도적인 선을 긋고 특정 범주에게만 자원을 허락하는 '정상가족' 모델이 가족법에 건재하는 한, 제도적으로 배제되는 돌봄과 관계 들은 지금 여기에 이미 존재한다. 즉 법적으로 양성평등한 정상가족 또한 누군가를 밀어내고 있다는 것이다. 거기서 밀려나는 사람들이 누

구인지 주목하는 것이 포스트 호주제의 기본적인 문제의식이다.[78]

어렵사리 쟁취한 제도적 인정을 통해 자신의 권리가 보장된 사람이, 그렇게 얻어 낸 지금의 제도 가운데 거듭 배제되는 이를 발견하고 그의 편에 서는 일은 나름의 용기를 필요로 한다.[79] 분명한 것은, 제도 바깥을 투쟁하는 운동이 제도 안에 포함되려는 운동에 비해 어딘가 이상적이고, 관념적이고, 몇몇 활동가와 학자의 머릿속에만 있는 것으로 치부되어서는 안 된다는 것이다. 제도 바깥의 고민이 필요한 이유는 지금 여기에 이미 그렇게 살고 있는 사람들이 있고, 그들의 실천도 '관계'라 이름 붙일 수 있어야 하기 때문이다. 바깥을 경험한다는 것은 이처럼 낯선 타인과 소통하고 그들과 함께 지낼 수 있는 조건을 만들어 내는 일이다.[80]

오랜 노력 끝의 성공으로 기억되는 호주제 폐지운동 역시, 그 안의 성과와 더불어 바깥의 한계를 함께 살피는 것이 중요하다. 그 바깥을 드러내는 사건 중 하나가 바로 호주제 폐지 당시 끝내 관철되지 못한 '목적별 신분등록제'의 도입이다. 호주제가 존치되던 시기에는 호주를 중심으로 가족 관계가 기재되는 호적부가 신분등록부로 존재했다. 호적부는 생활을 함께 영위하는 현실 공동체보다 부계 혈통 체계를 기준으로 신분 관계가 기록되는, 호주제에서 연원하는 문제를 그대로 안고 있는 제도였다.[81] 2005년 호주제가 폐지됨에 따라 호적부 또한 변경이 불가피하게 되었고, 2007년부터 가족관계등록부로 그 이름과 체제가 바뀌어 시행되었다. 이때를 즈음하여 새로운 신분등록제와 관련한 다양한 법안이 구상되고 발의되었다.

이 가운데 목적별 신분등록제는 2005년 민주노동당 노회찬 의원이 대표발의한 법안으로, 정식 명칭은 '출생·혼인·사망 등의 신고 및 증명에 관한 법률안'이다.[82] 목적별 신분등록제가 당대에 경합하던 여타 신분등록제와 다른 점은 다음과 같다. 1) 가족별 편제 방식 대신 개인별 신분등록 방식을 채택하였고, 2) 그 개인별 신분증명을 출생부, 혼인부, 사망부처럼 사건별 또는 목적별로 나누어 각각의 기재 사항을 별도로 규정하였다. 3) 이에 더하여 신분변동부, 혼인변동부를 따로 둠으로써 개인의 신분 및 가족 관계의 변동 사항을 서로 분리된 공부公簿로 관리하도록 하였고,[83] 4) 각각의 공부에 기재되는 개인식별번호는 기존의 주민등록번호가 아니라 신분등록번호, 신분변동번호, 혼인등록번호, 혼인변동번호 등 각각의 공부기재번호를 쓰도록 했다.[84]

얼핏 번다해 보이는 이러한 신분등록제를 구상한 이유는 무엇일까? 그것은 무엇보다 과거 주민등록번호와 호적이 반공·냉전 체제의 한국에서 국민을 관리하고 감시하는 데 핵심적인 도구였기 때문이다. 1968년과 1970년에 각각 법제화된 주민등록번호와 주민등록증은 1970년대를 거치면서 한국인이라면 누구나 발급받아야 할 강고한 신분등록제로 자리 잡았다. 이 제도는 이른바 방첩을 목적으로 정부가 남한사회와 개인을 촘촘히 감시하기 위해 도입되었다.[85] 또한 호적부와 과거 호적상 변동 사항이 기재된 제적부 모두 보존연한이 80년인 데다가 호적부의 발급 청구권자와 발급 사유가 거의 제한돼 있지 않아, 비단 수사 당국뿐 아니라 사회구성원 사이에서도 감시와 검열, 개인의 과거사 추적을 부추기는 측면이 있었다. 이는 실제로 호적에 등재된 부모의 좌익 경력이나 본인의 전과 기록 등을 통한 사회적 차별에 크게 기여하였다.[86]

1987년 6월 항쟁 이후 정치적 민주화의 물결 속에 이러한 관행이 국민의 기본권에 대한 침해라는 문제 제기가 잇따랐다. 1995년 당시 호적부과 주민등록 체계를 거의 그대로 전자화하는 내용의 전자주민카드 계획이 발표되자 이런 문제 제기가 본격화되었다. 이후 국민의 정보인권 침해를 문제 삼은 전자주민카드 반대운동이 개진되었고,[87] 운동사회의 노력 끝에 1999년 해당 계획은 마침내 백지화되었다.

이처럼 정부가 관리하고 발급하는 하나의 문서, 하나의 번호에 의해 한 개인의 사회적 존립이 좌우되고 개인의 신분과 가족 관계의 연혁이 모조리 추적될 수 있는 것은 그 자체로 문제가 있다. 그것이 별반 이상하게 여겨지지 않는 것이야말로 한국이 반공·냉전 사회의 강한 영향력 아래 있다는 증거다. 일례로 프랑스, 독일, 미국 등 여러 국가에서는 이미 신분등록부를 목적별로 분산 운영 중이다. 그것은 행정력이 부족하거나 행정적 효율과 편의를 일부러 무시해서가 아니라, 개인의 신분과 가족상황에 대해 국가가 지나치게 간섭하는 것이 마땅하지 않다는 의식이 작용했기 때문이다.[88]

2005년 목적별 신분등록제 도입을 위한 시민단체들의 연합인 '목적별신분등록법제정을위한공동행동'은 호주제도에 따른 피해 사례를 가시화하는 자리를 마련했다. 이 자리에서 동성애자와 여호주는 직장 내 노동자 및 복지 수급자의 입장에서 굳이 기관에 통보되지 않아도 될 신분 관계가 불필요하게 드러남으로써 받은 피해들을 증언하였다.[89] 이러한 운동사회의 노력에도 불구하고, 호주제를 대신할 새로운 신분등록제는 대법원 안에 법무부 안이 일부 참조된 형태로 정리된 국회 법제사법위원회 안으로 2007년 국회 본회의를 통과했다. 개인별 신분등록제와 가족별 신분등록제의 절충안이라고는 하지만 이를 통해 만들어진 신분등록부가 '가족관계등록부'인 것에서 알 수 있듯이, 이는 명백히 가족을 중심으로 개인의 신분을 파악하는 기존 호적부의 문제를 전체적으로 계승한 결과였다.

호적부를 대신할 신분등록부가 결국 가족관계등록부로 낙착된 계기는 여러 가지가 있다. 우선 종전에는 내무부 산하 지방자치단체에서 호적등본을 관할하였는데, 새로운 신분등록을 관할할 주무 부처를 놓고 법무부와 대법원 사이 갈등이 있었고 대법원이 이를 맡기로 하는 과정에서 관련 법안의 통과가 지연되었다.[90] 다음으로 당시 한국가정법률상담소와 한국여성단체연합은 가족법 개정을 통한 부부간 양성평등 실현에 집중하는 과정에서 신분등록을 "양성평등한 혈연 중심 가족"이라는 또 다른 정상가족 단위로 존치하는 문제에 대해서는 상대적으로 미온적이었다.[91] 이는 숙원이던 호주제 폐지를 최우선 의제로 삼은 데 따른 결과이지만,[92] 호주제 폐지운동 그 자체의 역사에서도 알 수 있듯이 한번 미뤄진 의제는 끝까지 미뤄지는 경향이 있다. 무엇보다 호주제 폐지를 기점으로 생겨난 '가족이 해체되어서는 안 된다'는 정서에 보다 적극적으로 대응하지 못하고 타협한 측면도 있었다. 가족해체 공포의 속살이 실은 다양한 가족의 출현과 그에 대한 법적·사회적 인정이었음에도, 당시 신분등록제는 끝내 정상가족을 기준 삼는 것으로 정리되었다.

왜 한 사람의 신분은 가족 관계를 통해서만 파악 가능한 것이어야 하는가? 국가는 무슨 까닭으로 우리 가족의 속사정을, 우리 커플의 침실을 들여다보려 하는가? 결혼의 의미는 종교단체나 민간에 맡기고 국가에 의한 신분 관계의 인정은 시민결합의 형태로 운영하자는 의견에서 알 수 있듯이,[93] 한 개인의 신분과 돌봄과 복지가 반드시 정상가족을 통해야 할 이유는 없다. 이유가 없음에도 당연한 것으로 통용되기에, 그것은 '정상가족 이데올로기'라 불린다.

이럴 때 필요한 것이 바로 제도 바깥에 서서 안을 마주 보는 눈이다. 그것은 법정 가족 및 신분 바깥에 있는 한 사람을 문제시하는 데에서, 가족 관계와 신분 관계를 통해 한 사람을 구태여 파악하고자 하는 제도적 욕망 그 자체를 문제시하는 전환을 통해 얻을 수 있다. 법정 가족과 신분 바깥에도 관계와 돌봄은 있고, 세상일은 제도나 법조문이 아닌 바로 거기에서 시작되어 왔다.

바깥으로의 초대, 미래로 열린 약속

이태영 변호사는 신민법 제정 당시 호주제 폐지를 주장하면서 "가정의 민주화가 곧 사회와 국가의 민주화의 지름길"이라는 말을 남겼다.[94] 2005년 헌법재판소의 호주제 위헌 판결문에 "개인으로서 존중되는 민주적인 관계"라는 문구가 명시되는 쾌거를 경험했지만,[95] 우리 사회가 진실로 맛보아야 할 가족과 관계의 민주화는 아직 채 오지 않았고, 그런 의미에서 '민주화'란 특정 정당이나 시대에 국한된 전유물이 아니다. 민주화 운동이 당대의 '빨갱이 사냥'에 내몰린 사람에게서 출발했듯이, 미래로 열린 가족정치 또한 누가 정상가족이라는 제도적 범주의 바깥에 끝내 내몰리는지 살피고 바깥에 있는 그 사람의 관계와 돌봄 실천에 주목하는 데서 출발한다.

이때 과거의 성소수자야말로 그 바깥의 표본에 가까운 존재이다. 포스트 호주제 의제에 성소수자 가족구성권이 자주 언급되는 까닭이 여기에 있다. 가족법 개정운동의 역사에서 동성애는 주로 '미래의 가족 형태는 이렇게까지 다양해질 것'이라는 예시로 등장하는 경우가 많다. 즉 가족이 다양해지다 보면 "동성 커플까지" 시야에 들어온다는 것이다.[96] 동성애자와 동성 커플은 기존의 정상가족 각본을 근본적으로 되짚게 만드는 존재,[97] 이성애 결혼의 특권과 "관습적 성 패턴"의 바깥에 선 존재로 여겨져 왔다.[98] 과거 호주제 존치론자들은 호주제가 폐지되면 사회주의적 가족뿐 아니라 "첩, 동성애자, 군거 내지 혼외자 등"도 가족이 되고 말 것이라 주장했다.[99] 누군가에게 절대 있을 수 없는 가족/관계의 형태로 동성애자가 함부로 나열된 것이야말로, 그들이 오랜 기간 바깥에 위치했음을 드러내는 증거다.

이는 성소수자 당사자에게 모욕적인 일이고, 그렇기에 그 바깥의 존재 중 일부가 제도 안에 편입되기를 강렬하게 욕망하는 것도 무리는 아니다. 미국 공화당 내 게이 지지모임 행사인 '모두를 위한 자유Liberty for All'처럼 동성애자 또한 이성애 가족각본에 얼추 맞추기만 하면 금세 주류에 "포함"될 수 있을 거라 기대하는 일군의 여론이 그러하다.[100] 그러나 제도 안에 편입되려는 강렬한 욕망은 자칫 그 제도가 낳은 부조리와 더불어 지금도 배제되고 있는 사람들의 얼굴을 잊게 만들기 쉽다. 제도적 성취는 중요하지만, 앞서 보았듯이 그렇게 얻어 낸 제도 가운데 거듭 배제되는 이들이 누구인지 살피는 일 역시 중요하다. 이러한 고려는 제도 안팎에 가로놓인 사회의 풍요를 상기하게 만든다는 점에서, 제도적 성취를 가급적 풍부한 맥락 가운데 위치하게 만들면서 동시에 그 성취로는 닿을 수 없을 미래의 과제를 겨누기 위해 필요한 일이다.

한국사회에서 성소수자가 2025년 현재의 운동적 성원권을 얻을 수 있었던 것은,[101] 원치 않게 스스로 서게 된 바깥의 자리를 쉽사리 빠져나오거나 잘라 낼 곳으로 사유하지 않고 그 바깥의 입장에 다른 이들을 초대하는 데 성공했기 때문이다.[102] "문제로 정의된 사람들이 그 문제를 다시 정의할 힘을 가질 때 혁명은 시작된다"라는 장애 운동의 유명한 말처럼,[103] 한국의 성소수자 운동은 자기가 선 바깥의 자리를 배제의 장소에서 성과 사회, 관계와 돌봄을 안팎으로 새롭게 사유할 수 있는 중심으로 바꾸어 냈다. 즉, 성소수자 운동의 운동적 성원권에는 특정 성정체성에 대한 지지를 넘어 그 역전의 행보에 대한 안팎의 지지가 포함되어 있다.

이태영 변호사가 1950년대에 "가정의 민주화"를 주장하며 2000년대 들어 호명된 다양한 가족 형태 하나하나를 전부 상상하지는 않았겠지만, 민주주의는 늘 미래로부터 열려 있고 그 미래에 응답할 의무가 있는 개념임을 잊지 않을 필요가 있다.[104] 호주제 시기 법정 가족과 부계혈통주의의 바깥에 있던 이들이 주로 이혼여성, 여호주, 사생아, 혼혈아 등이었다면, 포스트 호주제 시기인 지금 정상가족 이데올로기 바깥의 퀴어한 존재들은 과연 누구일까? 거기에는 성소수자 외에도 탈가정한 사람, 탈시설했거나 지금도 시설에 갇혀 살고 있는 사람, 이주노동자, 미등록 외국인 등 실로 다양한 이들이 있다. 그들의 관계도 관계고 그들의 돌봄도 돌봄임을 인정받을 수 있는 세상이야말로, 호주제 폐지운동이 자기도 모르게 열어젖힌 미래이다.

트랜스젠더 성별변경*과 가족제도

/

나영정

트랜스젠더는 가족법에서 어떤 자리에 배치되는가? 한국의 가족법은 성별화된 신분제도로 요약할 수 있기에, 단지 가족상황을 공시하는 것을 넘어서 젠더이분법에 근거한 적법한 국민을 증명하는 역할을 해 왔다. 그렇기 때문에 이 질문은 트랜스젠더가 기본권을 갖추는 데 핵심적인 지점을 짚는다. 트랜스젠더는 태어날 때 의사로부터 지정된 남성 혹은 여성이라는 성별과 다른 성별, 즉 자신이 스스로 인식하고 동일시하는 성별로 살아간다. 그 성별은 남성과 여성이 아닌 또 다른 이름으로 분류된 성별을 포함한다. 지정성별과 자신이 인식하는 성별이 다르면 시민권에 큰 제약을 가져오므로, 많은 트랜스젠더는 자신이 인식하는 성별로 법적 성별을 변경해 달라는 요구를 해 왔다. 이는 근대국민국가 체제가 출생의 등록과 성별에 대한 지정을 특정한 방식으로 규제하고 독점해 온 데에 기인한다.

    신분등록제도는 언제부터 현재의 모습을 갖추기 시작했을까? 식민지 조선에서 기존의 호적은 식민통치제도로 편입되었다. 해방 이후 독립국가를 건설하는 과정에서 기존의 신분질서를 재편하여 '사람'을 국민으로 만드는 과정이 필요했다. 이는 헌법을 비롯하여 형법과 민법을 제정해 나가는 과정에서 시민들 간의 관계를 가족질서뿐만 아니라 개인과 국가의 관계 속에서 재조정하는 작업이었다. 이때 봉건적 가족제도 안에서 남성과 동등한 지위를 얻지 못했던 부녀 혹은 처의 지위를 새롭게 확립하는 것 등이 큰 과제로 떠올랐고,[1] 부모와 자녀의 관계를 규정하고 부권과 친권에 대한 배분 등이 이루어지면서 가족제도와 신분제도의 새로운 관계가 형성되었다.

    이때부터 모든 사람은 젠더화된 국민화 과정을 겪었는데, '두

---

* 이 글에서는 트랜스젠더가 자신이 태어날 때 지정된 성별에서 자신이 인식하는 성별로 법적 성별을 바꾸는 것을 '성별정정'이 아니라 '성별변경'이라고 표현한다. 현재 법원은 '성전환자의 성별정정 허가신청사건 등 사무처리지침'에 따라 변경 신청을 처리하고 있다. 이 지침의 목적은 "성전환자가 가족관계등록부의 성별란에 기록된 출생 당시의 성性을 전환된 성性으로 변경하기 위하여 '가족 관계의 등록 등에 관한 법률' 제104조(위법한 가족관계 등록기록의 정정)에 따라 등록부정정 허가신청을 하는 경우에 필요한 사항과 법원이 그 심리를 위하여 조사할 사항, 그리고 성별정정 허가 결정을 받은 성전환자의 가족관계등록부 기록과 관련된 사항을 정함"에 있다. 이러한 법적 기준을 인용하거나 글의 맥락상 필요한 경우 외에는, 가족관계등록부상의 기록 정정을 넘어 한 사람의 성별을 바꾼다는 포괄적인 의미로 '변경'이라는 용어를 사용하기로 한다.

개의 성별 중 태어날 때 지정된 것으로 강제로 기입되는 체제' 속에 편입되면서 이 체제와 불화하는 존재, 트랜스젠더는 고통을 받아 왔다. 신분증명서로 자신의 존재를 증명하지 못하는 상황은 신분으로서의 국민, 사회적 지위로서의 시민의 지위를 지속적으로 위협하기 때문이다.[2] 이러한 문제를 해결하기 위해서 호르몬 투여와 성별재지정 수술* 등의 의료적 조치를 하고 '반대의 성'**으로 살아가는 트랜스젠더 중에서 국가에 자신의 성별을 바꾸어 달라고 청구하는 이들이 생겨나기 시작했다. 그 결과 1980년대부터 일부 지방법원에서 트랜스젠더의 성별정정 허가 사례가 나오기 시작했다.[3] 2006년 대법원에서 최초로 트랜스젠더의 법적 성별을 정정하도록 허가하는

---

*   성별재지정 수술은 자신이 인식하는 성별과 태어난 신체 사이의 불화를 조정하는 과정에서 일어나는 의료적 전환과정(트랜지션)의 일부이다. 기존의 생식기관을 일부 혹은 전부 제거하고 새로운 형태의 외양을 갖추는 외과적 수술을 의미한다. 성전환 수술, 성확정 수술 등으로도 불리는데, 이 글에서는 '성별을 다시 지정하는 과정'이라는 의미가 담긴 용어를 사용한다.

**   트랜스젠더는 자신이 인식하는 성별로 '전환'해 가는 과정을 각자 다양한 차원에서 겪는데, 이는 의료적인 모델이 가지고 있는 병리화–치료–완치의 과정으로 단일화되지 않는다. 의료적인 조치를 행하는 이들조차 다양한 방식으로 자신이 가지고 있는 신체에 대한 불편함을 해소하며, 그보다 훨씬 넓은 의미의 전환의 과정이 삶에서 일어난다. 말투, 옷차림, 행동, 이름, 성별대명사를 바꾸어 나가는 과정 또한 큰 전환이다. 이 과정에서 많은 트랜스젠더가 자신이 이동하려고 하는 성별이 지정된 성별과 '반대'의 의미를 갖는지, 기존의 두 개의 성별로 표현되기 어려운 또 다른 성별인지에 대해서도 답을 구해 나간다. 하지만 법원이 성별을 '정정'하는 과정에서 '반대의 성'에 대한 확신을 요구하기에 또다시 고정된 틀에 갇히는 한계가 있다.

결정이 내려졌으며,[4] 그로 인해 '성전환자 성별정정을 위한 사무처리지침'이 마련되어 이후 법원의 성별정정 결정을 위한 가이드라인의 역할을 해 왔다. 대법원 예규에서 규정한 사항이 실질적인 가이드라인이 되어 하급심의 판단 기준이 되어 온 것이다. 예규에서 규정한 요건 중 부모동의서가 삭제되는 등 작은 변화들 또한 있어 왔는데, 트랜스젠더 인권단체를 비롯한 당사자들은 특별법 제정을 통해서 당사자의 권리를 보다 보장할 수 있는 방안을 마련해야 한다고 주장하고 있다.

  이 글에서는 트랜스젠더가 성별이분법에 기반한 가족-신분제도하에서 살아가면서 겪는 문제를 살펴보고, 트랜스젠더의 성별변경을 인정하는 것이 가족법에 미치는 영향과 그 의미를 가늠해 보고자 한다. 이를 위해 대법원의 성별정정 예규에 담긴 가족주의적 질서, 젠더질서를 살펴볼 것이다. 가족법이 보다 인권과 성평등을 지향하는 쪽으로 변화하기를 촉구하는 활동의 맥락에서 대법원 예규를 다루는 이유는 다음과 같다. 첫째, 성별을 변경하는 것은 가족관계등록부상 중대한 신분 변동이기 때문에 어떤 논리와 기준으로 허가 여부가 결정되는가를 통해서 신분등록제도의 본질을 엿볼 수 있다. 둘째, 성별이분법에 따라 만들어진 가족관계등록부 등 신분등록제도는 트랜스젠더, 논바이너리에게 불화를 일으키고 있기 때문에 이 불화의 조건과 양상을 제대로 파악하는 것은 성소수자 인권 증진에 중대한 역할을 할 수 있다. 셋째, 여성이 딸·아내·어머니로, 남성이 아들·남편·아버지로 자동배치 되는 문제를 인식하고 문제화함으로써 젠더질서와 가족질서가 개인의 신분·지위를 결정하는 구조를 지적하고 이것이 모든 시민에게 미치는 영향을 알아볼 수 있다. 넷째, 개인의 선택과 행복보다 가족질서 안정화를 우선시하는 체계의 문제점을 분석함으로써 성별변경을 위한 운동과 제도가 나아갈 방향에 대해서 고민할 수 있다.

가족법, 젠더체제gender system*, 섹슈얼리티

한국사회의 젠더체제는 대한민국 건국 이후부터 호주제라는 신분제도와 함께 단단하게 형성되었다. 호주제는 연장자 성인 남성을 집의 주인(호주戶主)으로 하고 부계 혈통에 따라 호주를 승계하면서 대를 잇는다는 상상적인 목표를 가진다. 부계 혈통의 순수성을 보호하기 위해서 여성은 생식력으로 환원되면서도 철저하게 통제의 대상이 되어 왔고, 남성과 동등한 시민적 권리를 가질 수 없도록 제도에 기입되었다. 여성은 태어난 집에서나 혼인으로 새로 입적한 집에서나 부차적인 존재였고, 호주 승계뿐만 아니라 상속, 재산분할, 친권 행사 등에서도 차별을 받았다. 한국에서 가족법 개정

---

* 국가시스템의 차원에서 젠더를 통치를 위한 장치로 활용하는 것을 말한다. Tari Young-jung Na, Ju Hui Judy Han and Se-woong Koo, "The South Korean Gender System: LGBTI in the Contexts of Family, Legal Identity, and the Military", *The Journal of Korean Studies*, Vol. 19, No. 2, 2014, pp. 357-377 참고.

은 이러한 성차별성을 개선하는 흐름 속에서 진행되어 왔으며 호주제의 폐지로 큰 이정표를 세웠다.[5] 하지만 여전히 여성의 가사노동을 부불노동으로 보는 관점이 상속제도와 재산분할의 논리에 지배적이고, 가정폭력을 가정 보호의 관점으로 다루는 문제는 해결되지 않고 있다.[6]

2005년 호주제가 헌법불합치 결정을 받고 가족관계등록제도라는 대체 법안이 만들어졌다. '호주'라는 개념은 사라졌지만 가족 관계를 통해서 개인의 신분을 증명하는 원리는 계속 유지되었다. 호주제가 가지고 있는 가부장적인 속성은 사라졌을까? 가족의 주인인 성인 남성과 그로부터 보호받는 여성과 어린이라는 구도는 사회문화적인 젠더 규범을 형성했을 뿐만 아니라, 요보호여성과 아동을 '아버지 대신' 보호하는 것을 국가의 역할로 상정한 복지제도에 그대로 기입되어 왔다.[7] 이러한 복지제도는 남성 가장과 그가 부양하는 아내를 중심으로 형성된 근대적 노동시장 고용 모델을 정상화하고, 그 안에 포함되지 못하는 잉여를 관리하는 잔여적인 차원에 머무른다. 이처럼 호주제의 유산은 민법과 사회복지제도 아래 면면히 흐르고 있다.

호적부가 가족관계등록부로 대체되면서 성인 남성과 성인 여성의 공부상의 지위는 동등해진 것으로 보이지만, 주지하듯이 정치·경제·사회적인 조건에서 여전히 젠더 불평등이 강고한 상황이다. 또한 정상가족이라는 규범 안에 위치할 때에나 가능한 '동등한 지위'라는 점에서 분명한 한계가 있다. 모든 사람은 태어나 지정된 성별을 부여받고 가족관계등록제도 안에서 여성은 딸·아내·어머니로, 남성은 아들·남편·아버지로 배치된다. 젠더 구분의 기반 위에 세워진 가족제도는 이 구분 바깥의 제도를 상상하지 않음으로써 이와 불화하는 존재들을 제대로 인식할 수 없고 신분제도로서 이들을 제대로 공시할 수 없다. 그로 인해서 발생하는 차별과 불이익은 오롯이 개인의 짐이 되었다.

이러한 젠더체제는 섹슈얼리티에 대한 국가 통제와도 긴밀하게 연결된다. 섹슈얼리티에 대한 국가의 통제는 대표적으로 형법상 성풍속에 대한 규제(제22장 성풍속에 관한 죄)와 성폭력에 대한 처벌(제32장 강간과 추행의 죄)로 볼 수 있다. '성풍속에 관한 죄'를 통해서는 2016년에 폐지된 간통죄를 비롯해 제242조 음행매개, 제243조 음화반포, 제244조 음화제조, 제245조 공연음란 등을 다뤄 왔다. '강간과 추행의 죄'를 통해서는 제297조 강간, 제298조 강제추행, 제299조 준강간·준강제추행, 제303조 업무상 위력 등에 의한 간음, 2012년에 폐지된 혼인빙자간음 등을 처벌해 왔다. 형법은 헌법에서 보장하는 개인의 자유를 국가안보, 질서유지, 공공복리의 이유로 제한하는 기능을 한다. 섹슈얼리티를 형법에서 다룬다는 것은 개인의 권리나 자유보다 치안, 질서유지 등의 가치를 우선하거나 중요하게 고려했다는 의미이다. 대표적으로 '강간과 추행의 죄'는 피해자의 인권이 아니라 '정조'를 해친 죄로 다루어져 왔으며, 2019년에 폐지된 '낙태의 죄' 또한 임신중지를 스스로 결정한 임신부(와 그를 도운 의사)만을 처벌함으로써 인구와 정조의 관리를 위한 법률이라는 점을 숨기지 않았다. 섹슈얼리티를 관리하고 통제하는 것은 그것이 가족제도와 국가의 통치 질서 유지를 위해 기능해야 하기 때문이다.[8]

정조와 모성은 성적 주체로서의 지배적인 남성성을 정상적인 규범으로 만들기 위해서 '비남성'*의 섹슈얼리티를 통제하고 여성의 재생산노동을 자연화하는 장치이면서 부계 혈통의 가족제도를 유지하는 이데올로기였다. 이는 정조와 모성을 소유하고 관리하는 자와 이를 지키고 수행하는 자로 나뉘는 젠더질서를 안정화함으로써 성역할을 고정하고, 이러한 질서에서 비껴 난 자들에게 책임을 지움으로써 보호와 권리를 박탈하는 구실이 되어 왔다. 이러한 점은 트랜스여성이 부녀가 아니기 때문에 강간죄의 객체가 될 수 없다고 판결[9]한 논리를 통해서도 확인할 수 있다. 이는 여성을 정조의 담지자로 환원시켜 보호한다는 형법의 논리를 유감없이 노출시켰다. 2009년에는 트랜스여성을 강간죄의 객체로 인정하는 판결[10]이 나왔는데, 이 판결은 앞서 살펴본 2006년 대법원 결정을 중요하게 참고했다고 밝혔다. 성별을 변경할 수 있다는 법적 논리는 성별을 정함에 있어 염색체나 생식기관뿐만 아니라 정신적·사회적 요소를 고려해야 한다는 내용으로 구성되었다. 이와 같은 성별에 대한 새

---

*   '여성'이 아니라 '비남성'이라고 표기한 것은 젠더 불평등이 남성과 여성이라는 이원적 관계에서 빈틈없이 짜인 완결적인 구조라는 신화를 거부하기 위해서다. 지배적인 남성성이라는 가치와 질서를 체현하는 특권화된 주체와 그 나머지로 이루어지는 불평등한 구조는 성인, 이성애자, 비장애인, 한국 국적, 중산층 정상남성이 아닌 다양한 정체성과 몸, 관계 속에 놓인 '비남성'을 차별하는 논리로 기능한다.

로운 해석이 결정문에 명시됨으로써 강간죄 해석에 영향을 주었고, 이는 가족법과 제도에도 영향을 끼칠 수밖에 없었다.

따라서 트랜스젠더 성별변경을 위한 입법을 해 나갈 때에도 2006년 대법원 결정이 무엇을 지향하고 있는지 질문하는 것이 필요하다.[11] 현재 대법원이 정한 예규에서 드러난 기준과 가치가 가진 문제점을 해결하고, 인권과 평등권을 더욱 쟁취하기 위한 방향을 시험하는 것이다. 이러한 작업은 판결과 법제도 도입이 미치는 중대한 영향을 인식하면서도, 법적 논리가 가진 한계가 삶을 제한하지 않도록 검토하면서 그 다음의 전망을 만들어 내게 한다. 트랜스젠더 성별변경에 필요한 절차나 기준을 제시하는 법률의 필요성, 목표, 내용을 규정하는 데 있어서 어떤 가치가 개입되어야 하는가? 이는 가족제도를 어떤 방향으로 변화시킬 것인가? 트랜스젠더 성별변경을 위한 요구는 가족구성의 권리에 어떻게 기여할 것인가?

트랜스젠더 성별변경 인정을 위한 움직임

트랜스젠더가 자신의 성별을 변경할 권리를 요구하는 것은 여러 가지 기본권의 문제를 함축한다. 직접적으로는 신체의 자유권, 행복추구권, 자신을 표현할 권리, 건강권 등과 연결되고, 간접적으로는 교육, 노동, 주거 등 평등권과 관련된 제반의 권리와 연결된다. 이는 트랜스젠더인 시민이 기존의 성별을 자신이 인식하는 성별로 바꾸지 못했을 때 삶의 전반에서 어려움과 위기를 겪을 수 있고, 현재 대법원 예규에서 정한 요건을 지키기 위해 원치 않는 선택을 강요받음으로써 기본권을 침해당할 수 있다는 뜻이다. 이러한 어려움에 처할 때 구제받을 통로 또한 제대로 마련되어 있지 않을 가능성도 내포한다.

그동안 '성별정정'을 허가하는 법적인 논리는 개인의 존엄성과 행복추구권에 기반해 있었다. 1989년 청주지방법원에서 최초로 성별정정을 허용하는 판결을 내렸고,[12] 그 이후 법원마다 상이한 기준과 해석으로 성별정정을 허가 혹은 불허하는 결정을 해 왔다. 앞서 살펴보았듯 2006년에 이르러서야 대법원에서 "성전환자도 인간으로서 존엄과 가치를 향유하며 행복을 추구할 권리와 인간다운 생활을 할 권리가 있고, 이러한 권리들은 질서유지나 공공복리에 반하지 않는 한 마땅히 보호받아야 한다"라고 판결했다. 이 결정을 통해서 예규가 생겼고, 이후 법원 결정에 있어서 가이드라인 역할을 하게 되었다. 현재까지도 트랜스젠더 성별변경에 필요한 법적 기준이나 요건을 명시한 특별법이 제정되지 않았다는 이유로 여전히 결정의 기준이 되고 있다. 예규는 법적으로 강제 요건이 아님에도 불구하고, 하급심에서 이와 다른 기준을 적용하는 것은 매우 어려운 일이다.

그동안 트랜스젠더의 성별변경 절차 개선을 위해 여러 차례 개정이 진행되었지만, 입법적인 움직임이 본격화되지 않는 상황이다. 여전히 개별 판사의 자의적인 판단과 대법원 예규의 한계 속에서 당사자들은 기본적인 권리의 침해를 겪고 있다.

류민희 외(2018)는 인권 보장을 위한 성별정정 절차의 원칙을 다음과 같이 제시한다. 1) 의학적, 사법적, 행정적인 심사에 의해서 재단당하지 않고 당사자의 인식과 결정을 중심으로 이루어지는 자기결정에 기반할 것, 2) 절차가 길어지면 트랜스젠더 당사자가 혐오와 차별에 노출될 위험이 커지므로 이를 최소화하기 위한 신속성, 3) 성별정정 절차와 관련된 규정이 구체적이고 분명하여 판단 주체의 재량에 의한 남용 가능성을 차단하는 명료성, 4) 신체적 조건, 사회경제적 상황, 연령, 장애 등 개개인의 사정과 무관하게 성별정정 절차에 접근하도록 제시하는 접근가능성(건강이나 경제적인 이유로 외과 수술이 불가능함에도 성전환 수술을 필수로 요구하는 것이 접근가능성을 해친다는 점도 지적한다).[13]

이 보고서에서는 국제인권규범과 다른 나라의 사례도 소개한다. 특히 아르헨티나의 경우 2012년에 제정한 '성별 정체성법'을 통해서 성별변경 절차의 표준적인 모델을 보여 주는데, 이 법은 성별정체성의 권리를 규정함으로써 "그에 맞는 공부상 성별을 가질 권리"를 명시하였다. 아르헨티나는 정신과 진단, 외과 수술 등의 요건을 제시하지 않고, 사법적 또는 행정적 심사가 아니라 오로지 본인의 의사에 따른 '신고'를 통해서 성별을 바꾼다.[14]

한국사회에서는 출생 당시 의사가 육안 등으로 판단한 성별이 출생증명서에 기입되고, 부모의 출생신고를 통해서 법적인 성별로 지정된다. 이에 기반해서 나이, 성별, 출생 지역 등의 정보가 노출되는 주민등록번호가 부여된다. 일상생활을 영위하고 신분을 증명하기 위해서 주민등록번호를 활용해야 하는 사회에서 트랜스젠더가 감당해야 하는 차별과 혐오는 결국 국가에 의해 만들어진 것이다. 왜 법원에서는 트랜스젠더가 자신의 법적인 성별을 바꾸고자 할 때 여러 조건을 내세울까? 이는 법원이 트랜스젠더에 대한 특별한 규정에 따라 권리를 제한하고 차별하기 위한 방안을 고안했다기보다, 트랜스젠더의 존재를 인정함과 동시에 성별이 변동되는 사건의 파장을 최소화하여 기존 가족법 질서를 유지하기 위한 논리를 구축하는 과정이라고 볼 수 있다. 따라서 현재의 트랜스젠더 성별변경 절차와 요건을 보다 인권의 원칙에 따라 바꾸어 나가기 위해서는 가족제도가 어떤 질서 위에 구축되어 있는지에 대한 논의와 함께해야만 한다.

트랜스젠더의 성별을 변경할 권리와 가족제도와의 불화

이 장에서는 대법원이 정한 예규 중에서 특히 가족제도와 관련되는 규정을 분석함으로써 트랜스젠더의 권리와 가족제도와의 불화를 살펴본다. 대표적으로 세 가지를 꼽을 수 있는데 '부모동의서', '미성년인 자녀가 없을 것', '혼인 중이지 않을 것'에 대한 요구다(부모동의서는 2019년 폐지). 이와 긴밀하게 연결된 권리로서 재생산권

침해도 지적할 수 있다. 인권활동가와 전문가 들은 반대 성의 외부 성기와 비슷한 외관을 갖추고 생식능력을 제거하도록 하는 것이 트랜스젠더의 재생산권과 건강권, 신체의 자유를 침해하며 유엔고문방지협약 위반이라는 견해를 갖고 있다.

부모의 동의서를 제출할 것: 친권

류민희 외(2018)는 앞서 살펴본 보고서에서 성별정정 신청 준비단계에서의 어려움을 크게 두 가지로 분석하였다.[15] 첫째는 성별정정 요건의 어려움이고, 둘째는 신청을 위한 서류 준비의 어려움이다. 부모동의서의 문제는 후자로 다루어지는데, 조사 참여자의 24.3%가 '부모동의서를 받을 수 없는 점'이 준비 과정에서 가장 어려웠다고 답했다.

대법원 예규 제3조 1항 6호는 신청서에 '부모의 동의서'를 첨부할 것을 요구하고 있다. 이는 대법원 판례에서 제시된 요건도 아니고 세계적으로도 찾아보기 어려운 요구사항으로, 사회적 편견으로 부모와 관계가 단절되거나 부모의 동의를 얻기 어려운 트랜스젠더들에게 큰 장벽으로 작동하고 있다. 실제로 부모동의서와 관련된 어려움을 조사한 결과, 조사 참여자 70명 중 45.7%에 해당하는 32명이 부모동의서 제출로 인한 어려움을 겪었다고 응답하였다. 그 32명을 대상으로 구체적으로 어떠한 어려움을 겪었는지 조사한 결과 "부모 중 어느 한쪽에서만 동의를 얻음(43.8%)", "부모 모두에게서 동의를 얻

지 못함(40.6%)", "인감증명서 등 추가적 서류를 요구함(15.6%)" 순으로 나타났다.[16]

부모동의서를 예규의 요건으로 넣은 것은 친권의 유산이라고 판단된다. 친권의 중요한 내용으로는 교육 부양의 의무, 거소지정권, 징계권(2021년 폐지)이 있고, 자에 대한 재산관리권과 대리권 등도 친권자가 가진다.[17] 트랜스젠더 당사자의 성별변경에 대해 부모의 동의를 요구했던 것은 트랜스젠더를 권리를 행사할 수 있는 자율적인 개인으로 보지 않았기 때문이다. 이는 성별변경을 국가나 부모가 허가·허락하는 문제로 왜곡하는 국가의 시각을 보여 준다. 부모에게 국가/가족 질서 수호를 위한 관리 책임을 부여하고 확인하는 장치로서 부모동의서의 의도를 파악할 수 있다.

부모동의서를 받지 못해서 성별변경 신청을 미루거나 포기한 이들의 증언을 확인할 수 있다.[18] 이런 경우에는 왜 부모동의서를 낼 수 없는가에 대한 절절한 소명이 필요하다. 트랜스젠더 정체성으로 인해 부모와 불화가 생겨 집을 나와 유흥업소에서 일하면서 성전환 수술 비용을 모으느라 부모에게 동의서를 받지 못하는 A는 이러한 사연을 그대로 소명할 수 있을까? 과연 재판부는 이러한 사연을 상당한 이유가 있다고 인정할까?

신분제도와 가족제도가 규정하는 정상성의 기준에서 보면, 부모가 없거나 부모동의서를 받지 못하는 이들은 '요보호' 상태에 놓이게 된다. 국가가 '보호자' 없는 요보호여성과 요보호아동을 대해 왔던 방식은 보호소에 감금하고 직업재활이나 결혼을 통해서 사회에 복귀시키는 것이었다. 정상가족 규범이 강한 한국사회에서 부모와의 관계 단절은 청소년·청년 시기의 교육 기회 박탈과 빈곤으로 이어질 가능성이 높다. 한국사회에서 트랜스젠더가 지정된 성별에 부합하는 방식으로 성역할을 수행할 수 없을 때 가족으로부터 떨어져 나와 자립하고 생존할 수 있는가. 성별정정 허가 기준으로 인해서 다시 한번 '보호자 없음'이 권리를 제한하는 방식으로 작동하고, 트랜스젠더의 시민권을 제한하며 차별의 구조를 생산하는 것이다.

2019년 이 요건이 폐지되면서 성별변경 문제는 한 단계 진전을 이루었다. 부모동의서 제출이 폐지된 주요 이유는 "이미 성인에게만 성별정정 자격을 주기 때문에 부모동의서 요건이 불필요하다"라는 것인데, 따라서 여전히 아동·청소년에게는 성별변경 권리를 부여하지 않는 문제가 남아 있다. 이제 검토해야 할 것은 성별변경 신청 자격을 성인으로 한정하는 문제이다. 이는 부모동의서에 내포되었던 친권의 문제, 아동·청소년에 대한 자기결정권 제한과 연동한다.

미성년 자녀가 없을 것: 자의 복리

2005년 호주제가 폐지되고 나서 가족법에서는 '자의 복리'의 논리가 강화되었다. 이것이 트랜스젠더의 성별정정 예규를 정하는 과정에도 영향을 미친 것으로 보인다. "미성년 자녀가 없을 것"을 지지하는 논리가 바로 자의 복리였다. 그러나 이 논리는 미성년자의 의사를 존중하고 동의를 구하는 것이 아니다. 부모의 성별변경이 자녀의 신분 변동에도 부정적인 영향을 미친다고 간주했기 때문에 불허의 사유로 동원되었을 뿐이며, 이 과정에서 미성년 자녀는 자신의 의사를 주장하기도 어려웠다.

이러한 조건은 전 세계적으로 한국과 일본에만 있으며, 당사자의 성별변경을 위한 권리보다 자의 복리가 더 우선하기에 성별변경을 불허하는 논리로 활용된다. 자의 복리는 '성과 본의 변경' 사건에서도 자주 등장하는데, 정상가족으로 보이기 위해서는 부의 성을 따라야 하기에 모의 성을 따르거나 다른 성을 가진 경우 자의 복리를 침해한다는 논리로 작용해 왔다. 이현재(2008)는 이에 대해 다음과 같이 설명한다.

> 동 조항은 성과 본의 변경의 허·불허 결정 기준으로 '자의 복리'를 제시하면서 동시에 성과 본의 변경심판 청구의 전제 요건으로서 '필요성'이라는 상황 요건을 제시하고 있다. 필요성이란 자의 성과 본을 변경할 필요가 있을 때인 어떤 '상황'을 일컫는다. 필요성은 후술하는 바와 같이 부의 사망, 이혼, 재혼, 입양 등 가족 관계의 예기치 못한 장애나 불가피한 변동 등 상황이다. 자의 성과 본을 변경할 필요가 있는 상황과 자의 성과 본의 변경 기준으로서의 자의 복리는 다르다. 성 변경이 자의 행복과 이익에는 부합하더라도 그 필요성이 없는 때에는 성 변경이 불가능하다.[19]

실제로 성본의 변경에서 자의 복리가 동원되는 것을 보면, 이혼이나 재혼 등으로 가족생활이 달라진 경우에도 모의 의사에 따라 성본의 변경이 판단되는 것이 아니라 이혼 후에 친부가 양육에 참여하고 있는지, 재혼 후에 계부의 성으로 바꾸는 것이 정상가족에 기여하는지 여부에 따라 판단되고 있다. 전자의 경우는 친부의 성본을 유지하는 것이, 후자의 경우에는 계부의 성으로 성본을 변경하는 것이 자의 복리에 기여한다고 판단하는 것이다. 이를 통해서 자의 복리가 동원되는 논리는 여전히 부계를 중심으로 한 정상가족 중심성과 다름없다는 점을 알 수 있다.[20]

이러한 논리에 비추어 보았을 때, 트랜스여성이 남성에서 여성으로 법적 성별을 변경하여 미성년 자녀가 부성을 따를 수 없게 될 때 자의 복리를 크게 해치는 것으로 이해되는가? 트랜스남성이 여성에서 남성으로 법적 성별을 변경할 때에도 미성년 자녀에게 친부가 두 명이 생기기 때문에 혼란을 주고 복리를 해치는 것으로 이해되는가? 적어도 자의 복리를 구실로 삼는 판단에서 법원은 이러한 질문에는 관심이 없어 보인다. 이보다는 앞서 논의한 것처럼 자의 복리 자체가 정상성 규범을 표지하는 상징으로 기능하고 있기 때문에 실제 자녀에게 혼란을 주거나 손해를 끼친다기보다는 트랜스남성이든 트랜스여성이든 자의 복리를 수행할 수 없는, 정상성의 자격을 상실한 자로 판단하는 것이 불허 조건의 핵심이 아닐까.

트랜스젠더가 자녀를 출산하는 경우 가족관계등록부에 자녀와의 관계를 기재하는 것도 문제이다.[21] 현재로서는 자녀를 둔 트랜스여성이 성별을 남성에서 여성으로 변경하더라도 자녀와의 관계는 부父로 기재된다는 점도 매우 큰 문제를 야기한다. 개인의 인권보다 가족적인 질서를 더 우선시하는 현재의 시스템을 고스란히 보여 주는 지점이다.

이러한 문제를 해결하기 위해서 '자녀의 복리' 논리는 '아동의 최선의 이익'으로 프레임이 전환되어야 한다. 또한 부모의 성별변경이 어떻게 아동의 최선의 이익이 될 수 있는가, 어떻게 부모의 성별변경의 권리와 아동의 최선의 이익을 모두 보장하는 방식으로 제도를 마련할 것인가를 논의해야 한다. 이는 당연히 성별변경 제도에 한정되는 것이 아니라 아동의 권리에 관한 포괄적인 보장 체계를 만들어 나가는 것과 긴밀하게 연결된다.

혼인 중이 아닐 것: 이성애 규범성

'혼인 중이지 않을 것'을 요구하는 것은, 혼인 중의 성별변경은 아직 법적으로 허용되지 않는 동성혼의 외관을 띠게 되기 때문이다. 이 또한 개인의 기본권보다 동성혼의 외관을 띰으로써 흔들리는 질서가 중요하다는 논리이며, 부모의 성별이 변경되어도 그 자녀의 공부에서 부모의 지위는 변경되지 않는 사실과도 연결된다.

이러한 관행을 해결하기 위해서는 남성과 여성만이 법적 혼인을 할 수 있도록 하는 현재의 법정책을 바꾸어야 한다. 2023년 처음으로 민법 개정안이 발의되어 부부의 개념을 동성까지 확대하는 움직임이 시작되었다. 동성 커플의 혼인할 권리를 요구하는 혼인평등 운동 안에서 트랜스젠더는 어떻게 주체로 참여할 수 있는가에 대한 질문도 필요하다. 성 정체성의 개념을 성적 지향과 성별 정체성으로 분리함으로써 트랜스젠더의 인권은 성애적 욕망, 지향, 관계와는 별개의 문제로 다루어지기 시작했다. 이는 이전에 트랜스젠더 정체성을 동성애의 하위 범주나 변형된 형태로 이해함으로써 트랜스젠더가 가진 독립적이고 독특한 정체성과 이해관계를 비가시화해 왔던 인식에 도전하기 위한 것이었다.

그러나 정체성에 관한 분리된 설명이 권리에 대한 분절적인 접근으로 이어짐으로써, 트랜스젠더는 혼인평등 운동의 당사자로는 잘 상상되지 않았다. 많은 이성애자 트랜스젠더는 법적인 성별을 변경하기 이전까지는 신분상 동성 커플의 외관을 띠기 때문에 이들의 파트너십은 법적으로 인정받을 수 없다. 비이성애자 트랜스젠더의 경우 법적 성별을 변경하기 이전에는 동성의 상대와 법적 혼인을 할 수 있지만, 혼인 이후에 성별을 변경하기 위해서는 혼인을 해소하도록 강요받는다. 이러한 상황에서 성별이분법에 대한 도전을 의식적으로 연결하고 다양한 언어로 자신을 인식하는 주체들을 배제하지 않으려면, 동성혼 법제화의 목적이 '동성 결혼'이 아니라 '성별과 상관없이 원하는 두 당사자의 결혼할 권리'라는 점을 더 분명하게 인식할 필요가 있다. 현재 진행 중인 혼인평등 운동은 그러한 의도를 담고 있다.[22]

반대 성의 외부 성기와 비슷한 외관을 갖추고
생식능력을 제거할 것: 재생산권 침해

국가가 특정한 시민에게 생식능력을 제거할 것을 요구하거나 강제해 왔던 역사는 우생학에 기반한 폭력이나 노예제, 식민주의적 지배, 전시 폭력 등과 관련된다. 장애나 질병을 가졌다는 이유로, 혹은 의료적인 기준에 기반해 신체통합성*을 부정하고 치료와 교정을 강제하는 관행이 유지되어 왔다. 이러한 존재들의 재생산 권리를 부정하는 '단종법'과 같은 사례가 여러 나라에 존재한다. 한국의 경우 한센인과 장애인, 부랑인 등을 시설에 수용해 왔던 사회구조가 재생산권을 직접적으로 박탈해 왔다. 또한 경제 발전을 위해서 국가 주도의 인구정책을 통해 임신 가능한 몸을 도구화해 왔다. 낙태죄가 없어진 지금 재생산 권리는 기본권으로서 제대로 인식될 필요가 있으며, 이 과정에서 트랜스젠더에게 강요해 왔던 생식능력 제거 문제를 함께 논의해 나갈 시점이다.

가족관계등록부에서 남성(아들·남편·아버지)과 여성(딸·아내·어머

---

* 신체통합성은 인권규범에서 신체의 불가침성으로 인식되며, 개인이 자신의 신체에 대한 자율성과 소유권, 결정권을 지니기에 국가나 제3자가 침해할 경우 인권침해로 간주되는 개념이다. 하지만 장애인, 여성, 트랜스젠더, 인터섹스 등 소수자들은 특히 재생산권과 성별 정체성 영역에서 국가 정책과 법제도에 의해 신체통합성을 침해당했다. 강제적 피임 혹은 불임수술, 강제적 치료, 강제적 신체변형 등이 이에 해당한다. 성소수자차별반대 무지개행동, 〈유엔 고문방지협약 무지개행동 시민사회 보고서〉, 2017, https://lgbtqact.org/cat_shadow_report_2017 (검색일: 2024년 12월 1일).

니)으로 배치되는 성별이분법적 질서를 구축하고 유지하는 과정에서 생식능력 제거를 강제하는 논리를 재평가하는 것이 필요하다. 그래야만 트랜스젠더가 신체통합성을 확보하고 국가에 의한 강제적인 조치를 받지 않을 수 있을 뿐만 아니라, 젠더체제와 우생학에 기반하여 장애인과 이주민 등의 생식능력을 통제해 왔던 국가폭력의 역사를 평가하고 청산할 수 있다. 생식능력을 둘러싼 억압적 장치는 재생산 정의, 가족구성의 권리와 연결해 나갈 수 있는 중요한 문제이다.

트랜스젠더의 권리를 옹호하는 신분제도는 가족제도의 변화를 수반한다

하지만 성별이분법에 기반한 가족제도와 신분제도에 도전해 나간다는 것은 훨씬 더 넓은 지평을 포함한다. 홍성수 외(2020)는 트랜스젠더의 가족구성권 보장에 있어서 부모로서의 권리가 보장되어야 한다고 주장하였다.[23] 대법원의 성별정정 예규로 인해서 권리가 침해될 뿐만 아니라, 출산을 하더라도 관련 의학 정보가 제공되지 않거나 입양을 하려 해도 입양 기관에서 트랜스혐오로 인하여 거부하는 일도 있다고 지적하였다. 보조생식기술 이용과 관련해서도 호르몬 치료를 통해 트랜지션을 하는 과정에서 재생산권에 대한 충분한 정보를 제공해야 한다. 이를 위해서 난자나 정자의 냉동보관

등에 관한 결정이 이루어질 수 있는가에 대한 검토 또한 필요하다.

    김수영(2017)은 법적 성별정정이 이루어지는 방식은 "남성과 여성의 분리된 영토를 유지한 채 트랜스젠더의 삶을 남성에서 여성으로 옮겨 가는 시간적 이행으로 상상하고, 남성으로 배치받았던 시간과 여성으로 인정받은 시간을 단절하며 그 이전 시간을 삭제하는 것"[24]이라고 주장한다.

> 현재 성별정정은 등록 당시 성별 기재에 착오가 있었다는 것을 입증하고 그 착오를 정정하는 방식으로 이루어지고 있다. 이러한 정정의 방식은 이분법적인 성별 신분제도를 유지하기 위해서 트랜스젠더로 살아온 시간을 '착오'로 의미화하는 것이다. 이때 트랜스여성의 생애는 성별정정을 기점으로 남성으로서의 시간, 즉 착오가 있었던 이전의 시간과 여성으로서의 시간, 즉 그 착오가 정정된 이후의 시간으로 단절된다. 트랜스여성 개개인이 성별정정 이전에 자신을 어떻게 정체화하고 설명해 왔느냐와 별개로, 남성으로 분류되어 법적으로 남성 신분인 상황에서 트랜스여성으로서 살아온 이전의 시간은 존재하지 않아야 할 착오이자 정정해야 할 시간으로 의미화되며 삭제된다.[25]

    착오 상태의 시간으로 명명하는 이유는 명확하다. 가족질서의 안정화를 위해서 '착오'나 '오기'로서 이 중대한 신분변동 사건의 의미를 삭제하는 것이다. 이 사건은 이원화된 젠더체제에 기반한 가족법 체계에 중대한 오류가 있다는 것을 드러내고, 불완전한 체계가 어떤 존재의 인권을 침해함으로써 겨우 유지되고 있다는 것을, 그에게 이 체계를 감내하라고 강요해 왔다는 것을 폭로한다. 대법원 예규가 아무리 개인의 결정권을 인정하고 인권침해적인 요소를 완화하는 방식으로 변화한다고 하더라도 여전히 그 '착오'를 '정정'하도록 '허락'하는 것은 국가이다. 이 구도를 뒤집으려면 가족법이 체제 안정화가 아니라 개인의 권리와 행복을 위해서 기능하도록 흐름을 바꿔야 한다. 그 시작은 트랜스젠더 성별변경을 위한 특별법을 제정하고 그 법의 목표와 지향을 인권과 평등으로 분명히 하는 것이지만, 특별법으로 한정되지는 않는다.

트랜스젠더의 성별변경을 권리로 만드는 과정이 어떻게 가족구성권을 확보하는 흐름과 만날 수 있는가? 가족구성의 권리는 결합할 권리로 한정되지 않고, 동성 결합이라는 하나의 방법으로 수렴되지 않는다. 국가로부터 보호받는 주체와 권리를 실현할 수 있는 주체는 매우 한정되어 있고, 모든 이가 가족구성권을 확보하기 위해서는 국가가 가족을 인구정책의 도구로 사용하지 못하게 만드는 것이 급선무이다. 또한 성별이분법의 문제를 근본적으로 해결해 나가는 것은 성인, 이성애자, 비장애인, 한국 국적, 중산층 남성을 정상이라고 상정해 온 규범에 도전하는 것이기에 아동·청소년, 성소수자, 장애인, 이주민, 난민, 빈곤층 등이 실질적으로 겪고 있는 불평등과 그것으로 인한 가족구성권의 박탈을 함께 다루어야 한다. 당연하게도 아동·청소년 트랜스젠더, 장애를 가진 트랜스젠더, 빈곤한 트랜스젠더, 탈가정·탈국가한 트랜스젠더의 삶도 여기에 담겨 있다. 이러한 움직임들은 트랜스젠더가 처한 빈곤과 불평등, 차별이 어떻게 가족/신분제도와 얽혀 있는가를 드러내고 총체적인 해방을 지향하는 운동을 만들어 낼 것이다.

트랜스젠더 성별변경 인정을 향한 주요 사건

2002. 5. 김홍신 의원 관련 법안 발의 추진
이 법안은 다음 요건을 갖춘 내국인이 법원에 성별변경을 신청할 수 있게 하는 내용을 담았다. ▶ 성전환자일 것, ▶ 성전환 수술을 통하여 성적 외관이 반대의 성으로 명백히 변경되었을 것, ▶ 장래 성인식의 재전환 가능성이 없다는 점에 대한 상당한 정도의 개연성이 있을 것, ▶ 성년자로서 한정치산자나 금치산자가 아닐 것, ▶ 혼인 관계에 있지 아니할 것 등.

2006. 6. 대법원 전원합의체 결정(2004스42) 후 지침화
당시 대법원 예규가 정한 요건은 다음과 같다. ▶ 대한민국 국적자로서 20세 이상의 행위능력자일 것, ▶ 현재 혼인 중이지 않을 것, ▶ 미성년인 자녀가 없을 것, ▶ 성전환증으로 인하여 성장기부터 지속적으로 선천적인 생물학적 성과 자기의식의 불일치로 인하여 고통을 받고 반대의 성에 귀속감을 느껴 왔을 것, ▶ 상당 기간 정신과적 치료나 호르몬 요법에 의한 치료 등을 받아 왔을 것, ▶ 성전환 수술을 받아 외부 성기를 포함한 신체 외관이 반대의 성으로 바뀌었을 것, ▶ 성전환 수술의 결과 생식능력을 상실하였을 것, ▶ 향후 종전의 성으로 재전환할 개연성이 없거나 극히 희박할 것, ▶ 범죄 또는 탈법 행위에 이용할 의도나 목적이 없을 것 등이다. 이 외에 첨부서류로서 두 명 이상의 정신과전문의 진단서, 두 명 이상의 인우보증서, 부모동의서 등을 요구한다.

2006. 9. 〈성전환자 인권실태조사〉(민주노동당)를 통해 성별변경을 위한 특별법 필요성 제기

2006. 10. 노회찬 의원 '성전환자의 성별변경 등에 관한 특별법' 발의
두 명 이상의 의사로부터 생식능력이 없는 성전환자임을 인정받은 미혼 남녀의 경우, 가정법원의 확인 재판을 거쳐 성별변경 및 개명을 허용하고, 이후 변경된 성별이 지니는 권리와 의무를 갖도록 하는 내용을 담고 있다.

2007. 12. 구 호적법이 폐지되고 '가족 관계의 등록 등에 관한 법률'이 제정됨에 따라 기존의 호적 예규 대체

2008. 8. 국가인권위원회는 대법원장에게 '성기 수술', '성년일 것', '자녀가 없을 것', '부모의 동의서를 제출할 것' 등의 요건에 대해 인권침해 요소가 없도록 개정 권고

- **2009. 1.** 대법원이 국가인권위원회 권고를 수용하여 일부 문구 수정
  '반대의 성으로 삶을 성공적으로 영위할 것', '병역 의무를 이행했거나 면제받았을 것', '사회에 부정적인 영향을 주지 않을 것' 등을 성별정정의 조건에서 제외하고, 가족관계등록부 정정 사유에 '전환'이라는 말을 기재하도록 한 것을 삭제했다.

- **2011. 9.** 대법원 전원합의체 결정(2009스117) 후 반영
  예규 제6조의 제목을 "성별정정의 허가 기준"에서 "조사사항"으로 변경하여 각호 사유의 위상을 바꾸고, 예규 제6조 1항 중 "혼인한 사실이 없으며 신청인에게 자녀가 없음"을 허가 기준으로 삼던 것에서 "현재 혼인 중인지 신청인에게 미성년인 자녀가 있는지 여부"를 조사하는 것으로 변경했다.

- **2013. 3.** 서울서부지법이 외부 성기 성형수술을 받지 않은 5명의 트랜스젠더 남성에 대한 성별정정 신청 허가(SOGI법정책연구회 주도)

- **2013. 5.** 민법 개정에 따른 연령 조정(20세에서 19세로 변경)

- **2019. 8.** 대법원이 '부모동의서' 요건 폐지

- **2020. 2.** 대법원이 '성전환자의 성별정정 허가신청사건 등 사무처리지침' 개정
  성별정정 신청을 위한 '첨부서류'와 '조사사항'을 '참고서면'과 '참고사항'으로 바꾸고, 성장환경진술서 등 서류의 구체적인 내용과 허가 결정의 효력에 관한 규정을 삭제했다.

- **2021. 11.** 트랜스젠더 인권단체 등에서 '생식능력 제거' 요건을 인권침해로 국가인권위원회에 진정

- **2021. 11.** 트랜스젠더 추모의 날 집회에서 차별금지법, 성별정정에 관한 특별법, 트랜스젠더인권법 제정과 주민등록번호 난수화를 촉구

- **2024. 5.** 청주지법 영동지원이 성전환 수술을 받지 않은 6명의 가족관계등록부 성별정정을 허가
  성전환 수술 여부를 허가 요건으로 삼는 것은 법리에 반한다고 판단했다.

아동·청소년의 가족구성권

/

김현경

태어나 보니 어느 가족의 일원이 되어 있고, 그 틀 속에서 대부분의 시간을 보내게 되는 아동청소년에게 가족을 구성할 권리란 어떤 의미일까? 이성애 결혼제도 밖에서 서로 돌보고 의존하며 공동생활을 하고 있는 수많은 친밀한 관계들을 제도적으로 인정하느냐 마느냐에 관한 의제로만 가족구성권을 바라본다면, 이 권리와 아동·청소년을 연결시키는 데에 의아함을 느낄 수도 있다. 가족구성권은 개인의 존엄과 평등을 기반으로 누구나 원하는 사람과 가족·공동체를 구성할 수 있어야 하고, 그 가족을 떠나는 선택 역시 가능해야 한다는 데에서 출발한다. 폭력이나 방임, 정서적 학대, 감시와 통제를 동반하는 불평등한 관계가 강제된다면 가족구성권은 침해된다.[1] 부모와 자녀의 관계도 예외가 될 수 없다.

평등한 관계 맺음을 가족구성권의 본질로 놓고 보면 여러 갈래의 아동·청소년 이슈가 이 권리와 연결된다. 부모의 체벌에 대한 찬반 논쟁을 살펴보자. 누군가를 훈육하기 위해 신체적, 정신적 고통을 수반하는 폭력을 가할 수도 있다는 생각은 그 대상을 자신과 동등한 인격체로 보지 않는 수직적 위계를 전제로 한다. 그렇기 때문에 이 논쟁은 가족 내 위계질서를 폐기하고 가족구성원 모두가 평등한 질서를 수용할 수 있느냐 없느냐에 대한 것이자 아동·청소년의 가족구성권을 묻는 것이다. 많은 질문이 같은 선상에 놓여 있다. 부모가 자녀의 스마트폰에 수시로 감시할 수 있는 프로그램을 설치해도 되는가? 부모의 방임이나 폭력, 성적 학대로 집을 떠난 아동·청소년을 다시 원가족으로 돌려보내는 것이 최선인가? 탈가정 청소년은 국가가 지급하는 재난지원금을 받거나 홈리스로서 주거 지원 등 복지 혜택을 누릴 자격이 있는가? 미성년* 자녀가 특별대리인을 선임하지 않고 친권상실을 직접 청구할 수 있도록 관련 법률이 개정되어야 하는가?

이러한 질문들은 부모와 미성년 자녀의 권리가 충돌하는 지점을 포착한 것이기도 하다. 우리 사회에서 이 두 권리가 충돌한다는 개념은 그 역사가 비교적 짧다. 호주제 폐지가 중요한 기점이 되었

---

* 성인이 되지 못했다는 의미의 '미성년자' 대신 '청소년'(성인은 비청소년)이라는 표현을 쓰는 것이 맞지만, 법률상 용어를 그대로 옮겨야 하는 경우에는 미성년자로 썼다. 그 외에는 권리주체로서 '청소년', '아동·청소년' 등으로 언급하였다.

는데, 역사적이고 대대적인 민법 개정의 과정 중에 부모와 자녀의 관계를 규율하는 친권 조항에도 변화가 있었다. 친권 개념에서 부모의 일방적 지배권이라는 요소는 제거되고, 미성년 자녀의 이익을 우선해야 할 책무의 측면이 강화되었다. 되돌아보면 호주제 폐지는 부모와 자녀의 권리가 충돌할 수 없다고 보던 질서에서 이 두 권리도 충돌할 수 있다고 인정하는 시대로의 전환이자, 아동·청소년 가족구성권의 시작을 알리는 사건이기도 했다.

호주제 폐지, 부모와 자녀의 관계도 평등해졌을까

청소년 운동에서는 부모 대신 '친권자'라는 표현을 종종 사용한다.[2] 부모, 자녀라는 일상적인 표현에 교묘히 감추어져 있는 관계 속의 권력을 드러내고자 하는 말이다. 친권자란 말 그대로 친권을 행사하는 사람이다. 누구나 나이에 상관없이 헌법이 보장하는 기본권을 가지지만, 19세가 되기 전까지는 신체적, 정신적으로 '미숙하다'는 전제하에 법률 행위, 사회경제적 의사결정의 주체가 될 수 없으며 친권자의 결정에 따라 보호, 양육을 받도록 하고 있다. 부모는 자녀의 최선의 이익을 위해 의사결정을 한다는 '상식'에 따라 친권자가 된다. 국가나 제3자의 간섭으로부터 보호되고 우선시된다는 측면에서 친권은 권리적 성격이 있다.

그렇다고 현대 사회에서 부모-자녀 관계가 사회적 개입이 미치지 못하는 순수한 사적 영역은 아니다. 아무리 친권자라도 자녀의 한 개인으로서의 존엄을 무시할 수는 없으며, 법에서 규정한 권리와 의무를 위반할 경우 부모-자녀 사이의 일에도 사회적 개입이 이루어진다. 따라서 법이 부모-자녀 관계를 어떤 시각으로 보고 어떻게 규정하는지가 아동·청소년의 지위에 중대한 영향을 미친다.

호주제 폐지 이전: 미성년자는 친권에 복종한다

한국사회에서 부모-자녀 관계를 규율하는 법적인 원칙은 민법의 친권 조항에서 찾을 수 있다. 친권의 성격은 호주제 폐지 이전과 이후로 확연히 구분된다. 호주제 폐지 직전까지 시행되고 있던 구민법에는 '복종'이라는 말이 다섯 번 등장한다.[3] 미성년 자녀는 부모 혹은 양부모의 친권에 복종해야 한다는 조항(제909조), 미성년 자녀를 "친권에 복종하는 자"로 표현하는 조항(제910조, 제921조), 성년에 달한 자는 친권에 복종하지 않아도 된다는 조항(부칙 제20조)에서 이 말이 사용되었다. '복종'만큼 불평등한 관계를 노골적으로 드러내는 말이 있을까. 당시 친권을 규정하는 민법의 조항들은 우리 사회에서 가장 불평등한 관계가 어디에 있는지 보여 준다.

친권 규정에 따라 부모는 미성년 자녀를 보호·교양할 권리와 의무가 있으며 이를 위해 필요한 징계를 할 수 있다. 법원의 허가를 얻어 자녀를 감화 또는 교정 기관에 위탁할 수 있고, 자녀에 대한 거소지정권 또한 갖는다. 이러한 친권의 틀은 조선시대 관습을 거의

그대로 따르는 수준이었고,* 그 시대처럼 "자녀에 대한 부모의 지배권"을 승인하는 것이나 마찬가지였다.⁴

호주제 폐지 이후:
자의 복리에 대한 고려가 친권자의 '일상적 의무'로 승격

2005년 호주제 폐지로 인한 민법 개정에서 친권에 복종해야 한다는 조항이 비로소 삭제되었다. 동시에 "친권을 행사함에 있어서는 자의 복리를 우선적으로 고려하여야 한다"라는 조항이 신설되었다.⁵ 그때까지 자녀의 복리에 대한 고려는 이혼 이후 양육 책임이나 방법을 결정할 때 '예외적으로' 들어가 있던 원칙이었다.⁶ 이제 이 원칙은 "친권자의 일상적인 의무로 승격"되었다.⁷ 놀랍게도 2005년이 되어서야 친권은 조선시대의 관습을 넘어 "자녀의 복리 실현을 위하여 법률에 의해서 부모에게 인정된 실정법상의 의무인 동시에 권리"라는 현대적 개념으로 재편된 것이다.⁸

아동·청소년의 입장에서 본다면 이 변화는 일상에서 친권자의

---

* 앞서 언급한 법조항들은 일제강점기에 일본의 사법 관료들이 조선의 관행을 조사·정리한 〈관습조사보고서〉(1910)의 내용과 거의 일치한다. "한국의 풍속에서 자식은 절대적으로 어버이의 명령에 복종하는 것이다. 어버이는 자식을 교육하고 그 직업을 선정하거나 거소를 지정하고 감호·징계를 한다. 또 재산을 관리하고 재산상의 행위에 대해 자를 대표하는 관습이므로 친권을 인정하는 것은 애당초 말할 것이 없다. (…) 친권은 부가 있으면 부가 행사하고 부가 없으면 모가 행사하는 것이 상례이다." 홍양희, "누구/무엇을 위한 '친권'인가: 식민지 시기 '친권'의 법제화와 가족 정치학", 「한국여성학」 33권 1호, 한국여성학회, 2017, 244쪽에서 재인용.

권리와 자신의 권리가 충돌할 수 있게 되었다는 의미이다. 예전처럼 친권이 미성년 자녀의 복종에 기반하는 부모의 절대권이라면, 친권을 행사하는 영역에서 부모는 명령하고 자녀는 따를 뿐 두 권리가 상충하기는 어렵다. 부모가 지정한 장소(집)에서 살고, 부모의 방침대로 교육을 받고 진로를 정하며, 특정 종교를 믿으라고 강요해도 그대로 따라야 한다. 반면 개정된 민법에서는 친권의 개념이 자녀의 복리를 위하여 인정되는 부모/친권자의 권리이자 의무가 되었다. "자의 존엄성을 침해하는 양육은 '자의 복리에 대한 우선적 고려' 의무를 위반한 것이자 자의 권리 침해"에 해당한다.[9]

친권의 개념이 비로소 현대화된 것은 다행이지만, 그래서 무엇이 변했는지, 실제로 아동·청소년의 삶에 어떤 영향을 미쳤는지는 모호하다. '자의 복리에 대한 우선적 고려'라는 말 이외에 아동·청소년을 보호하고 교양할 권리와 의무가 무엇인지, 어디까지 개입할 수 있는지에 대한 판단이 전적으로 친권자의 재량에 맡겨져 있기 때문이다. '이게 다 너를 위한 일'이라는 설명 정도면 자식의 삶을 결정하고 통제·감시하는 친권자의 행위 대부분이 정당화된다. 호주제 폐지와 더불어 친권의 성격도 근 50년 만에 확 바뀌었는데 이상하리만큼 사회적으로 무관심했던 것은, 미성년 자녀의 지위나 친권자의 권리에 실질적인 영향을 미치지 못한 허울뿐인 변화였기 때문일지도 모르겠다.

맞을 짓은 없다: 징계권 삭제의 의미

친권의 효력과 내용은 2005년 이후 큰 변화가 없다가 2021년 1월, 징계권 삭제라는 또 하나의 변곡점이 생겼다. 민법 제915조, "친권자는 그 자를 보호 또는 교양하기 위하여 필요한 징계를 할 수 있고 법원의 허가를 얻어 감화 또는 교정 기관에 위탁할 수 있다"라는 조항이 63년 만에 폐기된 것이다. 20년 전 한 청소년인권 활동가는 이 조항이 프랑스 루이 14세 시절의 봉인장lettre de cachet을 연상시키는 "봉건적 잔재"라고 했다.[10] 국왕이 발행한 봉인장이 있으면 공공질서를 위협한 자를 긴급체포 해서 감옥에 보낼 수 있었는데, 부모도 "가정의 질서와 평판을 위하여 심문도 없이 자식들을 감옥에 넣기 위해" 요청할 수 있었다고 한다.[11] 부모가 자식을 교정 기관에 위탁할 수 있도록 허용하는 민법 제915조에서 18세기 봉인장을 연상하는 것이 무리는 아니다.

징계권 조항이 말하고 있는 것

징계권은 친권자의 폭력을 정당화하는 명목으로, 자녀에게 심각한 상해를 가한 부모에 대해 법원이 처벌을 경감하거나 면책해 주는 근거가 되어 왔다. 일례로 2010년 2월 부산지방법원은 전치 2주의 상해를 입힌 가해자에게 무죄를 선고했다. 피해자는 11살 아동, 가해자는 그의 부모였다. 아동은 공책에 글씨를 잘못 썼다거나 차문에 흠집을 냈다는 이유로 맞아야 했는데, 법원은 무죄를 선고하면서 자녀의 "잘못을 바로잡기 위한 동기에서 이루어졌고, 부모가 특정 상황에 따라 체벌 수위를 미리 정하는 등 명확한 이유를 밝혔으며, 자녀의 나이와 체벌의 수단, 횟수, 체벌로 인한 상처 등을 종합해 볼 때 사회 상규에 반하는 정도에 이르지 않은 것으로 판단돼 범죄에 해당하지 않는다"고 그 이유를 설명했다.[12]

자녀를 때려 상처를 남겼지만 사회 상규에 반하지 않는 행위라고 판단한 근거에는 민법 제915조로 보장되는 친권자의 징계권이 있다. 부모의 매질이 전치 2주의 피해를 입혔다 하더라도 자녀를 가르치기 위함이었다는 점이 인정된다면 법질서에 어긋남이 없다. 만약 자녀가 부모를 폭행했다면 비윤리적 행위로서 용인받지 못했겠지만, 부모가 자녀를 폭행하는 것은 '체벌'이라는 표현으로 윤리적 타당성을 인정받는다. 미성년 자녀가 으레 잘못했을 것이라는 성인의 시선과 아동·청소년을 '미성숙'한 존재로 바라보는 사회 통념이 반영된 결과이다.

유엔아동권리위원회에서 1996년부터 체벌을 허용하는 조항을 삭제하라고 권고해 왔고, 가정 내 아동학대 사망 사고가 반복될 때마다 여러 시민단체에서 학대의 빌미를 주는 민법 징계권의 삭제를 주장했는데도 정부나 미디어는 오랫동안 묵묵부답이었다. 2019년에 와서야 정부는 아동·청소년에 대한 국가 책임을 확대하는 정책 방향을 세우고, 구체적인 목표 중 하나로 징계권 조항 개정을 제시했다.[13] 그런데 당시에는 "많은 국민이 훈육 과정에서 체벌이 필요하다고 생각하는 현실"을 반영해 징계권 조항에서 체벌을 완전히 제외하지는 않겠다는 입장이었다. 2017년 보건복지부의 조사에 따르면 체벌이 '상황에 따라 필요하다'는 응답이 68.3%, '필요 없다'는 응답이 23.2%였다는 것이다.[14] 그런데 이 조사는 전국 20~60세 시민, 즉 천 명의 성인을 대상으로 이루어졌다. 아동·청소년의 의견은 어떨까? 세이브더칠드런이 2020년 8월 만 14~18세 아동·청소년 천 명을 대상으로 한 조사에서 '부모가 교육 목적이라 할지라도 자녀를 체벌할 수 없다'는 쪽으로 민법을 개정하는 데 찬성하는 비율 역시 공교롭게도 똑같이 68.3%였다.[15] 징계권 조항 삭제 논의에서 정작 삭제된 것은 당사자인 아동·청소년의 의견이었다.

내 자식, 남의 자식의 경계와 가족주의

청소년 인권운동단체 등 시민단체들은 국제인권규범을 근거로 징계권 완전 삭제를 주장했다.[16] 2020년 6월 법무부가 징계권 삭제를 신속하게 추진하겠다고 발표하고, 같은 해 8월 전면 삭제를 입법예고 했다. 일각에서는 징계권 폐지에 반대하며 국민청원을 올리기도 했다. 해당 청원의 요지를 발췌해 보면 다음과 같다.

> 내 아이의 교육과 올바른 양육의 책임을 강탈하는 자녀 징계권 폐지를 반대합니다. (…) 국민의 사적 영역에 대한 국가감시와 개입 행태가 날로 심각해지고 있습니다. 이제는 내 자녀의 훈육 방식까지도 국가가 정해 주겠다는 심산입니다. (…) 사랑의 매를 드는 가슴 아픈 부모의 심정과 훈육의 책임은 온데간데없습니다. 마치 '부모'라는 이름

이 '가해자'라는 단어로 둔갑한 것만 같습니다.[17]

내 자식 내 마음대로 키우는 데 그 누구도 간섭할 수 없다는 주장이다. 그런데 아동·청소년에게 폭력을 가하는 것은 이미 범죄에 해당했다. 2014년 9월부터 '아동학대범죄의 처벌 등에 관한 특례법'이 시행되어서, 보호자를 포함한 성인이 아동(18세 미만)의 건강 또는 복지를 해치거나 정상적 발달을 저해할 수 있는 신체적·정신적·성적 폭력이나 가혹행위, 유기 및 방임을 금지하고 있다. 아동복지법 역시 2015년 9월 개정되어, 보호자가 아동에게 신체적 고통이나 폭언 등의 정신적 고통을 가하는 행위를 할 수 없도록 했다. 두 법 조항 모두 친권자에게도 해당되는 내용이다. 민법의 징계권 조항도 이 두 법률과의 상응을 위해, 자녀의 복리를 우선적으로 고려해서 친권을 행사해야 한다는 의무 조항에 맞춰서 삭제되는 것이 자연스러웠다.

친권자의 자녀 체벌을 금지하는 두 법률이 시행 중인데도 징계권 삭제 반대 여론이 거셌던 이유는 무엇일까? 다음 문장에 단서가 있다. "개인적으로는 자칫하면 가족인 자녀와 이웃집 아이들 간 경계가 모호해질 우려가 있다는 생각도 든다."[18] 남이 내 자식을 체벌할 수는 없지만 나는 내 자식을 때릴 수 있다는 것이다. 실제로 학교나 보육기관에서 자녀가 조금이라도 해를 입으면 아동학대로 신고하는 일이 늘었다고 한다.[19] 아동학대 관련 법률과 징계권의 공존은 내 자식과 이웃집 자식 사이의 뚜렷한 경계를 보여 준다. 징계권 폐지 논란 속에서 굳건한 가족주의가 드러나는 장면이다.

징계권 삭제의 의미와 한계

2017년 춘천지방법원은 부모의 자녀 체벌에 대해 당시로서는 흔치 않은 판결을 내렸다. "아동을 훈육한다 해도 아동이 성인과 동등한 인격체인 이상 폭력을 수반한 체벌은 엄격히 금지돼야 하므로 비록 교육 및 훈육 목적에서 비롯한 것이었다 할지라도 면책될 여지가 없다"[20]고 판결한 것이다. 사회 상규라는 모호한 기준 대신 성인과 아동·청소년이 동등한 인격체인가를 중요하게 고려할 경우, 결론은 이 판결문처럼 명쾌하다. 평등한 관계의 두 사람 사이에서 폭력을 수반한 체벌은 용납될 수 없다.

친권 조항 중 징계권이 삭제된 민법이 2021년부터 시행되면서 자녀가 더 이상 친권자의 징계 대상이 아님을 분명히 했다. 자녀를 징계하는 것은 법적으로 허용된 권한이 아니라 사실적 폭력으로 간주된다.[21] 무엇보다, 단지 아동학대를 방지하기 위한 대책을 넘어 호주제 폐지에 이은 가족구성원 간의 평등한 관계를 한 단계 더 정립하는 법제도적 변화로서 의미가 있다. 친권자가 위계의 정점에 있는 가족 내 질서가 아닌, 모든 가족구성원이 평등한 관계임을 선언한다는 점에서 아동·청소년 가족구성권의 중요한 진전이다. 하지만 우리 사회의 논의는 법의 변화를 따르지 못하고 있다. 아동·청소년이 가족 안에서 평등한 관계로, 동등한 인격체로 존재하기 위한 실천을 논의하기보다는 '그래서 자녀에게 꿀밤을 주면 부모가 처벌받는가?'에 대해 갑론을박하는 수준에 머무르고 있다. 그런 논란마저 사그라들어 징계권 조항 삭제 18개월 후 20~60세 시민 천 명을 대상으로 조사한 결과를 보면 징계권 폐지를 '알지 못한다'는 응답이 거의 80%에 달한다.[22] 이 중요한 변화를 가족구성권 측면에서 어떻게 의미화할지, 사회구성원들의 관심과 실천으로 이어지게 할지가 남겨진 과제가 되었다.

탈가정 아동·청소년을 보는 시선

보건복지부가 발간한 〈2022 아동학대 주요통계〉를 보면, 2022년 한 해 동안 아동학대와 관련해 46,103건의 신고가 접수되었다. 이 가운데 실제로 아동학대로 판단된 사례는 27,971건(62.8%)이다. 학대가 발생한 장소의 81.3%가 집, 학대 행위자의 82.7%는 부모였고, 대부분이 '친부'와 '친모'였다. 피해 아동·청소년은 18세 미만 전 연령에 분포하고 있다.[23]

수치가 말해 주듯, 집을 떠나야만 삶을 계속할 수 있는 아동·청소년들이 있다. 실제로 '가출' 청소년 규모를 27만 명 정도로 추산하기도 한다.[24] 여성가족부의 2022년 조사를 보면, 집을 나온 경험이 있는 9~18세 아동·청소년 가운데 28%가 가족의 폭력을 피해서 집을 나왔다고 응답했다.[25] 하지만 집 밖에서의 삶도 불안정하기는 마찬가지이다. 지금의 법제도는 친권자를 떠나는 것이 아동·청소년의 이익에 부합하는 경우 이들의 자립을 지원하기보다는, 살기 위해 집을 나와야만 했던 아동·청소년조차 다시 원가정으로 돌려보내도록 설계되어 있기 때문이다.

소년법: 집을 떠난 아동·청소년은 잠재적 범죄자

영화 〈마이너리티 리포트〉(2002)에는 미래의 범죄를 예측해서 사전에 범죄자를 처단하는 시스템인 프리크라임pre-crime이 등장한다. 우리 현실에도 그런 위험한 시스템이 있는데, 범죄 가능성을 '우려'해서 범죄자로 예단하는 소년법 제4조이다. 소년법의 목적은 "반사회성이 있는" 아동·청소년을 교정해서 "건전하게 성장하도록" 돕는 것이며(제1조), 정당한 이유 없이 가출한 10세 이상의 청소년은 "그의 성격이나 환경에 비추어 앞으로 형벌 법령에 저촉되는 행위를 할 우려"가 있는 예비 범죄자로 간주된다(제4조). 흔히 '우범소년' 규정이라고 알려져 있다. 보호자나 시설장이 법원에 통고하면 가정법원 또는 지방법원 소년부의 보호사건으로 재판을 받아 최대 2년의 소년원 처분을 받을 수도 있다.[26]

양육자의 신체적, 정서적 학대나 방임을 증명할 수 없다면, 아동·청소년은 집을 떠나는 순간 예비 범죄자로 간주된다. 유엔아동권리위원회와 시민사회에서는 이 조항의 삭제를 꾸준히 요구했고, 2017년 국가인권위원회 역시 '가출' 자체를 잠재적 범죄로 낙인찍는다는 이유에서 삭제를 권고했지만[27] 법무부는 수용하지 않겠다고 밝혔다.[28] '가출 청소년은 반사회성이 있는 교정 대상'이라는 관점을 그대로 유지하겠다는 입장이다. 한편 여성가족부는 2021년 청소년복지지원법을 개정해 사회적 낙인이 찍혀 있는 '가출 청소년' 대신 '가정 밖 청소년'을 법률 용어로 사용하기 시작했다. 예비 범죄자 규정이 여전한 상태에서 정책 용어만 바뀐 것이 집을 떠난 아동·청소년에게 어떤 실질적인 변화와 지원을 가능하게 할지는 모호하다.

이미 아동·청소년 당사자들은 '가출' 대신 '탈가정'이라는 용어를 사용해 오고 있다. 가출이라는 말에는 "삐딱선을 탄 청소년이 저지른 나쁘고 위험한 문제라는 사회적인 의미, 다시 집으로 돌아가야 한다는, 해결해야 할 문제로 바라보는 생각"이 담겨 있다. 탈가정이라는 생소한 언어는 "집을 나온 청소년들의 입장을 생각하게끔 하려는 말"이다. "어른들과 기존 사회가 문제라고 부르던 집 나온 청소년을, 탈가정이라는 또 하나의 선택을 한 사람들에 대한 이야기로, 비행이 아닌 선택과 자립의 문제로" 바라보게 하기 위한 운동적 의미를 담고 있다.[29]

친권자의 거소지정권:
탈가정 청소년이 쉼터에 갈 수 없는 이유

호주제 폐지 이후 친권의 개념과 내용에 분명 진전이 있지만, 부모의 감시와 통제가 견고한 상태를 전제로 하는 개선이라는 점은 한계이다. 친권자의 핵심적인 권리라고 할 수 있는 거소지정권은 여전히 남아 있기 때문이다. 소년법이 탈가정을 범죄로 예단하고 있다면, 거소지정권은 탈가정한 아동·청소년이 즉시 집으로 복귀하도록 명령할 수 있는 권한을 친권자에게 부여한다. 거소지정권은 원래 더 시대착오적인 조항이었는데, 구 민법에 따르면 호주가 가족에 대한 거소지정권을 갖도록, 다시 말해 미성년 자녀는 물론 배우자의 거주 장소까지도 지정할 수 있도록 했다. 그야말로 전근대적 질서가 남아 있는 규정이었다. 이 조항은 호주제가 폐지되기 훨씬 전인 1990년 민법 일부 개정 때에 실효성이 없는 호주의 권한을 폐지한다는 결정에 따라 삭제되었다. 유사한 권한 중 지금까지 남아 있는 조항이 바로 민법 제914조 친권자의 미성년 자녀에 대한 거소지정권이다.

이 조항에 따라 미성년 자녀는 친권자가 지정한 장소에 거주하여야 한다. 대개는 부모와 함께 사는 집일 것이다. 집이라는 사적인 공간에서 부모가 자녀와 밀접한 거리를 유지하며 보호, 감시, 통제하는 것을 가능하게 한다는 점에서 양육과 관련된 가장 핵심적인 권리이기도 하다.[30]

거소지정권은 실제로 탈가정 아동·청소년에게 위협적인 조항일까? 일각에서는 2021년 징계권이 삭제되었기 때문에 친권은 강제적인 집행력이나 제재력을 상실했고, 따라서 거소지정권도 자녀가 따르지 않으면 그만인 무력화된 권한이라고 해석하기도 한다.[31] 그러나 탈가정 청소년 당사자들의 생각은 다르다. 한 인터뷰에서 그들은 탈가정 청소년 쉼터에 갈 수 없는 이유로 거소지정권을 언급했다. 입소하게 되면 쉼터에서는 친권자에게 연락해 위치를 알려야 하고 쉼터 거주에 대한 허락을 받아야 한다. 이 때문에 탈가정 청소년은 "다시 집으로 끌려가지 않기 위해" 쉼터를 피하게 된다.[32]

가정폭력이나 학대가 있었다는 것을 입증하면 친권자에게 연락해야 할 쉼터 측의 의무가 면제되지만, 당사자보다 부모의 말을 더 비중 있게 생각하는 경찰이나 기관 담당자에게 "눈앞에서 피를 철철 흘리고 있지 않는 이상" 학대를 입증하기란 쉽지 않다. 쉼터가 아닌 다른 곳에 살더라도 감시와 통제에서 자유롭기는 힘들다. 친권자의 권한으로 거주지 주소를 조회하거나 휴대전화 위치를 추적할 수 있기 때문이다.[33]

원가족의 허락이 필요한 순간들: 탈가정 청소년 자립의 걸림돌

아동·청소년의 탈가정이 한국만의 사회현상일 리 없다. 다만 한국의 법제도가 아동·청소년을 여전히 친권자에게 '종속'된 존재로 보며 집 떠난 청소년을 반사회적 존재로 낙인찍고 원가정으로 돌려보내는 데 집중하고 있다면, 미국과 영국에서는 법률에 '홈리스 청소년' 개념을 도입해 적극적으로 자립을 지원하는 방식으로 선회했다. 집으로 돌아가는 것이 오히려 아동·청소년의 안전을 위협하는 경우에는 당사자에게 쉼터 입소동의권을 부여하고 주거권 보장을 통해 안전한 자립을 지원한다.[34] 비슷한 제도로 한국에는 '노숙인 등의 복지 및 자립지원에 관한 법률'이 있지만 지원 대상이 18세 이상으로 한정되어 있다. 한국사회에서 아동·청소년은 홈리스가 될 수 없다는 뜻이다. 아동·청소년에게는 당연히 집이 있고, 최선의 선택으로 보살펴 줄 친권자, 양육자가 있다고 전제하기 때문이다.

이러한 전제가 탈가정 청소년에게는 자립의 걸림돌이 된다. 중요한 순간마다 친권자, 원가족이 소환된다. 아르바이트를 구하려고 해도 만 18세 미만인 사람은 친권자 동의서와 가족관계증명서를 제출해야 한다.[35] 합법적인 경로로 아르바이트를 구하기가 쉽지 않은 상황에서 열악한 노동 조건을 감수해야 하는 경우가 많다. 일을 해서 돈을 벌어도 월세 임대 계약을 스스로 할 수도 없다. 민법 제5조에 따라 법률 행위는 법정대리인(친권자)의 동의가 없으면 무효이기 때문이다. 대부분의 의사결정이 부모에게 위임되어 있다. 갑자기 아파서 응급실에 가도 미성년자는 부모 동의 없이 응급진료를 할 수 없다고 진료 거부를 당하게 되는 것이 탈가정 아동·청소년이 겪는 현실이다.[36]

대다수 사회복지서비스도 부모나 가족을 통해야 아동·청소년에게 닿도록 되어 있다. 탈가정을 통해 자립을 모색하는 아동·청소년은 가족을 경유해 지원되는 사회복지서비스에서 배제될 수밖에 없는 것이다. 이 문제는 2020년 코로나19 재난지원금 지급 과정에서 다시 한번 확인되었다. 전 '국민'에게 '보편적'으로 지급한다는 이 정책에서 여러 문제점이 드러났는데,[37] 무엇보다 가구 단위로 지급되고 세대주가 수령하므로 탈가정 청소년은 완전히 제외되었다. 위기 상황에서 탈가정 청소년의 삶은 더 불안정해진다.

미성숙·보호 담론을 넘어 가족구성권의 주체로

드라마 〈더 글로리〉(2022)에서는 고등학교를 다니던 주인공이 자퇴서를 내는 장면이 중요하게 그려진다. 자퇴 사유를 '학교폭력'이라고 분명하게 적었지만, 그의 부모가 가해자 측의 돈을 받고 서명해 준 전혀 다른 자퇴서가 제출되어 학교폭력 사건을 덮는다. 한 사람의 확고한 의사와 행동이 다른 사람에 의해 이렇게 쉽게 무효화될 수 있다니 이해하기가 쉽지 않다. 그러나 그 한 사람이 미성년 자녀이고, 다른 사람이 친권자인 경우에는 가능한 일이다.

부모의 동의는 아동·청소년과 친권자의 의견이 일치함을 보여주는 형식적인 절차일 텐데, 이렇게 당사자 간 의견이 일치하지 않는 경우 사회는 친권자와 자녀를 사회구성원으로서 평등하게 대하지 않는다. 아동·청소년은 신체적, 정신적으로 미성숙해 성인과 같은 수준의 판단을 할 수 없으므로, 자기를 누구보다 잘 대변할 친권자의 보호를 받으며 그 결정을 따르는 것이 최선이라는 논리가 반복적으로 등장해 친권자와 미성년 자녀의 불평등한 관계를 뒷받침한다. 어떤 선택이나 결정도 자녀의 복리를 위한 것으로 정당화될 수 있다. 이제는 자녀의 복리라는 모호한 개념을 대체할 새로운 친권 행사의 기준이 필요하다. 가족 내에서 '아동·청소년의 의사결정권'을 최대한 보장하는 구체적인 내용과 범위를 규정하는 것도 한 가지 방안이 될 수 있을 것이다.

가족 안에서 아동·청소년은 진로 선택, 놀 권리 등에 대한 의견을 밝히는 것에서부터 가족을 떠날 권리, 친권을 해소할 권리를 주장하는 것까지 폭넓은 의사결정권을 가져야 한다. 제도적인 측면에서는 아동·청소년이 한시적으로나 영구적으로 가족을 떠날 권리가 인정되고 있다. 가정 내 아동학대와 사망사건을 계기로 2013년 '아동학대범죄의 처벌 등에 관한 특례법'이 제정되어 친권에 관한 조치가 마련되었다. 민법에는 친권상실 규정만 존재했었는데, 2014년 개정을 통하여 친권자가 자녀의 복리를 침해하는 경우 친권 행사의 정지, 제한을 할 수 있도록 추가적인 조치를 도입했다.

하지만 친권을 해소하는 절차는 여전히 친권자 중심적이다. 특별대리인을 선임해야 친권 해소를 위한 법적 절차를 시작할 수 있는데, 학대한 부모와 가까운 친인척을 선임할 수도 없고 관계가 소원한 친인척은 특별대리인을 맡을 리 없어 실제로 친권상실 청구를 시작하는 것조차 어려운 경우가 많다. 당사자인 아동·청소년이 직접 친권 제한, 상실 청구를 할 수 있도록 자녀 중심으로 가사소송법을 개정하려는 논의가 있었지만 번번이 국회에서 좌절되었다.[38]

'미성숙'한 이를 '보호'한다는 데에서 출발한 각종 법제도들은 아동·청소년을 부모 잘 만나는 운, 부모의 선의에 기대어 살아가야만 하는 현실로 밀어내는 듯하다. 아동·청소년의 가족구성권은 어떤 친권자를 만나든 평등하고 존엄하게 살아갈 수 있는 권리이다. 친권자가 이들의 삶을 위협한다면 가족을 떠나 존엄하게 살아갈 수 있어야 한다. 호주제 폐지가 미성년 자녀 지위 향상에 기폭제가 되

었듯, 가족구성권 논의가 아동·청소년의 권리를 진척시키는 동력이
되기를 기대한다.

'정상가족'을 벗어난
시민의 삶은 가능한가

/

2부

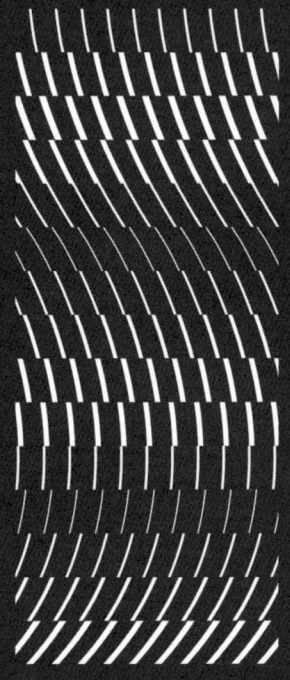

가족 뒤로 숨는 국가와
사회복지제도의 '가족' 호명 비판

/

성정숙

복지국가와 가족책임주의familialism

2021년, 경제협력개발기구OECD에 가입한 지 25년 된 한국이 이제 "받는 국가에서 주는 국가"로 성장했다고 평가하는 기사가 나왔다. 구매력평가PPP 기준 국내총생산GDP을 볼 때 한국의 경제적 위상이 영국, 프랑스, 일본과 비슷하게 높아졌다는 기사였다.[1] 이렇게 선진국 대열의 국가여서 복지국가에 더 가까워졌다는 착각은 낯설지 않다. 소위 파이가 커지면 모두에게 돌아갈 몫도 함께 커질 것으로 기대하지만, 경제성장 우선론은 오랫동안 국가가 복지를 회피하거나 보류해 온 논리였을 뿐 낙수효과는 없다는 것이 정설이다.

복지국가는 국가의 개입을 최소화하고 작은 정부를 추구했던 기존의 자유주의적 국가와는 다르게, 보다 적극적으로 시민이 한 인간으로서 존엄하게 사회적 삶을 살아갈 수 있도록 보장하는 것을 국가적 책무로 받아들였다. 그렇다면 한국은 "요람에서 무덤까지"라는 슬로건을 내걸고 시민이 안녕하도록 그 삶을 보장한다는 복지국가일까? 2000년 즈음 사회복지학계에서 한국의 복지국가 성격 논쟁이 활발했을 때, 한국의 복지제도는 흔히 우리가 부러워하는 북유럽 국가들과는 상당히 거리가 있다는 결론이 다수였다.

사회학자 에스핑-안데르센Esping-Andersen은 사회적 위험을 관리하는 세 주체인 국가, 가족, 시장 사이에서 복지가 생산되고 배분되는 방식을 분석하여 복지체제welfare regime를 유형화한다. 그는 복지체제를 분류하기 위해 다음과 같은 기준을 제시한다. 노동력을 팔지 않고서도 삶에 필요한 재화와 서비스를 획득하여 기본적인 생활을 영위할 수 있는 정도를 나타내는 '탈상품화', 복지 혜택이 계층별로 배분되는 격차를 나타내는 '계층화', 그리고 돌봄이 가족 책임에서 벗어나 사회화된 수준을 나타내는 '탈가족화'가 그것이다. 그가 제시한 지표에 따르면, 한국은 탈상품화와 탈가족화의 수준은 낮고 계층화 정도는 높아 복지가 빈약한 유형에 속한다. 다시 말해 한국사회에서는 어떤 개인이 노동시장과 가족을 벗어나면 기본적인 삶을 살아가기 어려우며, 자원의 배분에서 경험하는 계층적 격차가 크다는 뜻이다.

많은 사람들이 "국민의 생존권을 보장하고 복지의 증진과 확보

및 행복의 추구를 국가의 중요한 임무로 하는"[2] 복지국가를 꿈꾸지만, 국민의 생존과 복지는 그가 속한 가족이 우선 담보해야 하는 것이 우리 사회의 서늘한 현실이다. 2020년 한 기초지방자치단체장이 "왜 가족이 있는데 국가가 장애인을 돌보냐"라는 말로 사회적 물의를 일으킨 적이 있다.[3] 그러나 한국이 '가족이 있으면 돌보지 않는 국가'라는 점은 부인할 수 없는 엄연한 사실이다. 개별 시민의 보편적 사회(복지)권을 제도화한 북유럽의 복지국가와는 달리, 한국사회에서는 자기 충족을 하지 못하는 개인의 삶은 일차적으로 가족을 통해 구제되어야 한다. 이러한 가족책임주의는 한국을 포함하여 유교적이고 가부장적인 동아시아 복지체제의 주요한 특성 중의 하나이며, 가족책임주의적 시스템은 가족 스스로가 그들 구성원의 복지에 대한 책임을 수행해야 한다고 간주한다.[4] 특히 한국의 가족제도는 가족구성원의 복지를 자체적으로 담당하는 기능과 역할이 세계에서 가장 큰 것으로 평가되기도 했다.[5]

한국인의 물질적이고 사회적인 생활 세계에서 자유와 책임의 기본 단위는 서구처럼 개인이 아닌 가족이며 이러한 가족이 한국의 급속한 성장주의와 개발자본주의 체제를 이끌어 내고 떠받친 토대였다는 분석은,[6] 한국에서 가족이란 단순히 사생활을 영위하는 공간이나 관계에 한정되지 않고 경제적·사회적 질서를 구조화하는 장치였음을 명확히 한다. 가족이 짊어져야 하는 복지의 책임과 역할이 과도한 사회에서 가족을 벗어난 개인의 기본적인 생존과 돌봄은 불안정하고 위험해질 수밖에 없다. 이러한 가족 중심의 사회, 가족

책임주의가 강력하게 작동하는 사회에서 우리가 꿈에 그리는 복지국가는 그저 관변의 수사에 불과할 뿐이다.

벼랑 끝으로 몰리는 가족운명공동체

국민기초생활보장법은 국가가 조세를 통해 빈곤한 사람을 지원하는 가장 기본적인 공적부조제도이다. 국가는 기초생활보장제도를 통해 국민의 최저생활을 보장하겠다고 공언한다. 하지만 국민기초생활보장법 제3조 급여의 기본 원칙을 살펴보면 "부양의무자의 부양과 다른 법령에 따른 보호는 이 법에 따른 급여에 우선하여 행하여지는 것으로 한다"고 명확히 규정하고 있다. 또한 제8조 생계급여의 내용 등에 관한 조항에서는 수급자를 "부양의무자가 없거나 부양의무자가 있어도 부양 능력이 없거나 부양을 받을 수 없는 사람"으로 규정함으로써 생존에 대한 책임을 개인과 그 가족에 우선 부여한다. 가족의 부양이 가능하지 않다는 사실이 확정되어야 국가가 그 책임을 인수하는데, 국가는 최저생계비를 기준으로 부족분만을 보충해 주는 것으로 선을 긋는다.

'선가족-후복지'는 기초생활보장제도를 비롯하여 사회복지의 핵심 작동 원리이다. 가족 부양과 돌봄이 사회적 부양과 돌봄보다 우선한다는 원칙은 '개인'을 발명하고 국가와 시민 개념과 관계 등 삶의 양식이 대전환을 이룬 현대 사회에서도 여전히 당연한 것으로 받아들여지고 있다. 기초생활보장급여의 수급은 개인과 그가 속한 가구의 빈곤한 상황과 더불어, 함께 살지 않더라도 자신을 부양할 책임이 있는 부양의무자 가구의 '소득과 재산이 부족하여 부양 능력이 없음' 혹은 '가족 관계의 단절과 해체로 부양할 의향이 없음'을 분명히 증명해야 가능하다.

국민기초생활보장법 제2조에 따르면, 부양의무자는 "수급권자의 1촌의 직계혈족 및 그 배우자"로 법적인 혼인과 혈연으로 이뤄진 가족으로 지정된다. 실제 부양을 하고 있는지, 오랫동안 관계가 단절되어 왔는지 등 실제적이고 구체적인 삶의 현실과는 상관없이 부양의무자의 소득과 재산에 따라 간주부양비를 산정하고, 이를 수급자에게로 이전되는 사적 소득으로 인정한다. 이렇게 '추정된' 간주부양비가 수급자의 소득으로 잡혀 협소한 자격 기준의 상한선을 넘기게 되면 수급권이 박탈되거나 수급비가 삭감된다. 이에 함께 살지 않는 자녀, 경제적으로 어려운 상황에 놓인 자녀, 심지어 연락과 왕래가 끊긴 자녀가 '존재한다'는 이유만으로 유일한 생계 방편이던 수급비가 깎이거나 아예 수급 자격을 잃는 상황을 마주하면서 노인들이 스스로 목숨을 끊는 사건이 연이어 발생했다.[7]

2010년 보건복지부는 각종 소득·재산 자료와 인적 사항, 복지서비스 이력 정보를 통합한 사회복지 통합전산망 '행복e음'을 도입하고 부양의무자 확인조사를 실시했다. 이를 통해 자격 기준에 미달하는 복지급여 부정수급자 45만 명을 대대적으로 적발하고 이들의 급여를 박탈함으로써 약 4천억 원의 비용을 절감했다고 홍보했다.[8]

정부는 체계화된 전산망을 통해 금융 정보를 투명하게 수집, 관리함으로써 복지비용을 절감하고 제도의 투명성과 신뢰성, 그리고 효율성까지 높였다고 성과를 자랑했지만, 그 이면의 현실은 참혹한 죽음들이었다. 행복e음 도입 후 전산상 자료에 근거해 무차별 탈락과 급여 삭감이 진행되었으며, 4년 6개월 동안 자살한 기초생활수급자는 1,238명에 이르는 것으로 보고되었다.[9] 모든 것이 '사실대로' 드러나는 공정한 사회로의 진입을 위해 갖춘 '투명한' 디지털 시스템은 받은 적 없고 본 적도 없는 부양비, 가족 간에 오간 적이 없는 부양비를 포착해 내고 실제인 것처럼 만들었다.[10]

복지의 사각지대와 부양의무자 제도

가족의 책임과 의무를 사회적 가치로 고양하며 뒤로 물러나는 국가의 허술하고 조악한 지원체계로 인해 '사회안전망'이라는 말이 무색하게도 2014년 송파 세 모녀 사건,[11] 2019년 탈북 모자 아사 사건,[12] 2019년 성북 네 모녀 사건[13] 등 빈곤한 가족이 사망하는 일이 계속 발생했다. 심각한 생활고에 시달리는 이들에게 까다롭고 복잡한 수급 기준과 수치심을 주는 증명의 과정은 생존이 존엄한 권리라는 생각에 이르지 못하도록 막아서는 높은 문턱인 동시에 삶의 의지와 단절시키는 거대한 벽이었다. 마지막 월세와 죄송하다는 유서를 남기고 생을 마감한 송파 세 모녀 사건 이후, 정부는 복지제도

사각지대 해소를 목표로 개선안을 내놓았지만 "위기가족 발굴"만을 외칠 뿐 실질적인 변화 없이 답보하고 있다.* 2020년에도 방배동의 한 다세대 주택에서 30대 발달장애인 아들을 둔 60대 여성이 생활고로 숨진 뒤 약 7개월 만에야 발견되었는데, 10년 넘게 의료보험료를 체납하고 병원조차 갈 수 없을 정도로 경제적 어려움에 시달렸지만 부양의무자와의 연락을 원하지 않아 복지급여 신청 자체를 포기했던 것으로 알려졌다. 개선안으로 내놓은 발굴 시스템과 경보 시스템은 칸막이 행정에 쉽게 구멍이 뚫렸고, 복잡한 삶의 맥락 앞에서는 무용지물이었다.

    부양의 책임 주체로 가족을 호명한 결과는, 국가가 강조하는 것처럼 가족 간의 미덕인 부양이 더 촉발되고 관계와 돌봄이 더 두터워지는 아름다운 이야기로 결론지어지지 않는다. 가족에게 생존과 복지가 일임되고 가족이 운명공동체로서 강조될수록, 가족이 함께 동반자살을 하거나 자신이 돌봐야 할 몫이라고 생각하는 자녀나 부모를 살해하고 죽음을 선택하는 비극적 상황을 막기 어렵다. 복

---

* 2016년부터 국민건강보험료 체납, 단전·단수, 가스 공급 중단 등 29개 지표를 이용해 지원이 긴급한 사람들을 발굴하는 시스템을 운영하고 있지만, 성북구 네 모녀의 경우 이들 지표 중 어느 것에도 해당되지 않았다. 채무액이 백만 원 이상, 천만 원 이하로 3개월 이상 연체되거나 건강보험료가 6개월 이상(2024년 현재 3개월) 체납되면 발굴 시스템에 통보되는데, 이들 모녀는 채무액이 수천만 원에 이르고 건강보험료 체납 기간이 3개월이어서 경제적 위기 가구로 표시되지 않았다. 관련 정보가 구청으로 통보되지도 않았다. 본질적인 문제 해결을 하지 않는 이상 이러한 사례는 계속 나올 수밖에 없다.

지 사각지대가 문제 원인이라는 분석과 함께 취약계층 발굴 대책이 매번 해결책으로 등장하지만,[14] 사각지대의 주범인 부양의무자 기준을 유지한 채 복지수급에 가혹한 낙인을 부여하고 최저한의 생활만을 보충적으로 지원하는 공적부조의 한계를 적극적으로 타개하지 않는 한 또 다른 죽음을 막는 데는 역부족일 것이다. 따라서 국민의 기본적 생존권 보장이 목표인 기초생활보장제도에서 국가 책임보다 가족 부양 의무를 앞서 명시하는 한 '복지국가'는 감언이설에 불과하다.

    2023년 한국사회의 상대적 빈곤율은 14.9%, 66세 이상 은퇴 연령층의 상대적 빈곤율은 39.7%로 높지만[15] 총 인구 대비 기초생활보장 수급자는 약 255만 명(178만 8천 가구)으로 4.9%에 불과하다.[16] 이처럼 상대적 빈곤층 중에서 기초생활보장을 받는 비율이 매우 낮을 뿐만 아니라 최저생계비 기준 이하의 소득을 가진 인구 비율인 절대적 빈곤율이 대략 8%대로 추정되는 것까지 감안하면, 생계비 자체가 모자라는 극빈층의 3분의 1 이상이 복지급여를 받지 못하고 있는 현실이다. 엄청난 규모의 예산이 투입되어 조세 부담이 크다는 말이 무색할 정도로 빈곤율 대비 너무 적은 수급률이다. 2022년 국내총생산 대비 공공사회지출액이 경제협력개발기구 평균인 21.1%에 크게 못 미치는 14.8%에 불과한 현황[17]은, 우리 사회의 복지제도가 가족 책임을 우선하고 복지급여를 사회적 비용으로 간주하여 한정된 예산만을 지출하려는 '잔여적 복지 모델'*에 기초해 있음을 잘 보여 준다.

2012년부터 2017년까지 전국장애인차별철폐연대와 빈곤사회연대 등 장애·빈곤 운동단체들이 연대하여 서울 광화문 역사에서 장애등급제와 부양의무제 폐지를 요구하며 1,842일에 걸친 긴 농성을 전개했다. 문재인 정부가 제도 폐지를 공약하고 당시 보건복지부 장관이 농성장을 찾아와 폐지를 약속함으로써 역사적인 5년간의 농성이 막을 내렸지만, 정부 약속은 제대로 이행되지 않았다. 다만 부양의무자 범위가 2촌 직계혈족에서 1촌으로 좁혀지고, 소득과 재산 기준이 일부 완화되고, 교육급여와 주거급여에서 부양의무자 규정이 각각 2015년과 2018년에 폐지되었다. 그러나 앞서 언급한 바와 같이 생계급여와 의료급여에서 부양의무자 기준을 완전히 폐지하지 않고 단지 그 범위를 조정하는 것으로 복지 사각지대 축소 효과를 기대하기는 어렵다. 정부는 "전격 폐지"라는 말을 여러 번 썼으나 그 조건이 완화되었을 뿐 지금도 여전히 시행되고 있다. 특히 부양의무자 기준이 훨씬 더 강력하게 적용되는 의료급여의 경우, 빈곤층의 의료접근권을 심각하게 제약하여 건강불평등이 심화되고 있다.[18] 2024년 정부 예산안을 살펴보더라도 전체 예산 657조 원 중에서 기초생활보장 예산액은 불과 3.2%인 21조 원 수준에 불과했다. 국민

---

* 국가가 복지에 대해 어떤 태도를 보이는지에 따라 복지 모델을 크게 두 가지로 나눌 수 있다. 잔여적 복지 모델은 국가가 시민의 복지를 개인과 그 개인이 속한 가족의 책임으로 두고, 자산 조사를 실시하여 적격성을 충족할 경우에만 최저생계비에서 부족한 만큼 보충적으로 지원하는 모델이다. 제도적 복지 모델은 시민의 기초생활보장을 국가가 책임져야 할 기본권으로 간주하기 때문에 자산 조사나 급여에 대한 사회적 낙인 없이 보편적으로 지원하는 모델이다.

의 생존권을 보편적으로 보장하기에는 턱없이 부족한 규모이다.[19]

부양의무자 제도의 폐지를 반대하는 이유 중 첫째는 많은 예산이 필요하다는 점이지만, 현재 한국의 기초생활보장 예산 규모는 '복지국가'라는 언급을 하기조차 민망한 수준이다. 빈약한 규모의 복지 예산을 편성하고 부양의무제조차 폐지하지 못하는 정부가 복지국가로의 지향을 소리 높여 외치는 것은 그것이 그저 정치적 수사라는 것을 확인시켜 줄 뿐이다. 또 다른 이유는 부정수급과 도덕적 해이에 대한 우려이다. 그러나 '도덕적 해이', '복지병', '복지 의존'이라는 프레임은 국가가 적극적으로 담당해야 할 책임과 비용을 최소화하고 오히려 가족에게 떠넘기는 것일 뿐만 아니라, 가족을 내세워 국가의 무책임을 은폐하는 문화적이고 이데올로기적인 통치 전략이다. 부양과 돌봄의 책임을 다하는 '생존공동체', '운명공동체'로서의 바람직한 가족상을 끊임없이 정상화하고 이러한 사회적 규범에서 벗어난 개인과 가족의 비도덕성을 비난하는 문화적 과정은, 시민의 권리인 사회(복지)권에 대한 국가의 책무를 국가가 선의를 가지고 온정적으로 보살펴 주는 일종의 '시혜'로 오인하도록 만든다.

'세대주'라 쓰고 '전 국민'으로 읽기: 네모난 가족 박스

국가는 통제적이고 제한적인 복지제도와 '선가족-후복지'라는 운영 방식을 통해 가족에게 가족구성원 개인의 생존과 돌봄의 책임을 전가하고 그 비용까지 떠넘겨 왔다. 이 전략에서 중요한 것은 이를 담당할 가족을 안정적으로 재생산해 내는 것이다. 국가는 정책 대상을 '가구'와 '세대'로 규정하여 서비스를 전달하고 관리하면서 개인이 아닌 가족을 사회의 기본 단위로 삼아 정책을 집행해 왔다. 개인을 항상 가구/세대/가족이라는 묶음 안에서 확인하도록 만들어 왔다.

2020년 코로나19가 삶의 전 영역에 충격을 주었을 때, 정부는 제1차 재난지원금을 전 국민 대상으로 지급한다고 결정했다. 재난지원금은 세대주가 가구 세대원 수에 따라 정해진 지급액을 신청하여 전액을 받는 식으로 지급되었다. 1차 재난지원금은 가구원 수에 따라 가구 단위로 금액이 책정되어 전국 2216만 가구 세대주에 총 14조 2357억 원이 지급되었다. '세대주'라 쓰고 '전 국민'으로 읽는 방식이었는데, 과연 세대주를 경유해서 지급된 재난지원금이 가구원 모두, 그야말로 전 국민에게 전달되었을까?

재난과 경제위기 시기에는 가족 내 갈등과 긴장이 증가하고 폭력도 더 빈번하게 발생한다. 코로나19가 확산되고 전 세계적으로 봉쇄령이 내려져 모든 삶의 활동이 '가족' 안으로 좁혀졌을 때, 가정폭력이 가시적으로 증가했다는 국내외 보고가 잇따랐다. 세대주가 높은 위계와 권위를 가지고 전권을 행사하는 '가장'일 때, 재난지원금을 미성년자 자녀를 포함한 모든 가족구성원에게 배분했을 가능성은 크지 않다. 가족 내 갈등이나 권력 위계 때문에 세대주에게 지급된 재난지원금에 접근이 어려운 사람이 많았을 테고, 가족 안에서 불리한 위치에 놓여 있는 그런 이들에게 지원금이 더 절실하게 필요한 상황이 분명 있었을 것이다.

가정폭력을 피해 쉼터에서 생활하는 피해자, 탈가정한 성소수자 청소년, 가족의 학대와 방임으로 사회와 단절된 채 방 안에 갇혀 살아가는 중증장애인, 주민등록이 말소된 채 거리에서 생활하는 홈리스, 아직 국적을 취득하지 못한 결혼이주여성, 서로 갈등하며 이혼소송 중이거나 별거 중인 배우자, 세대분리가 되지 않은 청년 등 가족 안에서 살고 있지 않거나 살더라도 불평등한 관계에 놓여 자기 몫에 대한 목소리를 낼 수 없는 사람들에 대한 정책적 고려는 애초에 없었던 것이다.[20] 이렇게 가족을 지원하는 여러 정책에서 가족은 '이성애 4인 핵가족'이라는 전형적인 정상가족으로 상상되며, 복잡하고 복합적인 삶의 맥락을 가진 개인은 이 네모난 '가족 박스' 안으로 구겨 넣어진다.

2019년 현행 법률을 조사한 결과 가족이 유의미하게 언급되고 있는 법률이 약 200여 개에 달했다.[21] 소관 행정기관도 보건복지부를 비롯하여 22개 기관에 이르며 사회보장과 사회복지서비스, 선거와 행정, 외교와 병역, 보건과 의료, 재난과 안전, 토지와 주택, 조세와 세법, 죽음과 장례, 상속 등 전방위적인 영역에 걸쳐 있다. 이 법률들이 참조하는 '가족'은 민법과 건강가정기본법에서 정의한 대로 "혼인·혈연·입양으로 이루어진" 전형적인 이성애 법률혼 가족이다. 이 특정한 형태의 가족이 아니라면 누군가와 함께 서로를 돌보며 살아가더라도 그 관계를 인정받지 못할 뿐만 아니라 가족공동체에게 제공하는 혜택과 지원을 받을 수 없는, 사회시스템 바깥에 놓인 동떨어진 존재가 된다. 응급 상황에서 수술동의서와 같은 의료 결정권을 행사할 수 없으며, 심지어 시신을 인도받아 장례를 치를 수도 없다. 법적 가족이 아니어서 육아휴직이나 가족돌봄휴가를 사용할 수 없고, 소득공제나 주택 마련을 위한 가산점도 챙길 수 없으며, 연금의 유족 급여나 상속 등에서도 자격에서 제외되거나 우선순위에서 밀린다.

기초생활보장제도의 부양의무자 규정을 폐지해서 국가 책임을 더 적극적으로 확보하는 것과 마찬가지로, 가족을 지원하는 각종 정책과 제도에서 법적 가족만을 대상으로 하고 있는 범위를 확대하는 것은 '가족'에 관한 생각과 실천을 재구성하는 일이다. 2021년 여성가족부는 제4차 건강가정기본계획(2021~2025)을 통해 협의의 가족 개념을 삭제하고 보다 다양한 친밀한 관계를 인정하는 방향으로 확장하겠다는 전환적인 자세를 보이기도 했다. 하지만 현재는 다시 기존의 건강가정기본법을 사수하는 수준으로 후퇴했고, 가족상황에 따른 차별을 포함하여 포괄적인 차별을 금지하는 법안을 마련하자는 논의는 여전히 공회전하고 있다. 그럼에도 2023년에는 혼인이나 혈연 관계가 아니더라도 함께 생활하는 다양한 형태의 가족공동체가 법적인 보호를 받을 수 있도록 하는 생활동반자법과 가족구성권 3법이 처음으로 국회에 발의되었다.[22] 또한 최근에는 동성 배우자의 건강보험 피부양자 자격을 인정하는 대법원 판결도 확정되었다. 사실혼 관계의 이성 배우자는 피부양자 자격을 인정하면서도 동성 배우자는 인정하지 않는 건강보험공단의 처분이 차별이며 위법이라는 판결이었다.[23] 작고 느리지만 법과 정책에서의 공식적인 변화와 진전은 계속되고 있다.

취약계층으로의 목록화와 대상화: '다양성'과 '다문화'의 역설

정상가족 이데올로기를 지속적으로 생산하는 문화적 과정에서 사회복지 영역이 수행하는 역할은 매우 크다. 사회복지의 특징 중 하나는 규범적인 가치를 전제한다는 점이다. 다양한 가치들이 시대적 변동과 역사적, 정치경제적, 사회문화적 맥락 안에서 서로 경합하지만, 특히 '가족'과 '모성'의 가치는 어떤 질문도 허용되지 않을 정도로 자연화되어 있다고 해도 과언이 아니다. 이전투구의 삭막한 공적 세계와 대비되는 사적 세계로서 '유일하고 영원한 안식처인 가족, 서로 사랑하는 가족구성원, 자애롭고 헌신적인 어머니'에 대한 열망은 가족구성원 사이의 폭력적인 권력관계와 억압, 모순과 갈등을 은폐하는 가족신화, 모성신화라고 비판받지만, 사회복지에서는 가족이 가장 자연적이며 아름다운 관계이자 평화로운 장소라는 신화가 생생하게 살아 숨 쉰다.

가족과 모성에 관한 전통적인 이론과 실천은 페미니스트의 작업을 통해 비판되고 재구성되어 왔으나, 상대적으로 페미니즘 인식론과 정치가 부재했던 사회복지 영역에서는 가족의 변동을 젠더 관점으로 분석하고 접근하는 데 있어 여전히 소극적이다. 이성애 혼인 관계의 남성부양자 아버지와 돌봄을 담당하는 어머니, 그리고 생물학적 자녀로 구성된 4인 핵가족을 '일반 가족'으로 삼고, 이에 대비되는 불완전하고 결핍을 가진 위기의 취약계층으로 '다양한 가족'을 위치 짓는다. 그리스 신화에 나오는 프로크루스테스의 침대[24]처럼, 다양한 가족을 문제와 결핍으로 분석하고 가족 기능 강화를 목표로 하는 사회복지제도의 대상이자 수혜자로 전시하고 소비한다.

이렇게 타자화되었던 대표적인 집단 중 하나가 청소년 비혼모이다. '편偏부모'라고 호명되었던 역사에서 알 수 있듯이, 한부모 가족은 가족구성원의 역량이 부족하거나 가족 기능에 문제를 갖고 있다는 사회적 편견이 존재해 왔다. 특히 법적으로 혼인하지 않고 아이를 출산한 한부모일 때는 '문란한 몸'이라는 성적 낙인과 윤리적 비난까지 더해졌다. 더구나 비혼모가 청소년이라면 일탈과 비행의 주범으로 학교에서 쫓겨나야 했을 뿐만 아니라, 가족과 친족에게 보이지 않아야 하는 존재가 되어 '미혼모 시설'에서 비밀리에 출산을 하고 아이를 입양 보내도록 강요받았다. 사회복지사 역시 아이를 포기하고 입양 보내는 것이 아이와 비혼모 본인을 위한 것이라는 입장을 견지해 왔으며, 이러한 맥락에서 기존의 청소년 한부모에 관한 연구는 주로 '10대 미혼모'의 임신과 출산을 비행의 문제로 보고 그 특징과 발생 원인을 규명하여 예방을 위한 성교육을 강조하였다. 또한 출산을 위한 보호시설 사업과 입양서비스의 개선, 미성숙한 양육자로서 아이를 키우게 될 때 그 스트레스를 감소시키는 프로그램과 취약계층 지원을 위한 복지서비스에 관한 연구가 주를 이루었다.[25] 현장에서 비혼모는 재생산 권리와 가족을 구성할 권리 모두를 박탈당했고 이들의 아이는 해외로, 또 국내로 입양되었다.

비혼모와 한부모 가족 이외에도 '취약가족'으로 명명된 다문화가족, 조손 가족, 재혼 가족 등이 복지서비스 수혜자 목록에 첨가되고 열거되고 있다. 사회 변화와 함께 생애 모델이 다변화되면서 등장한 '가족다양성'이라는 지향이 무색하게 '일반 가족' 대 '다양한 가족', '정상가족' 대 '취약가족'이라는 이분법 구도 안에서 정상가족은 쉽게 보편성을 의미하는 '일반'의 타이틀을 획득하고, 다양한 가족은 취약성의 표식을 기반으로 타자의 위치로 낙인찍힌다. 가족다양성을 취약성을 가진 가족들의 여러 형태가 아닌 생애 동안 누구에게나 개방적으로 열리는 다양한 관계망의 접속으로 이해해야, 사회복지에서 강력한 힘을 발휘하고 있는 정상가족 프레임을 흔들 수 있고 온정주의적이고 가부장적이며 타자화하는 실천을 비판적으로 통찰해 낼 수 있다.

다양한 가족이 사회서비스가 필요한 취약계층과 동일시된 것처럼 다문화가족 역시 취약계층으로 호명될 뿐만 아니라, 아이러니하게도 다문화주의multiculturalism가 문제 삼고자 한 인종차별적인 구분 짓기의 기호로 사용되고 있다. 현재 한국사회에서 '다문화가족'이란 말은 이들을 지원하기 위해 제도화된 다문화가족지원법에 의해 만들어졌으나, 단일하고 고유한 인종·민족 내부에 속하는 시민권자와 구분되는 배타적 의미로서 다른 인종 집단으로서의 가족을 호명하는 방식이 되었다.* 더구나 다문화 지원정책은 인구정치와 결합하여 이주노동자를 제외하고 성과 재생산 측면에서 기여도가 있는, 즉 자녀를 출산하여 양육하고 있는 결혼이주여성만을 선택적으로 수용하여 한국사회에 동화되도록 지원하는 제도이다. 단일 인종, 단일 민족이라는 허상이 정상성으로 상상되고 강조되는 사회에서 '다문화' 가족의 호명은 '다양한' 가족의 호명에서처럼 본래의 의미와는 전혀 다르게 기만적이며, 오히려 인종적인 낙인과 차별을 강화하고, 노동력을 착취하고, 재생산권을 수탈하는 제국주의적인 가족통치 전략이다.

이주노동자와 이주여성의 삶은 외면한 채 단지 저렴한 노동력을 외주화하는 것에 몰두하고, 돌봄과 출산의 공백을 메우는 역할을 강조하면서 시민권을 인정하지 않고 도구적 관점에서만 접근하는 인종주의적이고 제국주의적이며 가부장적인 제도와 사회적 실천 모두를 비판적으로 인식하는 것이 필요하다. 다문화주의란 어떤 인종적, 민족적 집단을 지칭할 수 없다. 그것은 지배문화와 피지배

---

* 2008년 제정된 다문화가족지원법 제2조에 따르면, 다문화가족이란 "결혼이민자(대한민국 국민과 혼인한 적이 있거나 혼인 관계에 있는 재한 외국인)와 국적법에 따라 대한민국 국적을 취득한 자로 이루어진 가족"을 말한다. 이렇게 제도적으로 '다문화'란 말은 한국인과 외국인으로 이루어진 부부와 그 자녀로 구성된 가족만을 지칭한다.

문화, 중심문화와 주변문화의 서열을 없애며 문화 간 차이와 다양성을 이해하고 존중하여 다양한 문화가 서로 동등하게 공존할 것을 주창하는 이념이다. 이에 기반한 다문화 정책은 한국사회의 인종주의에 대한 전반적인 비판적 검토를 목표로 해야 한다. 인종과 민족, 피부색과 출신 국가에 의한 차별을 금지하고, 모두가 공동체의 일원이자 시민으로서 정치·사회·문화적 제도와 서비스에 접근 가능하도록 권력과 자원, 기회를 평등하게 나누고 공유하는 정책이어야 한다. 이주 배경을 가진 가족들과 관계망을 연결하고 접속하는 사회복지 현장에서는 더욱 시급히 문화 간 위계를 없애야 한다. 한국문화로의 일방적인 동화가 아닌 다문화적 정체성을 존중하고 주체로서의 행위성을 문화적 자산으로 인정하고 있는지, 우리 안에서 일상적으로 작동하는 인종주의를 직면하고 문제를 제기할 수 있어야 한다.

가족으로부터 멀어질 권리와
가족을 구성할 권리

정상가족 프레임은 가족 형태나 역할의 전형성을 전제할 뿐만 아니라 가족 간의 관계도 어떤 전형을 마땅한 규범이자 정상적인 상태로 상정한다. 순수하게 헌신적이며 이타적인 것으로 신화화된 가족 관계는 외부의 간섭으로부터 보호받아야 하는 프라이버시임을 강조하면서 불평등하고 억압적이며 폭력적인 관계와 갈등을 부정하고 은폐한다. 가정폭력, 아동학대, 노인학대, 장애인학대 등의 폭력과 착취, 억압과 통제가 부모와 형제, 친족에 의해서 일어나고 있다는 사실 자체를 포착하기 어렵다. 가족 관계가 불가침의 영역으로 간주되기 때문이기도 하고, 가족의 보호와 양육에 부여되는 사회적 가치와 도덕적 정당성이 아주 강력하기 때문이기도 하다. 또한 생존과 돌봄을 국가보다 가족이 우선 책임지는 현실에서, 운명공동체로 묶인 가족과의 삶이 폭력으로 점철되었더라도 이를 벗어나 다른 선택지를 모색하는 일 자체가 매우 어렵기 때문이다. 일례로 부모의 징계권 조항이 담긴 민법 제915조가 삭제되었지만, 아동학대 현장에서 학대 가해자의 친권을 제한하기는 여전히 어렵다. 자녀에 대한 부모의 권한이 자연화되어 있는 사회에서 양육과 훈육의 이름으로 억압받고 학대받는 아이의 삶을 드러내기 쉽지 않을 뿐만 아니라 위험한 부모, 위험한 가족으로부터 멀어지고 벗어날 기회를 확보하는 것은 더욱 어렵다.

보건복지부에서 발간한 〈2022 아동학대 주요통계〉에 따르면, 접수된 신고 중 아동학대 의심 사례가 2022년 44,531건으로 2021년에 비해서는 감소하였으나 전체적 경향에서 본다면 여전히 증가 추세이다. 그중 실제 아동학대로 판단된 건수는 27,971건이며 피해 아동 수는 21,763명에 이른다. 학대가 발생한 장소로는 가정 내에서 일어난 경우가 81.3%이며, 학대 행위자가 부모인 경우가 82.7%이다. 아름다운 가족신화, 모성신화와는 달리 친부와 친모의 학대 비율은 각각 45.7%와 34.2%로 부모 중에서도 가장 많은 비중을 차지하며, 동화나 미디어에서 아동학대의 주범으로 재현되며 사회적 지탄의 대상이 되는 계부와 계모의 학대 비율은 각각 1.8%와 0.7%에 불과하다.

2022년 아동학대로 사망한 아동 수는 50명으로, 신고 건수가 더 많았던 2021년의 40명에 비해 25%나 증가하여 그 위험성과 잔혹성이 심각해지고 있음에 놀라지 않을 수 없다. 그러나 피해아동에 관한 조치를 살펴보면, 재학대 피해아동을 포함하여 89.5%가 원가정으로 돌아갔으며 분리보호를 받은 아동은 10%에 불과하다. 분리보호를 받은 아동을 다시 살펴보면, 친족보호가 12.3%, 가정위탁이 1.7%에 불과한 반면 시설입소는 84.7%에 이른다. 또한 분리보호 이후에는 17.7%가 원가정으로 복귀하였으며 66.6%가 시설에 입소하였다.

아동학대 사례 중 재학대 비율 또한 2020년 11.9%에서 2021년 14.7%, 2022년 16%로 계속 증가하고 있는데, 이는 아동보호전문기관에서 학대로 판정하여 조치가 있었으나 학대 피해가 다시 발생하는 비율이 높아지고 있다는 의미이다. 재학대 역시 대부분 부모에 의한 것인데, 피해아동에 대한 보호조치 결과를 보면 '원가정 보호'로 보호체계가 그대로인 경우가 81.5%이고 '분리보호'로 보호체계가 변경된 경우는 18%에 불과하다.

다시 말하면 학대 피해를 입은 아동, 심지어 반복적으로 학대를 받은 아동이라 할지라도 원가정으로 돌아가는 비율이 압도적으로 높다는 것이다. 원가정 복귀를 선택하지 않으면 시설에 입소할 수밖에 없다는 점에서 사회복지의 암울한 현실을 목도하게 된다. 학대를 반복하는 부모와 친족에게 다시 돌아가는 삶은 어떤 것일까? '학대가 지속적으로 벌어지는 원가정' 아니면 '시설'이 과연 아동에게 '선택'이 될 수 있을까? 복잡한 맥락들로 어떤 결정도 단순할 수 없다는 사실은 분명하지만, 가족의 내밀한 면까지 알기 어렵다거나 법적으로, 제도적으로 어쩔 수 없었다는 말들은 아동의 죽음 앞에서는 명백한 책임 방기가 될 것이다.

우리 사회는 자녀를 학대하더라도 가족과 부모를 가장 자연스러운 보호망으로 여기고, 친권을 개입할 수 없는 영역으로 본다. 이 국면에서 "피는 물보다 진하다"라는 말은 발목에 칭칭 감겨 있는 족쇄와 같다. 부모와 가족, 친족에 의한 아동학대와 재학대 발생률이 계속 증가하는 추세에서 아동복지의 주요 원칙인 '원가족 보호, 원가정 복귀'가 언제나 옳은 결론이 될 수는 없다는 것을 인식하는 것은 사회복지사에게는 매우 어려운 길의 출발선에 서는 일이다. 폭력과 학대를 견디다 못해 탈가정한 청소년, 재산이나 복지급여 등 경제적인 이득을 빼앗기고 집 안에 감금되거나 방임된 장애인과 노인 등 가족으로부터 멀어져야 비로소 삶을 제대로 살아갈 수 있는 사람들이 분명히 있다. 그러나 가족이 언제나 답이라는 가족신화에 현혹되어 이들의 목소리를 듣지 않고, 혹은 시설만을 선택지로 남겨 놓은 채 선택 아닌 선택의 이름으로 멀어지고 싶은 가족에게로 등 떠밀어 돌아가도록 한 것은 아닌가? 가족으로부터 멀어질 권리가 사회복지 현장에서 제대로 인식되고 있는지 질문해야 한다. 또한 이 권리는 가족을 구성할 권리와 맞닿아 있다. 모든 개인에게는 앞으로 함께 살아갈 나의 가족, 나의 공동체를 구성할 권리가 있다. 실질적인 사회적 기반 위에서 이 권리가 실현되도록 조력하는 사회복지사의 실천이 아동복지와 가족복지의 새로운 패러다임을 길어 내야 한다.

신화를 멈출 힘을 가진 '가족 상상력'

가족은 사회와 함께 변화하고 있다. 기존의 한정된 상상력으로 만들어졌던 '그 가족'에 의해 개인의 안전망과 생존이 확보되는 방식은 더 이상 우리 사회의 '보편'이 될 수 없다. 가족구성원 모두를 책임지고 부양하는 전형적인 가족은 이미 역사 속으로 사라졌으며, 가족구성원의 생존과 복지는 이제 현대 사회에서 시민권이자 국가의 책무가 되었다. 가족다양성 논의도 급진적으로 전개되어 가족을 구성할 권리의 지향과 함께 건강가정기본법 폐지, 민법 제779조 가족의 범위 규정 폐지, 생활동반자법·혼인평등법·비혼출산지원법·포괄적 차별금지법 제정 등이 중요한 정책 과제로 등장하였다. 사람들이 상상하고 또 실제 경험하며 살아가는 가족은 혈연이나 결혼제도에 묶여 있지 않고 정서적 유대와 서로 돌봄, 친밀성과 관계, 소통을 중심으로 재구성되고 있다. '조립식 가족'[26]과 같은 제목의 TV 프로그램이 등장하고, 성소수자의 사랑과 가족, 친밀성을 다룬 퀴어 콘

텐츠가 제작되는 등 퀴어 가족을 바라보는 사회적 시선 역시 편견으로부터 벗어나고 있다.

하지만 사회복지 현장에서의 빈약한 가족 상상력은 정상/비정상의 기준에 매여 '퀴어한' 개인과 가족을 주민이나 동료로 만나 일상을 나누고 함께 활동하는 모습을 잘 그리지 못한다. 사회복지사를 양성하는 교육과정에서 가족을 정치화하고 교차적 관점으로 젠더와 섹슈얼리티를 이해할 수 있는 페미니즘, 퀴어 이론 등을 배우고 체현할 기회 자체가 부족하기 때문에, 많은 사회복지사가 기존의 인식틀을 비판적으로 재구성하고 보수적인 실천 양상을 전환할 수 있는 역량을 갖추기 어렵다. 이는 사회복지사로 하여금 전문가 혹은 사례관리자로서 정상가족에서 벗어난 사람을 보호와 개입이 필요한 서비스 대상으로 간주하고, 전통적인 젠더 규범을 전제로 사회적으로 바람직하다고 간주되는 역할로 복귀시키는 것을 목표로 관료적으로 개입하는 태도를 고수하게 한다.

정상가족 프레임을 깨고 가족신화의 힘을 멈출 다른 상상력이 필요하다. 당연하다고 간주된 많은 것에서 거리를 두고, 전혀 다른 가족과 친밀성의 관계를 자유롭게 상상할 수 있어야 한다. 블랙홀처럼 개인을 삼켜 버리는 네모난 '가족 박스'의 모서리를 절개해서 풀어 헤쳐 보자. 가족마다의 맥락과 이야기에 따라 서로 다른 독창적인 전개도를 그릴 수 있도록, 민주적이고 평화롭게 서로를 돌보는 동사로서의 '가족하다'를 실천하고 있는 가족들을 상상해 보자. 이를 위해 사회복지는 국가가 통치 전략으로 배치하고 규격화해 놓은 가족의 운영 방식에 순응하고 가담하는 것이 아니라, 젠더 관점에서 그 가족을 다시 질문하면서 서로 돌보고 연대하여 살아가는 다양한 관계를 인정하고 지원할 수 있어야 한다. 그 누구도 가족의 형태를 이유로 차별받지 않고 존엄한 사회적 삶을 살아갈 수 있도록 시민 모두의 복지권, 사회권을 보장하는 과업을 마주해야 한다. 이를 가로막는 차별과 불평등, 사회구조적이고 문화적인 제약을 타개하고 구체적인 사회적 조건을 확보하여 '삶을 살아갈 권리'를 보장하는 것, 서로 돌보는 시민들의 연결과 연대를 조력하고 확장시키는 것이 사회복지의 목표이기 때문이다.

정상가족 밖에서
생존의 세계를 모색하는
한부모여성

/

김순남

횡단의 정치의 장으로서 한부모여성의 삶

'정상가족' 밖에서의 삶은 어떻게 가능할까? 지금까지 한국사회에서 이성애 가부장제 중심의 정상가족을 떠난 이혼여성이나 결혼하지 않고 자녀를 출산한 비혼모는 삶의 주체라기보다는 쉽게 사회적인 편견의 대상이 되곤 했다. 특히 이혼여성은 IMF 경제위기 이후 가족해체의 주범으로, 가족위기를 만들어 내는 대상으로 소환되어 왔지만 정작 이들이 어떤 삶의 위기를 경험하는지는 이야기되지 않았다. 많은 여성들이 기존 가족 안팎에서 삶의 위기를 겪어 왔지만, 위기를 경험하는 주체로 등장하기보다는 사회적인 '문제'를 야기하는 존재로 배치되어 왔다.

정상가족 밖에서 자녀와 함께하는 여성들은 가족제도의 정상성을 공고히 하는 남성 생계부양자 모델, 젠더화된 돌봄, 가족 중심의 복지체계, 가족상황에 따른 차별 등 여러 갈래의 불평등과 교차되면서 생존하고, 관계 맺고, 돌봄을 주고받으며 살아간다. 정상가족 이데올로기는 단순히 남녀 간의 결혼과 자녀로 이루어지는 특정한 가구 형태를 의미하는 것이 아니라, 아내이자 어머니로서의 정체성을 삶의 조건으로 규정하는 사회적인 관계 질서를 의미한다. 즉 한부모여성의 삶은, 동질적인 경험을 가진 대상으로서 특정한 인구 그룹으로 쉽게 분리 가능한 '정책적인 범주'를 넘어 남성 생계부양자 없이 홀로 자녀를 양육하고 돌보는 여성의 위치성을 드러내며, 돌봄·양육·이주·빈곤·장애·가족·젠더 등 여러 갈래의 문제가 교차되는 횡단의 정치의 장으로서 정치적인 질문을 요청한다.

이를테면, 왜 혼자서 자녀를 양육하는 가족은 여전히 사회적으로 '건강하지 않은' 가족으로 호명되는지, 왜 그 자녀는 혈연관계로만 상상되는지, 왜 가난하고 나이가 어린 여성의 출산과 양육은 '온전하지 못한' 비밀스러운 일이 되어야 하는지, 왜 여성에 대한 지원은 양육과 출산으로만 한정되는지, 왜 사회적 재생산에 관여하는 여성은 빈곤하고 삶의 불안정성을 경험하는지 등에 관한 정치적인 의제와 연결되는 것이다. 이러한 정치적인 질문들은 본질적인 정체성이나 고정화된 경험이 아니라 여러 소수자의 삶과 연결되는 횡단의 정치의 장으로서 한부모여성의 삶을 보여 주며, 다른 방식의 돌봄·

양육·관계성의 위계를 정치화하는 퀴어가족정치와 만난다.

정상가족 밖에서 생존의 세계를 모색하는 한부모여성의 삶의 불평등을 정치화하는 것은, 여성은 남성을 위해 돌봄을 담당한다는 이성애 성별이분법에 기반을 둔 가족제도를 변화시키는 것이며, 여성의 삶은 남성과의 관계를 통해서 '완성'된다는 이성애 가부장제적 가치를 바꾸어 내는 것이다. 이러한 맥락에서 정상가족 밖에서 새로운 '집'을 찾아가는 과정은 단순히 핵가족이라는 가구 형태를 벗어나는 것이 아니라 가부장제하의 집과 다르게 소속될 수 있는 삶으로서의 집을 찾아가는 여정인 것이다. 이 집은 물리적인 장소가 아니라 더 나은 삶에 대한 "일종의 희망이자 미래로, 세계에서 자기 자리place를 확보하려는 지속적인 노력과 꿈의 표현으로"[1] 볼 수 있다. 이렇듯 삶의 자리를 만들어 가는 것은 가족의 정상성을 정치화하는 일이며, 그 정상성을 강제하는 여러 사회적인 의제와 맞물릴 수밖에 없다.

그러한 상황에서, 이 글에서는 정상가족 밖에서 살아가는 한부모여성이 경험하는 가족상황 차별, 불안정한 돌봄, 시설화, 젠더부정의에 주목하고자 한다. 또한 '요보호여성'의 자리를 강제하는 보호출산제의 문제와 '복지에 의존하는 존재'라는 낙인을 통해서 살아낸 삶이 지워지는 사회적인 불평등을 가시화하고자 한다. 이를 통해 개인이 경험하는 삶의 불안정성을 이상적인 가족을 갖지 못한 개인의 문제로 여기며 책임을 전가하는 사회구조에 개입하면서, 정상가족 사회를 넘어 누구나 권리의 주체로서 삶과 관계를 기획할 수 있는 사회적인 방향을 논의하고자 한다.

'불행의 아카이브'를 통해서 본 한부모여성의 삶

페미니스트 철학자 사라 아메드Sara Ahmed는 그의 저서 『행복의 약속』(후마니타스, 2021)에서 백인-이성애-선주민-남성 중심의 행복하고 훌륭한 삶을 약속하는 사회에서 소위 "비참한, 불행한, 불운한", "가난하거나 박복한", "불쾌하고, 남부끄러운, 야비한" 사람들의 역사인 '불행의 아카이브'에 주목하면서 "비참한 자로 간주되는 사람들에게 귀 기울인다면 그들의 비참함은 더 이상 그들만의 것이 아닐 수 있다"고 강조한다.[2] 즉 불행의 아카이브는 '행복각본'*으로부터 미끄러지는 개인적인 불운한 삶이 아닌 이 각본에 대항하는 소수자의 생존의 세계를 포착하는 것이며, 젠더·가족·관계·돌봄 등의 규범성과 불화하면서 다른 방식의 삶의 계보를 찾아가는 과정을 맥락화하는 것이라 볼 수 있다.

이러한 관점에서 한부모여성의 삶을 살펴보자. 여성이 남성에

---

* 사라 아메드는 "행복이란 무엇인가?"가 아니라 "행복은 무엇을 하는가?"라는 질문을 통해 모든 사람이 소망한다고 간주되는 가치들에 회의하면서 백인, 이성애, 선주민, 결혼, 안정적인 미래 등과 결부된 '행복각본'에 저항한다. 사라 아메드, 『행복의 약속』, 성정혜·이경란 옮김, 후마니타스, 2021, 14-15쪽.

게 돌봄을 제공하고 낮은 지위에 머무는 자리가 아닌 독립 가구에서 살아간다는 것은 평등한 시민권을 확보하는 주요한 토대이며 동등한 사회구성원으로서의 삶과 밀접하게 연결된다.[3] 여성이 생활 보장재였던 결혼이라는 제도를 경유하지 않고도 삶이 가능한 사회, 이혼을 자유롭게 선택할 수 있는 사회가 그렇지 않은 사회보다 훨씬 더 살기 좋다는 것은 자명하기 때문이다.[4] 그러나 결혼제도와 무관하게 남성 생계부양자가 없이 독립 가구에서 살아가는 여성의 삶은 여전히 사회적 불평등과 불안정한 독립의 상태에 놓이거나 불운하고 불행한 경험으로 쉽게 치환된다. 이러한 '불행'은 어떠한 맥락에서 개인적인 경험이 아닌 사회적인 의제가 될 수 있으며, 소수자의 삶의 아카이브로 연결될 수 있을까?

불행의 아카이브1: "폐를 끼쳐 미안하다"

불행을 개인의 문제로 돌리고 죄책감을 갖게 하는 '정서적 변환'*의 구조 속에 한부모여성의 삶이 존재한다. 2023년 2월 생활고에 시달리던 70대와 40대 모녀가 "폐를 끼쳐 미안하고 또 미안하다"라는 유서를 남기고 자살한 사건이 있었다.[5] 홀로 자녀와 생활

---

* 사라 아메드는 여성, 퀴어, 이주자 등이 경험하는 불행이나 비참함의 역사는 사회구조적인 문제이며 갈등, 폭력, 권력의 문제를 "개인의 감정의 문제"로 돌리는 "정서적 변환"에 주목해야 한다고 주장한다. 박미선, "행복을 통한 규율과 '정서적 변환'의 정치 비판", 「도시인문학연구」 8권 2호, 서울시립대학교 도시인문학연구소, 2016, 62쪽.

하는 가난한 여성들에게 이 사건은 예외적인 것이 아니라 복지정책의 까다로움을 보여 주는 잔혹한 현실이다. 누구에 대한 원망도 아닌 "폐를 끼쳐 미안하다"라는 말은, 이 사회가 지속적으로 빈곤을 개인의 책임으로 돌린 '정서적 변환' 속에서 나오는 '사회적인 감정'임이 자명하다. '취약가족', '위기가족'이라는 말이 일상화된 사회에서 가난은 정상가족 밖에서 경험하는 예외적인 사안이 될 수밖에 없고, 빈곤 해소는 사회적이고 공적인 의제가 아닌 가족의제로 간주되는 것이다.

이렇듯 죽음을 통해서 가시화되는 불평등은 2020년 여성 가구주의 빈곤율이 32.6%에 이르고 남성 가구주(12.1%)에 비해 세 배 가까이 높게 나타나는 데에서도 드러난다. 여성 1인 가구의 빈곤율 또한 55.7%로 남성(34.5%)에 비해 훨씬 높게 나타난다.[6] 여성이 경험하는 경제적 불평등은 특정한 생애 국면에서 맞이하는 일시적인 경험이 아니라, 젠더화된 삶과 낮은 지위의 역할을 강제하는 이성애 가부장제 가족제도의 산물이라고 볼 수 있다.

이혼한 여성에 대한 빈곤 분석에서 정재원(2010)은 '숨겨진 빈곤'이라는 개념을 통해서 빈곤을 결과outcome가 아닌 과정process으로 접근하고 있다.[7] 이 개념은 여성 가구주의 빈곤이 남성 생계부양자를 잃어버리는 결과로만 생긴 것이 아니라, 어린 시절부터 가족과 맺은 관계, 남성에 비해 낮은 자원의 분배, 결혼생활 안에서 누적된 성별 분업화된 권력관계의 체화 등 성장 과정에서 차등적으로 주어진 권력자원의 차이와 위계에서 비롯된다고 설명한다. 한부모여성의 경우에도, 노동하고 생존하는 주체로서의 삶은 부차적인 것으로 여기고 여전히 아내와 어머니로서의 역할을 일차적인 정체성으로 간주하는 사회에서 빈곤은 예외적인 상황이 아닌 주요한 삶의 조건이 된다.[8]

한부모여성이 경험하는 삶의 불안정성은 정부가 엄격한 수급 자격 기준이나 지원 대상의 축소 등을 통해서 '잔여적 여성양육자 모델'을 고수하는 것과도 연결된다. 한부모가족지원법에 따르면, 중위소득 63% 이하(2020년 2인 가구 기준 179만 원)의 저소득층이어야만 법정 한부모가족 지위를 얻고 중위소득 52% 이하(155만 원)여야 지원을 받을 수 있다.[9] 소득을 기준으로 수급 자격이 엄격하게 부여되기 때문에 기초수급을 받는 경우에도 수급액이 적을 수밖에 없고 빈곤의 대물림으로 이어질 가능성이 짙다.

2024년 한국한부모가족협회에서 비혼모 120명을 대상으로 양육 과정의 어려움에 대한 조사를 진행하였는데 조사 대상의 70%가 기초생활수급자였다. 이들은 생계비 117만 원과 아동양육비 21만 원을 합쳐 월 138만 원을 받았는데, 이 금액은 2024년 최저생계비 220만 원(2인 가구 기준)에 한참 못 미치는 액수이다.[10] 위의 조사에 따르면 비혼모들은 직장에서 '비혼모'라는 사실로 인해 차별을 경험했고, 자녀를 돌보면서 일하느라 '괜찮은' 직장을 포기해야 하는 불안정한 노동지위에 놓여 있었다. 또한 2022년 통계청의 〈인구총조사〉를 보면, 비혼모를 20대나 나이 어린 여성으로 보는 사회적인 시선과 다르게 40대 비혼모가 36.2%로 가장 많았다. 출산과 양육으로 사회적 경력이 단절되어 빈곤을 경험할 가능성 역시 큰 것이다.

불행의 아카이브2: 잔여적인 삶

이렇듯 한부모여성에게 동등한 사회구성원으로서의 삶이 아닌 '잔여적인 삶'을 강제하는 사회정책은 어떻게 만들어졌을까? 지금까지 한국사회의 한부모가족 지원정책은 국가의 개입이나 역할을 최소화하고 최저생계만 지원하는 잔여적인 성격의 복지체계를 통해서 이어졌다. 이러한 정책은 사회적 재생산의 책임을 일차적으로 가족, 공동체 및 민간시장을 중심으로 강화하며, 까다로운 자격심사를 통해 수치감을 일으키면서 수급 대상자가 권리를 갖지 못하게 만든다.[11]

잔여적인 삶을 강제하는 복지제도의 구축은 사회적인 연대와 보편적인 권리의 확장이 아닌 중산층·고소득층 중심으로 사회정책을 펼쳐 온 역사와 만난다. 예를 들면, 공무원연금법(1960), 군인연금법(1963), 사립학교교직원연금법(1973) 등이 다른 복지제도보다 먼저 제정되었고 국민기초생활보장법은 IMF 경제위기 이후인 1999년에 만들어졌다는 것은 국가가 어떤 집단을 우선적으로 챙기는지를 잘 보여 준다.[12] 복지의 대상이 '가난한' 집단이 아니라 자산이 있는 중산층 이상이었다는 점에서 누가 복지에 '의존'하는지 다시금 질문하게 된다.[13]

이렇듯 한국사회에서 정상가족 이데올로기는 이성애-결혼-출산 중심의 가족 형태를 의미할 뿐 아니라, 성장주의와 발전주의에 기반을 둔 중산층·고소득층을 중심으로 가족의 생존전략을 모색해 온 역사를 의미하기도 한다. 결국 한국사회의 복지는 취약한 삶을 개선하는 복지가 아니라 취약한 삶에 적응시키고 더욱 취약하게 만드는 복지임을 알 수 있다.[14] 이는 돌봄과 생존의 주체로서의 한부모여성의 삶이 중요하지 않은 것으로 여겨지고 복지의 수혜자로, 의존자로 '쉽게' 호명될 가능성이 짙은 사회를 의미한다.

불행의 아카이브3: 건강하지 못한 삶으로 간주되는 낙인

한부모여성을 돌봄과 생존의 세계를 만들어 가는 주체가 아닌 사회에 이롭지 않은 가족으로 쉽게 단정하는 기저에는 '건강한' 가족과 그렇지 않은 가족을 규정하는 건강가정기본법이 존재한다. 2004년 제정된 건강가정기본법은 한국 역사상 최초로 가족을 단위로 제정된 기본법이었지만, 이 법의 기초적인 성격을 어떻게 규정할지는 정치적이며 논쟁적인 사안이었다. 건강가정기본법은 "급변하는 현대 사회에서 제기되는 가족의 문제를 예방·해결하고 건강한 가정을 구현하기 위하여 가정 중심의 통합적 복지서비스 체계를 확립"하려는 이유에서 제정되었는데,[15] 이 법이 가족 문제의 원인을 무엇으로 보았는지는 당시 보건복지부 장관의 발언을 통해서 일부 파악할 수 있다.

(…) 1년에 버려지는 아이들이 1만 명이 넘습니다. 그런데 그중의 반 정도는 이혼해서 버려지는 아이들이고 반 정도는 미혼모입니다. 현재

사실혼이라고 하는 것을 인정하자는 사회 풍토가 있는데 사실혼이라는 것은 결혼하지 않고 사는 것입니다. 그리고 아이를 낳고 그 다음에 살기 싫으면 헤어지면서 아이들을 버립니다. 그래서 보건복지부로서는 이렇게 버려진 아이들을 감당하기에는 너무나 힘든 여러 가지 상황에 처해 있습니다.

김혜경(2005)은 건강가정기본법이 이혼 및 비혼 가구의 증가와 '미혼모'를 사회적인 위기의 원인으로 소환하며 제정되었다고 비판하면서 그 근거로 위 발언을 인용하고 있다.[16] 이 발언을 통해 법 도입 당시부터 엄청난 반대가 있었음에도 가족의 범위를 '혼인·혈연·입양' 관계로만 축소한 이유가 무엇인지, 그리고 무엇을 '건강하지 못한' 상황으로 보며 그 상황을 어떻게 해결하고자 하는지를 알 수 있다. 또한 아동에 대한 돌봄은 가족의 책임이며, 그러한 책임을 강제하는 것이 건강한 가족의 목적이라는 점도 확인할 수 있다. 결국 건강가정기본법에서 가족의 범위를 혼인·혈연·입양 관계로 제한하는 것은 국가가 정한 건강한 가족 범위를 통해서 돌봄이나 경제적인 위기를 해결하고자 하는 욕망을 드러내는 것이며, 그것이 국가의 복지 부담을 줄일 수 있는 최선의 상황이라고 생각했음을 알 수 있다.

건강가정기본법이 제정될 당시부터 많은 반발이 있었던 이유는 이 법이 무엇이 이상적인 가족인지, 누가 이상적인 시민인지, 누가 사회적으로 이로운 존재인지를 판단하면서 시민이 차별에 연루될 가능성을 짙게 만들기 때문이다. 건강가정기본법의 목적은 사적인 관계에서 가족의 범위가 어디까지인가를 정하는 데 있는 것이 아니라 국가가 시민의 삶을 실질적으로 지원하는 데 있다. 가족의 역할이 아니라 사회와 정부의 역할을 규정하는 기본법의 성격을 갖는다는 것이다. 이 법은 주거나 경제생활과 같은 모든 시민의 기초적인 일상을 지원하는 사업 내용을 규정하고 있다. 그러므로 현행 건강가정기본법상 가족의 정의를 폐지하지 않는다면, 법률혼과 혈연 외의 대안적 관계로 맺어져 상호 부양과 돌봄을 실천하고 있는 수많은 가구를 불합리하게 차별하는 결과를 낳게 될 것이 자명하다.[17] 결혼제도 밖에서 자녀와 함께하는 한부모가족 또한 여전히 정상가족과 분리된 위기가족으로 규정될 가능성이 많다.

이렇듯 사회에 이로운 가족과 그렇지 않은 가족을 구분하면서 복지 대상을 선별하는 정책들은 사회적인 연대와 공공성을 주변화하는 신자유주의적인 흐름과 만나며, 복지정책의 대상자에게 강력한 낙인을 경험하게 한다. 한 예로, 미국에서 1996년에 통과된 '개인 책임 및 노동 기회 조정법'은 1980년대 이후 신자유주의 시장 경제의 확산으로 인한 보수 우파의 공세에 의해서 제정되었다. 이 법을 통해서 '부양 자녀가 있는 가족 지원AFDC'에서 '빈곤 가정을 위한 임시 지원TANF'으로 정부의 지원정책이 변화되었다. 보편적인 복지가 아니라 선별적인 복지에 기반하여 개인 책임을 강조하는 과정에서 한부모여성에게 엄청난 낙인이 가해졌고, 제대로 책임지지 못할 출산을 하고 부도덕한 삶을 산다는 비난이 반복되었다.[18] 이처럼 가난한 집단을 호명하고 선별하는 복지가 결국 가난과 가난한 여성에 대한 낙인과 연결되면서, 보수 우파의 가족주의는 정상가족 밖에서의 삶에 대한 낙인을 통해서 정상가족 안의 질서를 유지하는 장치임을 보여 주었다.

복지 대상이 낙인화되면 될수록 역설적으로 복지 축소의 근거가 되고, 국가가 아니라 개인이 삶을 책임져야 하는 개별화된 역할이 강화된다. 이러한 낙인은 한국사회의 복지체계와 깊숙이 연결되어 있다.[19] 복지 대상자가 수치심을 갖지 않고 '취약가족'임을 증명하지 않아도 복지를 누려 본 최초의 경험은 역설적이게도 코로나19 상황에서 지급된 1차 긴급재난지원금이었다. 어떠한 수급 자격도 추궁받지 않고 경험한 '보편적' 복지에 대해, 유지영(2021)은 한부모여성들이 "가난을 증명하지 않아도, 수급의 경계를 넘나들며 급여를 애타게 요청하지 않아도 현금을 받았던 편리함"과 "세금 부담자들로부터 복지 의존자로 취급받았던 시선에서 온전히 해방되었던 자유"를 경험했다고 말한다.[20]

가족 변동 속에서도 여전히 지속되는 가족의 정상성은 한부모가족이 경험하는 차별의 현주소를 드러낸다. 특히 한부모여성은 지역, 이웃 관계, 직장 등에서 가족상황 차별, 돌봄·부양 책임으로 인한 정신적인 압박, 경제적 빈곤, 시간 빈곤을 경험한다.[21] 한부모여성에게 강제된 '불행의 아카이브'는 개인의 속성이 아니라 사회적인 불평등과 연결되는 생애를 의미하며, 가부장제 질서 밖에서 만들어 온 삶의 취약성과 생존의 생태계를 반영한다. 무엇보다, 삶의 주권으로부터 미끄러지고 사회로부터 '보호받지' 못하는 소수자들의 삶의 연결성을 드러낸다. 가족의 정상성이 혼인·혈연·입양 관계로만 규정되는 사회에서 '보호받을 수 있는 시민은 누구인가?'를 질문했을 때, 시민이 삶에서 경험하는 가족의 범위와 국가가 상정하는 범위의 실제적인 간격이 상당히 크다는 것을 확인할 수 있다.

'요보호여성'으로서의 한부모여성 되기와 '정상인구'의 구축

우리 곁의 많은 여성은 쉬지 않고 일하고 누군가를 돌보면서 삶을 재생산하는 주요한 역할을 담당해 왔다. 그런데 왜 그들은 의존적인, 그리고 순응적인 존재로 재현될까?

한국사회의 가족제도는 남성 가장의 부양 밖에 존재하는 여성에 대한 강력한 낙인뿐만 아니라, 가부장제를 교란하는 여성에 대한 처벌의 가능성을 통해서도 여성의 노동과 생존의 세계를 보이지 않게 만들었다. 남성 가장이 부재한 여성에 대한 낙인은 '요보호여성'이 구성되는 사회적인 맥락과 분리되지 않는다. 황지성(2020)은 한국전쟁 이후 전쟁미망인으로부터 시작된 요보호여성의 범위는 다양한 여성들로 확대되었지만, 실질적으로 여성의 권리가 확장한 것이 아니라 이 또한 정상가족 밖에서 존재하는 여성에 대한 처벌의 가능성과 낙인을 공고히 해 온 '형벌-복지' 체계에 기반해 왔다고 분석한다.[22] 예를 들어, 1961년에 제정된 윤락행위등방지법은 가난한 여성을 윤락행위를 할 가능성이 많은 여성으로 규정하며 "윤락행위를 하게 될 현저한 우려가 있는 여자(요보호여자)를 선도보호" 하는 것으로 법의 목적을 규정하고 있다. 김대현(2021)의 분석대로, 윤락행위의 가능성을 지닌 여성을 요보호여성으로 규정하는 것은 그를 정신적·사회적인 병리화의 대상으로 삼아 통치하는 과정을 의미한다.[23]

결국 요보호여성이라는 범주는 제도적·사회적으로 가난한, 집을 떠난, 남편이 없는 여성을 호명하며, 동시에 가난 속에서 생존해 온 여성의 노동을 병리화·낙인화하면서 보이지 않게 만드는 기제로 작동하는 것이다. 또한 '정상가족', '정상출산', '정상양육'을 수행할 가능성이 있는 이성애-중산층 여성과 이미 그것을 수행할 가능성이 부재한 '자격 없는' 여성의 삶을 구분하면서 구성되는 위계적인 젠더 규범이기도 하다.

이렇듯 성적 낙인, 빈곤, 젠더체제가 교차되면서 작동해 온 정상가족 질서는 여성의 삶의 자리를 이성애 가부장제 가족 안에서의 역할로 한정한다. 1989년 한부모여성을 지원하기 위해서 최초로 제정된 모자복지법도 이러한 가족질서를 유지하는 근간으로 작동해 왔다. 모자복지법에서 규정하는 모자가정의 '모母'는 남편이 없는 경우뿐만 아니라 남성이 가장 역할을 못하거나 "정신 또는 신체 장애로 인하여 장기간 노동 능력을 상실한 배우자를 가진 여성"의 경우까지 포함하고 있다(제4조). 이 법이 '배우자가 있어도 생계를 책임져야 하는 여성'을 포함하고 있다는 것은 모자가정이 남성 생계부양자 모델이라는 보편적인 가족질서에서 예외적인 상황, 즉 잔여적인 위치로 규정되고 있음을 보여 준다. "남성이 없는 가난한 계급의 미혼여성과 미망인들에 대한 도움으로부터" 출발해 온 초기의 여성정책 또한 이성애 가부장적인 가족제도와 연결된다.[24]

이처럼 의존할 남성이 없는 '불온한' 여성이 삶을 재생산하기 위해서 수행한 노동, 돌봄, 관계성은 부차적인 가치로 간주된다. 그러나 남성이 경제적인 주체이고 여성이 의존자이자 보조자라는 규범과 다르게, 한국전쟁 이후 많은 가족은 남성이 집에서 가장 역할을 하지 못하는 모중심가족matrifocal family이었다.[25] 이후 압축적 산업화 속에서도 남성의 40%만이 고용 상태를 지속해 왔다는 것은 남성 생계부양자 역할이 실제라기보다는 이데올로기 측면도 강함을 보여 준다.[26] 결국 모자가정은 예외적인 형태가 아니라, 삶이 이어지고 재생산되는 한국사회의 모든 영역에서 주도적인 역할을 했음을 알 수 있다.

이성애 가부장제 가족질서를 공고히 하는 호주제가 폐지된 이후에도 여성은 '가족을 구성할 권리'의 주체가 되지 못하고 있다. 자녀와 가족을 꾸리고 살아가지만 여전히 주체가 되지 못하는 상황은 2021년 비혼모 지원시설을 방문한 한 정치인의 "정상적인 엄마가 별로 많지 않은 것 같다"라는 발언을 통해서도 엿볼 수 있다.[27] 정상적인 엄마와 그렇지 않은 엄마라는 구분은 가족을 구성할 권리와 재생산권이 침해되는 상황을 보여 주며 '누가 시설에 머물러야 하는가?'라는 중요한 질문을 던진다.

2002년 모자복지법이 모·부자복지법으로 개정되고, 2003년 '미혼모'에 대한 지원이 시작되었으며,[28] 2007년 모·부자복지법이 한부모가족지원법으로 변경되었지만, 여전히 한부모여성이 지역에서 자립할 수 있는 토대를 갖추기보다는 이용자도 많지 않은 시설 중심의 정책이 유지되고 있다. 2020년 기준 서울시의 한부모가족 지원사업 예산이 648억 원이고 그중 118억 원이 시설 26곳에 배정되고 있지만, 복지시설을 이용하는 한부모 가구는 230세대로 지극히 소수이다. 서울시에서 시설에 118억 원을 사용한 반면, 시설 밖 한부모를 지원하는 데에는 13억 원밖에 책정하지 않았다는 것은 시설 중심의 사회를 유지해 온 가족제도를 드러낸다.[29] 나아가 시설 중심의 정책은 여성뿐만 아니라 아동에게도 강제되면서 '보호'의 이름으로 시설화가 정당화되고 있다.[30]

시설 중심의 복지가 가능한 것은 시설화의 문제를 시설 안에서의 인권침해나 강압성의 측면으로 한정했기 때문이며,[31] 근본적으로 '왜 정상가족 밖에서 살아가는 존재, 정상가족을 만들 수 없는 존재는 시설로 보내지는가?'라는 질문을 누락해 왔기 때문이다. 지금까지 정상가족은 시설에 할당되는 '낙인화된 몸', '불구화된 몸'을 통해서 작동해 왔다. 이는 성적 낙인의 대상이 누구인지, 사회에 이롭지 않은 존재가 누구인지를 지속적으로 분류해 온 '감금회로망'과 교차한다.[32] 이렇듯 평등한 시민으로 사회에서 함께 살아가는 정주성을 가로막는 '시설사회'는 지속적으로 소수자를 결핍된 존재로 호명하며 강제된 삶과 관계를 떠나지 못하게 하는 사회구조를 의

미한다.[33]

보호라는 이름의 폭력, 보호출산제

2024년 7월 19일, '위기임신 및 보호출산 지원과 아동보호에 관한 특별법'이 시행되었다. 이 법은 가난한 여성들이 출산하는 것을 숨기거나 양육을 원하지 않을 거라는 '국가의 판단' 아래, 산모의 출산 기록을 지우고 아동을 시설과 위탁가정으로 보내어 아동을 보호하고 여성을 '위기'에서 구원하겠다고 선언하는 법이다. 국가가 기존에 낙태죄를 통해서 여성에게 '음지의 낙태'를 강제한 것과 마찬가지로, 출산과 양육을 수행할 조건을 갖지 못한 여성의 취약한 삶의 조건을 바꾸어 내는 것이 아니라 '음지의 출산'을 장려하는 것이다. 이를 '보호'라는 이름으로 버젓이 시행하는 잔인한 사회에 우리는 살게 되었다. 이러한 사회에서는 여성만이 권리를 갖지 못하고 추방되는 것이 아니라, 아동 또한 어디에서 머물고 누구와 함께 살며 친밀한 결속을 맺을지 보이지 않는다는 점에서 사회로부터 추방될 가능성을 갖는다. 여성의 권리와 아동의 권리는 분리된 것이 아니라 상호적으로 연결된다는 점에서 이 법은 여성과 아동 누구도 제대로 보호하지 못할 수밖에 없다.

어떤 여성이든 자녀와 함께 살 수 있는 사회를 만들어야 하는 이유는 '혈연관계'라서가 아니다. 익명으로 자행되는 보호출산제에 반대하는 것은 출산한 여성이 무조건 자녀를 양육해야 하는 혈연 중심성에 기반을 둔 강제적인 모성을 강조하기 때문이 아니다. 보호출산제에 대한 문제 제기의 핵심은, 어떤 여성이 자녀를 양육할 수 있는 주체가 될 수 없고 자유롭게 가족을 구성할 권리가 없다고 미리 규정하는, 우생학에 기반을 둔 국가의 도구적인 인구정책에 저항하는 것이다. 지금까지 가난한 여성, 장애여성, 청소년 비혼모 등은 자녀를 돌보고 함께 거주할 권리를 빼앗기고, 자녀를 강제적으로 시설과 해외로 보내는 국가폭력을 당해 왔다. 이 모든 일이 국가의 '도움'과 '보호'라는 이름으로 자행되어 왔다.[34]

국가는 우생학에 기반한 인구정책의 기조 아래, 가난한 십 대 여성은 출산 사실 자체를 숨기려 할 것이라고 전제하고 있다. 그러나 그것은 국가의 욕망이지 실제 임신한 여성의 욕망으로 단언할 수는 없다. 한 예로 청소년·여성단체들이 모여 진행한 보호출산제에 관한 간담회를 살펴보면, 십 대 여성들은 출산 사실이 공개되는 것을 부끄러워하거나 그 사실을 비밀로 삼고자 하기보다 출산 후의 보이지 않는 미래, 보이지 않는 양육을 위한 자원을 더 중요하게 언급하고 있다.[35] '보이지 않는 미래'를 '가능한 미래'로 만들려면 가난한 존재들의 출산과 삶을 감추는 것이 아니라 임신과 출산이라는 이유로 학교나 집에 머물 수 없게 하는 사회를 바꾸어야 한다. 가족을 떠나서는 생존을 어렵게 하는 '생존의 물적 토대로서의 가족주의' 사회를 퀴어링하는 정치적인 과정이 필요하다. 나영(2024)은 "누구도 보호하지 않을 보호(익명)출산제, 무책임한 국가가 불러올 무책임한 미래"라는 글에서 임신중지나 양육 지원을 위한 제도적인 변화를 차단하는 익명출산제가 아니라 "포괄적 성교육, 피임과 임신중지에 대한 지원서비스 및 보건의료 시스템의 구축, 일시적·단편적인 양육보조금 지원이 아닌 실질적인 주거와 학습, 노동 지원에 정부의 예산과 역량을 투여"해야 한다고 주장한다.[36]

"여성의 양육 포기를 국가가 지원"[37]하는 것을 가족정책으로 칭하는 사회에서, 결혼 여부와 무관하게 아이를 잘 키우고 함께 머물 수 있는 권리를 갖는 것은 가족정치의 중요한 장이자 가부장제 가족질서와 불화하는 저항의 장일 수밖에 없다. 재생산 권리, 가족을 구성할 권리가 부재한 자리에서 어떻게 새로운 연결과 삶의 가능성을 모색할 수 있을까? 그것은 "가족제도 바깥의 존재와, 관계와, 장소가 있다"는 것을 인식하고, "종종 혹은 자주 거기에 진짜의 삶이 있다"는 것을 기억하고, 국가의 통치나 명령을 "거부한 삶들"이 만들어 내는 퀴어가족정치의 장으로 연결되는 과정을 요청한다.[38]

취약한 가족다양성이 아닌 가족을 구성할 권리의 평등을 요청하며

가족을 구성할 권리의 평등을 요청한다는 것은 어떤 의미인가? 지금까지 한국사회가 유지하고 보호해 온 것은 여성도 아동도 아니며, 이성애 가부장제에 기반을 둔 결혼제도였다는 것이 자명하다. 출생하는 아이가 혼외자인지 아닌지 출생기록부에 체크해야 하는 사회에서 재생산 정의는 불가능하고, 존엄한 환대에 기반을 둔 가족을 구성할 권리는 요원할 수밖에 없다. 결국, 홀로 자녀를 돌보는 여성은 기존의 이상적인 가족과 '동일시'하는 것이 아니라 한국 사회에서 '좋은 삶'이라고 정의되어 온 이성애 중산층 중심의 핵가족 모델에 대항하는 정치화를 통해서 가족을 구성할 권리에 당도할 수 있다.

이를 위해, 국가나 자본에 의한 착취를 정당화하고 위계적인 관계를 이상적인 삶의 모델로 상상하는 "제국적인 삶의 양식"[39]을 바꾸어 내는 것뿐만 아니라, 새로운 방식의 물질적·사회적 관계를 통해 정상가족 밖에서 돌봄과 양육의 가능성을 모색하고 실천하는 '커머닝commoning*'의 관점이 필요하다. 커머닝의 관점으로 생존의 세계를 모색하는 것은 기존과는 다른 방식의 삶을 연결하고, 전수되는 삶의 조건을 가시화하는 것이다.

일례로 언제나 약한 존재로, 돌봄을 받는 존재로 재현되는 장애여성은 장애의 극복을 요구받았을 뿐, 누군가를 돌보고 양육하고 새로운 방식으로 생존하는 방식을 전수하는 존재로는 출현하지 못

---

* 커머닝은 "민중의 살림살이에서 중요한 것은 혈통이 아니라 같은 생활권에서 함께 부대끼며 살아가는 동물과 식물을 포함한 이웃들이고 그들과의 관계"라는 점에서 함께 나누는 활동, 서로 섞이며 생성되는 커먼즈commons의 세계를 의미한다. 자본주의 사회에서는 모든 것이 소유관계 안에 존재하는 것처럼 보이지만, 커먼즈의 세계는 서로 계산 없이 섞이는 관계들이 생명의 핵심적인 가치라는 점을 드러낸다. 한디디, 『커먼즈란 무엇인가』, 빨간소금, 2024, 56쪽.

했다. 장애인 당사자로서 장애가 있는 두 딸을 키우는 경순은 "장애와 살아가는 삶을 물려주기"라는 글에서 "질병과 장애가 있는 몸으로 서로를 지원하며 자존심을 잃지 않고 살아가는 원칙"을 대물림하는 것을 양육할 때 가장 중요하게 고려했다고 말한다.[40] 그러면서 극복서사에 동원되는 장애인이 아닌 삶의 방식을 세대에 걸쳐 전수하는 존재로서 장애인의 양육의 의미를 전한다.

비혼모의 공동육아기를 다룬 책 『침몰가족』(가노 쓰치, 정은문고, 2022)에서는 '쓰치'라는 아이를 출산한 비혼모가 자신의 자녀를 함께 보살필 돌보미를 모집하기 위해 전단지를 뿌린다. 전단지에는 양육과 돌봄을 공동으로 시도하는 이유가 이렇게 적혀 있다.

> 나는 쓰치를 만나고 싶어서 낳았습니다.
> 집에 틀어박혀 종일 가족만 생각하느라
> 타인과 아무런 교류도 없이 살다가
> 아이는 물론 나 자신까지 잃어버리고 싶지 않습니다.[41]

이 절박한 요청처럼, 어떻게 하면 출산을 했다는 이유로, 돌봄이 필요하다는 이유로, 가족을 만들었다는 이유로 타인과 고립되는 삶을 살지 않을 수 있을까? 이러한 정치적인 질문을 사회가 온전히 받아안을 때, 한부모여성은 강제된 돌봄과 양육, 불안정한 생존의 세계에 갇힌 삶이 아니라 새로운 돌봄, 연결, 관계를 상상하고 다른 이들과 함께 만들어 가는 삶을 시작할 수 있을 것이다.

현재 사회적으로 언급되는 '가족다양성'은 더 이상 생존을 책임질 수 없는 기존 가족의 변동을 의미한다. 남성 생계부양자-여성 전업주부 모델에 기반을 둔 생존 방식과는 다른 방식의 생애 모델을 구축하는 사람들이 출현하는 것이다. 이제 기존 가족주의의 변형이나 위기가족, 취약가족의 완곡한 표현으로서의 가족다양성이 아닌, 새로운 의미의 가족다양성을 구성해 나가야 한다. 사회적인 의제로서의 돌봄, 연결, 관계의 확장을 통해서 어떤 가족상황이든, 누가 자녀와 함께하든 가족을 구성할 권리가 확보되는 사회가 가능할 것이다. 이를 위해서는 혈연관계 안에서도 혈연을 넘어서도 상호돌봄이 충분히 가능한 사회적 안전망이 필요하다.

무엇보다 가족을 구성할 권리는 출생부터 죽음까지 인구를 선별하고 위계화하는 차별에 반대하는 일과 연결되며, 어떤 가족상황에 놓이더라도 사회적 연대와 상호의존이 가능한 물적 토대를 확보하는 일과 만난다. 결국 한부모여성의 삶을 정치화하는 것은 가족정치, 성정치가 교차적으로 작동하는 사회적인 불평등을 드러내는 것이며, 가부장제 가족질서 밖에서 불안정하게 생존해 온 삶의 의미를 집단적으로 공유하는 과정이다. 한부모여성의 가족을 구성할 권리는 말뿐인 가족다양성을 넘어 충분히 서로를 돌보고 의존할 수 있는 사회를 만들어 가는 정치적인 과정이며, 가부장제 '너머'를 꿈꾸며 다양한 연대의 장을 확보하는 실천적인 여정이다.

비혼 단독 출산으로 보는 여성의 재생산 권리

국가의 시민권 박탈 과정 속 비혼화를 중심으로

/

김소형

2020년 방송인 사유리 씨의 비혼 출산은 당시에 작지 않은 파장을 일으켰다. 각종 미디어에서 결혼하지 않은 여성의 단독 출산을 다루면서 기사는 점차 연예면에서 사회면으로 옮겨 갔다. 물론 이전에도 혼인하지 않은 여성이 단독으로 출산하는 경우는 있었으나 여성들의 비혼 증가, 임신중지를 포함한 여성의 재생산 권리에 대한 대중적인 관심이 높아진 현상과 맞물리며 사유리 씨의 비혼 출산은 상징적인 사건이 되었다. 그 이후부터 현재까지 비혼여성의 출산을 둘러싼 여러 기사 중에서 가장 인상 깊었던 것을 꼽으라면, 2007년에 이미 단독 출산을 한 바 있는 방송인 허수경 씨와 비혼 출산을 함께 이어 내며 여성의 재생산 권리와 욕망을 다룬 기사이다.[1] 여성의 재생산 권리와 욕망은 그만큼, 아니 그보다 오래된 이슈임을 알게 해 주기 때문이다.

여성의 인권은 나아지고 있는 걸까? 여성의 재생산 권리를 '비정상'이라 규정하며 이성애 중심이 아닌 결합을 '비정상가족'이라 부르는 폭력적인 사회는 바뀌고 있는 걸까? 일상에서 크고 작은 좌절이 반복되는 매일이지만, 그럼에도 2007년의 사회적 분위기와 현재를 비교해 보면 모든 영역에서 마냥 뒷걸음치지만은 않은 듯하다. 물론 그때나 지금이나 해묵은 소리를 하는 사람은 여전히 있다. 남편 없이 자녀를 낳기로 결심한 여성에 대해 "부계를 중심으로 하는 가족을 해친다"는 유교식 비난이 그러한데, 이에 타격 입을 여성은 이제 거의 없다. 마찬가지로 임신중지를 결정한 여성을 향한 비난 역시 유효하지 않은 사회이다. 2021년부터 임신중지는 더 이상 '범죄'가 아니기 때문이다.

그러나 정상가족을 규범화하는 국가 제도와 정책은 좀처럼 바뀌지 않는다. 한국에서 비혼여성의 단독 출산은 현재로서는 불가능한데, 대한산부인과학회의 '보조생식술 윤리지침'도 문제지만 이에 대한 책임을 지지 않으려는 보건복지부가 더욱 문제다. 학회 지침(2021)을 보면, 체외수정 및 배아이식, 정자 및 난자 공여시술에서 공통적으로 대상자의 조건을 "원칙적으로 부부(사실상의 혼인 관계에 있는 경우를 포함) 관계에서 시행되어야 한다"고 명시하고 있어 비혼여성의 재생산 권리를 배제하는 것은 사실이다. 하지만 엄밀히 말해 학회 지침은 법적 구속력이 없어 사실상 이 문제를 학회 소관으로 떠넘기려는 주무 부처의 무책임을 선행적으로 지적해야 한다. 이는 곧 국가가 여성의 재생산 권리를 인정하지 않는 것이자 신체에 대한 여성의 자기결정 권리를 침해하는 것이며, 나아가 비혼여성의 가족을 구성할 권리를 박탈하는 것이기도 하다. 가족 형태에 따른 차별은 여기서 멈추지 않는데, 출산 이후에도 국가는 가족법과 이에 근거한 노동·복지 등의 법에서 비혼여성이 동등한 사회구성원으로서 지니는 시민권을 계속해서 박탈한다.

사실 앞서 소개한 기사가 인상 깊었던 이유는 2000년대 중후반부터 2020년까지 비혼여성의 재생산 권리와 욕망을 응원하는 목소리를 커지게 만든 사회적 변화와 요인 들에 있다. 이를 경제적 관점에서 분석하는 작업은 반복적으로 등장하지만 세대론이나 남성 부양자 모델을 기반으로 하고 있기에 동의되지 않는 지점이 있다. 또한 여성의 현실을 반영한 분석이 누락돼 있어 실질적으로 이해하기 어려운 부분이 이따금 존재한다. 그래서 이와는 다른 식으로 접근할 필요가 있으며, 이 글에서는 비혼여성의 '재생산 권리'와 '욕망'에 좀 더 집중하여 살펴보고자 한다. 특히 절대적이었던 이성애 규범적인 관계 각본을 여러 각본 중 하나로 배치한 여성들이 욕망하는 관계와 친밀성을 어떻게 실천했는지[2] 그 변화에 주목하여 살펴볼 것이다.

따라서 이 글의 함의는 크게 두 가지이다. 먼저 2010년대 이후 뚜렷이 나타난 여성의 비혼 증가 현상이 국가의 정상가족 인구정책 및 여성 시민권 박탈 과정과 맞물려 있음을 알아보고자 한다. 다음으로 사유리 씨의 비혼 출산을 둘러싼 호응에 내재해 있는 몇 가지 쟁점을 살피며 여성의 재생산 권리를 시민권으로 바라보고자 한다. 이를 위해 최근 비혼 및 비혼 출산에 관한 인식이 어떻게 변화했는지, 그리고 성별과 혼인 상태에 따른 차이가 유의미한지 몇 가지 통계 자료를 통해 살펴보도록 하자.

비혼 및 비혼 출산에 관한 인식 변화

1990년대 여성주의 진영에서 시작한 비혼 운동[3]은 2010년 이후 여성 비혼의 대중적인 현상과 담론을 형성하는 데 주요한 영향을 미쳤다. 눈여겨볼 만한 점은 여성이 쓴 에세이를 중심으로 볼 때 비혼 및 비혼 출산 관련 서적이 2015년까지는 한 권도 없던 반면, 2016년부터 2022년까지는 총 26권 출간됐다는 것이다.[4] 이는 1997년 IMF 금융위기와 2008년 미국발 경제위기를 겪은 20~30대를 '청년'으로 묶어 내고 결혼을 '포기'의 항목으로 넣었던 (가족위기이자) 남성 중심의 관점으로는 설명될 수 없는 부분이다.

그렇다면 비혼 및 비혼 출산에 관한 사람들의 인식은 어떻게 변화하고 있을까? 이를 알아보기 위하여 통계청과 여성가족부의 자료를 참고할 수 있다. 먼저 통계청의 〈2022년 사회조사〉(2022) 중 "결혼에 대한 견해"를 살펴보자.

	해야 한다	해도 좋고 하지 않아도 좋다	하지 말아야 한다	잘 모르겠다
2020년	51.2	41.4	4.4	3.0
2022년	50.0	43.2	3.6	3.2
남성	55.8	37.7	2.8	3.8
여성	44.3	48.7	4.4	2.6
미혼남성	36.9	51.3	4.4	7.4
미혼여성	22.1	64.5	8.1	5.2

단위: %

표1. 결혼에 대한 견해[5]

 2022년 기준, 결혼을 "해야 한다"고 응답한 비율은 50.0%이며 "해도 좋고 하지 않아도 좋다"는 43.2%로 두 명 중 한 명만이 결혼을 해야 한다고 보고 있다. 2020년과 비교했을 때 "해야 한다"는 1.2% 감소했으며 "해도 좋고 하지 않아도 좋다"는 1.8% 증가하여 상반된 추이가 유의미하다. 성별에 따라 결혼에 대한 견해는 뚜렷한 차이를 보이고 있다. 남성의 경우 "해야 한다"는 비율이 55.8%이며 여성은 44.3%로 11.5% 차이가 난다. "해도 좋고 하지 않아도 좋다" 역시 여성이 남성보다 11.0% 높다는 점에서 여성이 결혼하지 않는 것, 즉 비혼에 대해 좀 더 개방적임을 알 수 있다. 미혼인 경우 그 차이가 더욱 벌어지는데 "해야 한다"고 응답한 미혼남성은 36.9%, 미혼여성은 22.1%에 그쳤다. "하지 말아야 한다"고 응답한 미혼여성이 8.1%로 미혼남성 4.4%보다 약 두 배 정도 많았다는 점도 흥미롭다. 이를 통해 비혼 현상이 여성을 중심으로 이뤄지고 있으며, 결혼

에 대한 반감 역시 남성보다 여성이 더 높음을 유추해 볼 수 있다.[6]

다음으로 비혼 출산에 대한 인식을 알아보기 위해, 여성가족부의 〈다양한 가족에 대한 국민인식조사〉(2021) 중 "결혼하지 않고 아이를 낳는 것"에 대한 조사 결과를 살펴보자.

단위: %

		수용	비수용
전체		49.0	51.0
성별	여성	50.8	49.2
	남성	47.2	52.8
혼인 상태	미혼	53.4	46.6
	유배우	46.9	53.1
	이혼·별거	52.3	47.7
	사별	50.0	50.0
	기타	33.3	66.7

표2. 결혼하지 않고 아이를 낳는 것[7]

비혼 출산에 대해 "수용할 수 있다"고 응답한 비율은 2019년 44.5%, 2020년 48.3%, 2021년 49.0%로 매해 늘어나고 있으며, 반대로 "수용할 수 없다"고 응답한 비율은 2019년 55.5%, 2020년 51.7%, 2021년 51.0%로 감소하고 있다.[8] 국민 두 명 중 한 명꼴로 비혼 출산을 수용하고 있음을 알 수 있다. 비혼에 대한 견해에서처럼 비혼 출산 역시 성별과 혼인 상태에 따라 같은 견해 차이를 보였다. 여성이 남성보다 비혼 출산 수용률이 3.6% 높았고, 혼인 상태 또한 미혼

일수록 수용률이 높았다.

　살펴본 통계 자료가 변화하는 사회 전체를 설명해 주지는 않더라도, 한국사회의 두 명 중 한 명꼴로 비혼 및 비혼 출산을 수용한다는 것은 현 가족제도에 구조적인 변화가 필요함을 단적으로 보여 준다. 전체 출생아 중 비혼 출산 비율이 프랑스의 경우 60%에 육박하며 스웨덴은 54.5%, 미국은 39.6%인데 비해 한국은 2.2%란 점에서,[9] 혼인을 중심으로 한 가족제도가 여성 출산의 '바깥'을 지워 내고 있다는 것을 알 수 있다. 그런데 국가는 왜 '가족제도'가 아닌 '결혼하지 않는 여성'을 저출산의 원인으로 문제 삼고 있을까? 비혼 출산에 더 많은 포용성을 갖고 있는 여성이 저출산 정책의 '문제'이기를 바라는 것은 아닐까?

국가는 '저출산 정책'을 통해 여성을 어떻게 바라보는가

저출산 정책을 통해 도구화되는 여성의 신체

　'인구절벽', '인구소멸' 등 불안감을 조성하는 인구위기 담론은 1990년대 중반 합계출산율*이 1.5명대 이하로 지속적으로 감소하며 등장하였다. 1980년대 후반까지 진행된 국가의 인구축소 정책과

---

*　여성 1명이 가임 기간 동안 낳을 것으로 예상되는 평균 출생아 수.

1990년대 후반부터 현재까지 진행 중인 인구증가 정책은 '가족정책'이란 옷을 두르고 이뤄졌다. 저출산 위기 담론이 가족정책에 본격적으로 개입하게 된 주요한 국면으로는 대통령 직속의 저출산·고령사회위원회와 2005년 제정된 저출산·고령사회기본법을 들 수 있다. 2021년을 기준으로 저출산 정책 예산은 46조 7000억 원이 쓰였다. 저출산·고령사회위원회가 생겨난 이후 약 15년간 380조 원이란 엄청난 예산을 쏟아부었으나 여전히 한국은 경제협력개발기구OECD 국가 중 가장 낮은 합계출산율에 머물러 있다.[10] 요컨대 혼인을 중심으로 한 정상가족 만들기 프로젝트와 이를 통한 국가의 저출산 정책은 철저히 실패한 것이다.

한편 인구 감소에 대한 불안은 '지역(행정) 소멸'로 이어지기 때문에 수도권, 비수도권 구분 없이 전국 지자체는 저출산 정책을 적극적으로 활용했다.[11] 그리하여 정부는 1) 저출산 정책에 따른 각종 사업이 지역별로 어떻게 진행되는지, 2) 정상가족을 기본으로 한 가족지원사업을 어디서 실행할 수 있는지, 3) (지자체 미혼 남성·여성의 결혼을 추진하기 위한 자료로서) 초혼 연령이 낮은 곳과 높은 곳은 어디인지, 4) 나아가 정상가족을 만들 수 있는 가임기 여성 인구가 적은 곳과 많은 곳은 어디인지를 한눈에 알아보기 위해 2016년 이른바 '대한민국 출산지도'를 만들게 된다.[12]

이듬해 정부 부처인 한국보건사회연구원에서 발표한 〈결혼시장 측면에서 살펴본 연령·계층별 결혼 결정요인 분석〉(2017) 역시 '대한민국 출산지도'와 마찬가지로 여성의 신체를 도구화하는 관점을 드러내 문제가 된 바 있다. 이 보고서는 미혼여성이 미혼남성이나 기혼여성보다 학력·학벌 수준이 높다는 점을 문제 삼으며 이 때문에 고학력·고소득 여성이 결혼에 '실패'한다고 설명하였다.[13] 고학력·고소득 여성은 남성의 학력이 낮다는 이유로 결혼하지 않는 것이라 규정하면서, 그에 따른 대안으로 학력이 낮은 남성과 결혼할 수 있게 하는 방안이나 불필요한 스펙 쌓기를 지양할 것을 제도적 차원의 정책으로 내놓기도 하였다.[14] 그로부터 7년 후인 2024년, 또 다른 국책 연구기관인 한국조세재정연구원이 남성의 발달이 여성보다 느린 점을 고려하여 '여성을 1년 먼저 입학시키는 방안'을 저출산 정책으로 내놓은 것[15]은 정말 코미디라 믿고 싶을 정도이다. 한국사회의 시간은 어느 시점부터 멈춘 게 아니라 뒤로 빠르게 돌아가고 있는 듯하다.

이렇듯 국가는 여성을 총체적인 인간이 아닌 저출산의 주범이자 '임신·출산하는 신체'로 바라보며 인구 증가를 위한 도구로 취급하고 있음을 숨기지 않았다. 2024년 6월, 윤석열 정부는 '인구 국가 비상상태'를 선언하며 저출산 위기를 해결하기 위해 인구전략기획부를 신설하겠다고 밝혔다.[16] 전혀 새롭지 않은 기존의 접근 방식을 그대로 반복했다는 점에서 여전히 우리는 대한민국의 실패한 저출산 정책을 목도하고 있다. 인간의 존엄보다 인구수를 중요시하는 국가의 입장 앞에서 '저출산' 현상이 '저출생'의 사회적 문제로 인식되는 날이 올 수 있을까.

여성의 재생산 권리를 박탈하는 국가

여성의 낳을/낳지 않을 권리와 연결돼 있는 모자보건법, 저출산·고령사회기본법, 건강가정기본법을 간략히 살펴봄으로써 국가가 여성의 재생산 권리를 어떻게 박탈하는지, 나아가 비혼여성의 가족을 구성할 권리를 어떻게 침해하는지 알아보자.

모자보건법은 1973년에 제정된 이후로 현재 저출산 정책에 이르기까지 여성의 임신과 출산에 국가가 개입할 수 있는 법적 근거로 활용돼 왔다. 국가는 1960년대부터 1990년대까지 증가하는 인구를 낮추기 위해 임신중지를 묵인하고 권장하는 정책을 펼쳤다. 오랜 시간 진행된 인구감소 정책에 따라 합계출산율이 떨어지자 1990년대 이후부터는 다시 정책의 기조를 '증가'로 바꾸고 임신중지를 규제하고 불법화하며 속도를 내기 시작했다. 하지만 이에 맞서 여성의 기본권 및 자기결정권을 침해하는 낙태죄의 폐지를 요구하는 운동이 벌어졌고, 2019년 낙태죄는 헌법재판소의 헌법불합치 결정으로 2021년 1월 1일부로 효력을 상실하게 되었다. 여성운동에 있어 낙태죄 폐지는 매우 중요한 성과임이 틀림없지만, 모자보건법 제14조 '인공임신중절수술의 허용한계'에서 여성의 재생산 권리와 자기결정권 측면에 대한 명시가 아직 이뤄지지 않아 보충되어야 할 한계를 갖고 있다.

한편, 모자보건법의 목적은 "모성 및 영유아의 생명과 건강을 보호하고 건전한 자녀의 출산과 양육을 도모함으로써 국민보건 향상에 이바지"하는 것이다(제1조). 이에 대해 김선혜(2020)는 "국민보건 향상"이 영유아의 건강에 중점을 둠으로써 여성의 건강은 부수적인 것으로 해석될 수 있다고 지적하며, 법이 저출산 인구정책을 통해 임신과 출산을 담당하는 자로 여성의 책무만을 강조하고 있음을 비판한다.[17] 신옥주(2020) 역시 법에서 말하는 '모성'에 문제를 제기하며, 출생아의 건강을 위하여 전제되는 가임기 여성의 건강과 여성의 출산을 중심으로 실행되는 가족정책들을 지적한다.[18]

앞서 언급했듯이 저출산·고령사회기본법 제정을 기점으로 국가는 막대한 예산을 통해 인구증가 정책을 실행하였다. 이 법 역시 모자보건법에서 그러한 것처럼 "국민은 출산 및 육아의 사회적 중요성과 인구의 고령화에 따른 변화를 인식하고 국가 및 지방자치단체가 시행하는 저출산·고령사회 정책에 적극 참여하고 협력하여야 한다"고 명시하며 이를 "국민의 책무"로 규정하고 있다(제5조 1항). "출산 및 육아의 사회적 중요성"이 의미하는 바가 뒤이어 나오는 "저출산·고령사회 정책"에 적극 참여하고 협력하는 것이라면, 이때의 사회적 중요성은 '출산'으로 해석될 여지가 크며 국민의 책무 또한 다름 아닌 '출산'임을 유추할 수 있다. 이어지는 제9조 1항에는 "국가 및 지방자치단체는 임산부·태아 및 영유아에 대한 건강진단 등 모자보건의 증진과 태아의 생명 존중을 위하여 필요한 시책을 수립·시행하여야 한다"고 명시돼 있다. 저출산·고령사회기본법 안에서 다시 모자보건이 활용되고 있음을 알 수 있으며,[19] 결국 이 법이 모성건강을 도구적인 관점으로 보는 모자보건법과 긴밀히 연결돼 있음을 파악할 수 있다.

모자보건법과 저출산·고령사회기본법을 통해 '여성의 낳지 않을 권리 박탈'과 '국가의 도구적인 인구정책'을 살펴봤다면, 건강가정기본법과 민법 제779조를 통해서는 '여성의 낳을 권리 박탈'과 '가족을 구성할 권리를 차별하는 국가'를 확인할 수 있다. 건강가정기본법 제3조에서는 가족을 "혼인·혈연·입양으로 이루어진 사회의 기본단위"로 규정함으로써 비혼·비혈연 가족을 배제하고 있다. 민법 제779조 역시 가족의 범위를 "배우자, 직계혈족 및 형제자매", "직계혈족의 배우자, 배우자의 직계혈족 및 배우자의 형제자매"로 하여 비혼여성의 가족을 주변화한다. 저출산 요인을 사회·문화·경제·정치·복지·교육 등 구조에서 찾는 것이 아니라 오로지 결혼·출산하지 않는 여성 개인에게 책임을 물으려 하고, 출산율이 낮음에도 '비정상적'인 출산·가족 형태는 배제하는 국가에게 우리는 무엇을 기대할 수 있을까. 요컨대 국가의 정상가족 만들기가 끝나지 않는 이상 비혼여성은 여러 제도에서 배제되어 연속적인 시민권 박탈을 당할 수밖에 없다.

비혼 정치 안에서 비혼 출산 바라보기

여성운동의 자장 안에 있는 비혼 정치

여성의 몸을 도구화하여 보는 저출산 정책이 드러난 2016년 '대한민국 출산지도' 사건을 전후하는 시점에서 여성의 결혼 견해,

특히 결혼하지 않은 여성의 결혼관이 어떻게 변화하였는지를 알아보기 위해 2010년부터 2018년까지의 통계치를 표3과 같이 구성해 보았다.

단위: %

			2010	2012	2014	2016	2018
하지 않는 것이 좋다	여성	전체	3.4	1.9	2.0	3.2	3.1
		미혼	4.1	2.3	2.4	5.1	5.6
	남성	전체	2.1	1.1	1.3	1.9	1.9
		미혼	2.1	1.4	1.3	2.5	3.1
하지 말아야 한다	여성	전체	0.6	0.3	0.4	0.6	0.7
		미혼	0.6	0.4	0.6	1.1	1.8
	남성	전체	0.4	0.2	0.3	0.6	0.4
		미혼	0.6	0.4	0.5	0.9	0.6

표3. 결혼에 대한 견해의 변화:
"하지 않는 것이 좋다"와 "하지 말아야 한다"의 경우[20]

표1과 같이 통계청의 〈사회조사〉 중 "결혼에 대한 견해"에 대한 응답을 성별과 혼인 유무별로 살펴보았는데, 결과는 예상이 가능하나 그 차이가 꽤 두드러진다. "하지 않는 것이 좋다"와 "하지 말아야 한다" 두 응답 비율 모두 남성보다 여성이 높은 것으로 나타났다. 그중에서도 미혼여성의 "하지 않는 것이 좋다" 응답 비율이 높은데, 2014년 2.4%에서 2016년 5.1%로 두 배 넘게 상승하였고 2018년은 5.6%를 기록하였다.

한국여성정책연구원의 〈여성가족패널조사〉에서도 미혼여성의 결혼 의향은 2012년부터 가파른 감소 추세에 있다. 2012년 65.7%가 "결혼 의향이 있다"고 응답했지만 8년 후인 2020년에는 절반 이하인 26.6%로 떨어졌다. 가장 큰 낙폭을 보인 때는 표3과 마찬가지로 2014년에서 2016년 사이이다. 2014년 59.8%에서 2016년 42.0%로 17.8%나 감소한 것이다. 그에 따라 "결혼 의향이 없다"고 응답한 비율 역시 증가하였는데 2016년에서 2018년 사이에 상승 폭이 가장 컸다. 2016년 22.4%에서 2018년 30.7%로 8.3% 증가하였다.

이와 비슷한 시기에 여성혐오 범죄인 강남역 살인사건, 소설 『82년생 김지영』(조남주, 민음사, 2016)을 둘러싼 '맘충' 비하, 남성들의 불법촬영 성범죄, 미투 운동 등을 겪은 여성들은 온라인 공유 및 해시태그 운동에서 오프라인으로까지 행동을 이어 나갔다. 한국사회에 만연한 성차별적 문화와 구조로 인해, 여성운동은 두터운 공통의 분모를 만들어 가는 동시에 서로 놓여 있는 현장과 환경에 따라 다양한 의제를 만들며 횡단하였다. 가부장적인 결혼제도에 대한 저항과 한국남성의 남성성에 대한 고발인 미러링 문화가 만나면서 비혼은 강력한 운동의 의제로 떠오르게 되었다.

여기서 잊지 말아야 할 점은 리부트된 여성운동이 말 그대로 부트boot하여 이어져 온 운동의 흐름 안에 놓여 있다는 것이며, 새로운 사유와 활력을 통해 다시 가열됐다는 것이다. 그런 맥락에서 사실 비혼여성은 리부트 이전부터 꾸준히 증가하고 있었다. 김순남(2016)은 이를 여성들이 이성애 관계에서 경험하는 갈등이 무엇이며 어떠한 관계의 친밀성을 욕망하는지 질문해야 하는 '시대 전환'으로 읽어야 한다고 설명한다.[21] 즉 가부장제에서 오는 성차별적인 관행, 여성의 신체를 도구화하는 국가의 인구정책, 그리고 정상과 비정상 관계를 나누는 가족제도는 비혼여성의 증가와 무관하지 않다는 것이다. 만약 비혼여성인 사유리 씨의 단독 출산을 둘러싼 사회적 여론을 '골드미스' 식의 경제적 능력주의 키워드로 분석한다면, 여성의 비혼 운동 및 비혼 출산을 포함한 재생산 권리 전반을 이해하기 어려울 것이다.

'능력 있는' 비혼 출산만 가능한가

그러나 대중들은 '비혼 출산'을 이전의 '미(비)혼모 출산'과 다른, 경제적인 능력이 동반된 출산으로 인식하고 있다. 2021년 서울시여성가족재단에서 실시한 비혼 출산에 관한 설문조사에 따르면, 두 출산 사이에 가장 큰 차이를 보인 항목은 바로 '경제적 능력'이었으며 다음으로 '나이', '삶에 대한 기획력' 순으로 나타났다.[22] 한국사회에서 여성이 결혼하지 않고 출산을 하면 정상가족 바깥에 놓여 사회적 차별을 겪을 뿐만 아니라 사회보장제도로부터 배제되기 때문에, 그 공백을 감당할 수 있는 경제적 능력이 뒷받침돼야 비혼 출산이 가능하다고 보는 생각이 이해가 안 되는 것은 아니다. 아직까지 비혼모와 비혼 출산은 사회적인 편견으로부터 완전히 자유롭지는 못하기 때문에 원가족으로부터 단절되는 경우가 많으며, 단독 양육자이자 생계부양자이기에 자녀 돌봄, 취업 및 생계의 문제가 맞물려 종국에는 한부모 가족이 겪는 문제를 그대로 겪게 된다.[23]

또한 체외수정 시술비의 경우 회당 평균 114만 원(2019년 기준)인데, 이는 난임시술 지원사업을 통해 의료보험을 보장받은 경우이므로[24] 비혼여성이라면 비용이 더 부과될 것이 자명하다. 앞서 살펴본 설문조사에서 "난자냉동보관시술 고민 여부" 역시 여성의 소득과 밀접하게 연관돼 있음을 보여 준다. 비혼여성 전체에서 난자냉동보관시술을 고민한 비율은 32.6%로 적지 않은데, 그중 월평균 소득이 300~450만 원인 경우가 47.8%로 가장 높게 나타났으며 소득이 150만 원 미만인 경우는 20.3%로 가장 낮게 나타났다.[25] 즉 소득분위가 중상위일 때는 두 명 중 한 명이 비혼 출산을 고민하지만, 소득이 낮은 경우에는 다섯 명 중 한 명만이 고려하는 것이다.

여성의 재생산 권리로 비혼 출산을 이야기하는 것과 상이하게, 현실에서는 비혼 출산을 할 수 있는 '자격'을 묻는다. 비혼 출산이 가능한 골드미스인지, 경제적인 능력을 갖추었는지 묻는 것이다. 그리하여 자본주의적 질문은 여성의 권리를 '경제적 자격'으로 탈바꿈시키고, 이러한 자격은 어느샌가 여성들의 선망의 대상으로 둔갑한다.

낳을 권리와 낳지 않을 권리의
하이픈hyphen 만들기

거시적인 사회운동은 공통의 의제를 통해 결속력이 강화되기도 하지만, 한편으로 경합을 통해 다양한 논의와 진영으로 분화하기도 한다. 하지만 주식·재테크·부동산 등의 금융 권력을 갖춘 여성을 롤 모델로 삼는 자기계발식 여성주의[26]나 성공한 개인이 되어 정상에 서는 것을 욕망하는 자본주의식 여성주의[27]는 신자유주의 이데올로기를 기저에 두고 있다는 측면에서 사회운동의 자장으로 볼 수 있을지 얼마간 의문이 생기는 것은 부인할 수 없다. 그럼에도 중요하게 읽어 내야 할 지점은, 경제적인 능력을 선망하며 비혼 출산을 욕망하더라도 이 또한 여성이 아이를 낳을 권리, 즉 재생산 권리에 관해 한 걸음 나아간 사회적 신호란 점이다. 여성이 결혼하지 않아도 '비정상'으로 보지 않는 사회, 비혼여성의 출산으로 이룬 가족을 '비정상가족'으로 치부하지 않는 사회로 변해 갈수록 그 사회적 신호는 더 밝게 빛날 것이다.

이러한 여성의 '낳을 권리'는 결국 '낳지 않을 권리'와 연결되어 작동한다. 2020년 사유리 씨의 비혼 단독 출산이 있기 전에 2019년 낙태죄 헌법불합치 판결이 없었다면, 그의 출산에 대한 사회적 분위기는 과연 같았을까? 이렇듯 임신중지의 선택도, 출산의 선택도 모두 개인인 나 자신의 것이며, 이 두 선택은 마치 동전의 앞면과 뒷면처럼 여성의 재생산 권리 안에서 하이픈(-)으로 이어져 있음을 알 수 있다.

우리가 비혼여성의 낳을 권리와 낳지 않을 권리에 하이픈을 견고하게 이어 나간다면, 국가가 박탈한 여성 시민권을 복권할 수 있는 주요한 운동의 분기점을 만들어 낼 수 있을 것이다. 두말할 필요 없이 이때, 비혼여성의 가족을 구성할 권리 또한 가능해진다. 결혼한 여성과 결혼하지 않은 여성의 재생산 권리가 동일하듯, 결혼한 여성과 결혼하지 않은 여성의 가족을 구성할 권리 또한 동일하다. 차별을 만들고 비정상을 구분하는 건 결국 국가와 제도란 점을 다시 상기할 필요는 없을 것이다.

다문화가족 정책과 결혼이주여성

친족성폭력 피해자 혼인취소 추방사건

/

장서연

　　헌법재판소는 2005년 민법의 호주제도가 헌법이 요구하는 개인의 존엄과 양성평등에 반하여 위헌이라고 결정하였다. 호주제는 "남계 혈통 중심의 가家의 유지와 계승이라는 관념에 뿌리박은 특정한 가족 관계의 형태를 일방적으로 규정·강요함으로써 개인을 가족 내에서 존엄한 인격체로 존중하는 것이 아니라 도구적 존재로 취급"하기 때문에, 혼인·가족생활을 어떻게 꾸려 나갈 것인지에 관한 개인과 가족의 자율적 결정권을 존중하라는 헌법 제36조 1항에 부합하지 않는다는 것이다.[1] 헌법재판소의 결정으로 호주제도는 폐지되었다.

　　하지만 20여 년 전 폐지된 호주제는 '한국식 다문화가족 정책'

으로 여전히 유지되고 있다. 한국정부는 다문화가족 정책을 통하여 결혼이주여성을 한국남성 혈통의 가부장적 가족을 유지하고 '저출산'을 해결하기 위한 대상으로 취급하고 있다. 여성을 개별성이 있는 인격체로서의 개인이 아니라, 가의 유지와 재생산의 도구로 수단화하는 것이다.

친족성폭력 피해자에서 사기결혼 가해자로

결혼이주여성 푸엉(가명)은 2012년 한국인 남성과 혼인하여 시부모와 함께 살던 중 시부에게 성폭력을 당하였다. 가해자인 시부는 유죄가 확정되어 징역 7년을 선고받았다. 그런데 형사재판 과정에서 푸엉이 혼인하기 전 베트남에서 자녀를 출산했었다는 사실이 알려지면서, 푸엉은 남편으로부터 혼인취소 청구를 당해 한국에서 추방된다.[2] 성폭력 피해자에서 사기결혼 가해자가 된 것이다. 이 사건은 한국의 다문화가족 정책과 출입국 제도에서 결혼이주여성의 취약한 법적 지위를 극명하게 드러냈다.

혼전순결을 요구하는 법원

혼인 전에 출산한 사실이 있었다는 것을 알리지 않는다면, 혼인취소 사유가 될까? 푸엉이 베트남에서 출산할 당시 나이는 14세였다. 베트남 북부 산악지대의 소수민족 여성이었던 푸엉은 13세

때 '빳버혼'이라는 약탈혼으로 아동성폭력, 강제결혼을 당했다. 이러한 사실을 알리지 않았다는 이유로 사기에 의한 결혼이라고 할 수 있을까? 1심 법원이었던 전주지방법원은 사실혼과 출산 전력은 혼인 의사를 결정하는 데 매우 중요한 요소이고 남성이 이를 알았다면 혼인하지 않았을 것이라며, 혼인취소 청구를 인용하고 심지어 위자료를 지급할 의무가 있다고 판결하였다. 2심 역시 혼인 의사를 결정함에 있어서 출산 경력이 차지하는 중대성을 들며 1심과 같은 판결을 하였다.

그러나 대법원은 달랐다. 다음과 같이 판결하며 혼인취소 사유에 해당하지 않는다고 하였다. "당사자가 성장 과정에서 본인의 의사와 무관하게 아동성폭력 범죄 등의 피해를 당해 임신·출산까지 하였으나 그 자녀와의 관계가 단절되고 전혀 이루어지지 않은 경우라면, 이러한 출산의 경력이나 경위는 개인의 내밀한 영역에 속하는 것으로서 당사자의 명예 또는 사생활 비밀의 본질적 부분에 해당한다."[3]

하지만 파기환송심을 맡은 전주지방법원은 다시 혼인취소 판결을 내린다. 한국인 남성이 "혼인 당시 만 37세의 초혼이었고 맞선 이후 별다른 교제 기간 없이 결혼식을 올리고 혼인신고를 하였는데 출산 경력을 알았더라면 혼인하지 않았을 것"이고, "베트남 소수민족들 사이에 빳버혼이 드물지 않게 이루어지고 있는 이상 어린 나이에 빳버혼을 통하여 결혼하고 출산하였다는 사실만으로 출산 경력에 대한 고지의무가 면제된다고 해석하는 경우, 국제결혼의 상대방 배우자로서는 혼인·출산 경력을 전혀 알지 못하는 상태에서 혼인 여부를 결정할 수밖에 없게 되어 혼인 상대방의 혼인에 관한 의사결정의 자유를 지나치게 제한"한다는 이유였다.

혼인 상태와 결부된 체류 자격의 불안정성

푸엉의 남편은 왜 '이혼'이 아니고 '혼인취소'를 청구하였을까? 이혼과 혼인취소의 법적 효과의 차이 때문이었다. 한국인 남성과 결혼한 이주여성은 출입국관리법에 의하여 혼인 상태가 유지되어야 배우자 사증으로 체류 자격을 받아 한국에서 머물 수 있다. 남편에 사실상 종속됨으로써 가족 내에서 결혼이주여성의 지위는 취약해진다. 예외적으로 이혼의 유책 사유가 가정폭력 등 한국인 남성에게 있거나 한국 국적의 미성년 자녀를 국내에서 양육할 경우 체류 기간을 연장할 수 있다. 그런데 이런 예외적 사유가 인정되려면 법원으로부터 남편의 유책 사유로 인한 이혼 판결을 받거나 양육권 지정을 받아야 하는데, 한국 제도와 언어가 익숙하지 않은 결혼이주여성에게는 쉽지 않은 길이다. 이처럼 결혼이주여성은 혼인 상태와 결부된 체류 자격으로 인하여 남편과의 관계에서, 가족 관계 안에서 매우 취약한 지위에 놓이게 된다.

이 사건에서 남편이 푸엉에 대하여 이혼 청구가 아닌 혼인취소를 청구한 것은 다분히 의도적이다. 민법에서 "배우자 또는 그 직계존속으로부터 심히 부당한 대우를 받았을 때"를 재판상 이혼 사유로 규정하고 있기 때문에(제840조), 시부에 의한 성폭력으로 이혼하게 되면 남편에게 유책 사유가 있어 푸엉은 한국에 체류할 자격을 얻게 된다. 그런데 민법은 "사기 또는 강박으로 인하여 혼인 의사 표시를 한 때"를 혼인취소 사유로 규정하고 있다(제816조). 남편이 푸엉이 혼인 전 출산 전력을 고지하지 않았다는 이유로 혼인취소 청구를 해서 승소하게 되면, 푸엉이 사기결혼의 가해자가 되어 한국에 체류할 자격을 잃게 된다. 즉 남편은 푸엉을 한국에서 추방시키기 위해 이혼이 아닌 혼인취소를 청구한 것이다.

'농촌 총각 장가보내기'로 성행한 국제결혼 중개시장

베트남 처녀와 결혼하세요

초혼·재혼·장애인 환영

100% 사후보증

절대 도망가지 않습니다*

1990년대 초 농촌 총각들의 비관 자살이 사회문제로 가시화되면서 한국정부는 조선족 여성을 유입하여 농촌의 경제 및 인구재생

---

* 국제결혼 중개업체 광고 현수막에 실린 문구들이다. 소라미, "베트남 처녀와 결혼하라고요? 현 국제결혼 중개는 인신매매", 《프레시안》, 2007년 2월 14일.

산 위기를 벗어나려고 한다. 이에 1991년 보건사회부가 '농어촌 총각과 중국교포 여성 성혼사업 계획'을 발표하고, 산하단체인 가정복지연구회를 통해 '농촌총각-연변처녀 짝짓기 사업'을 전개한다.

1990년대 초 지방자치단체에 의해 주도된 국제결혼은 1998년 중개업이 허가제에서 신고만 하면 되는 자유업으로 전환되면서 상업화된 중개시장에 의해 폭발적으로 증가한다. 중개 과정은 비용 전액을 지불하는 남성의 이해와 욕구에 초점이 맞추어져 있고 최대 이윤을 낼 수 있는 방식으로 진행되기 때문에, 여성은 중개 과정에서 다양한 형태의 인권유린에 취약할 수밖에 없다. 중개 과정 자체에 내재된 젠더 불평등은 결혼 후 가족 안에서 이주여성에 대한 착취와 극단적인 폭력으로 이어지기도 한다.[4]

2006년 한국정부는 '여성결혼이민자 가족의 사회통합 지원대책'을 발표한다. 2005년 기준으로 국제결혼 비율이 전체 결혼의 13.6%, 농림어업 종사자(남성) 결혼의 35.9%를 차지할 정도로 대폭 증가하였다. 그런데 결혼과 한국 정착 과정에서 인권침해, 가정폭력, 빈곤, 언어소통, 문화적 차이 등의 문제가 커지자 한국정부가 이를 "국가의 대외 이미지 실추", "외국여성 출신 국가와의 마찰", "사회불안 요인"으로 우려했던 것이다.[5]

이처럼 지방자치단체 주도로 시작된 국제결혼 중개사업은 결혼이주여성이 한국사회의 가부장적 가족주의를 지탱해 주는 역할을 맡는 것을 전제로 한 것이다. 이에 부응하여 한국정부는 한국인의 아내·어머니·며느리의 역할을 하고 있는 결혼이주여성에게만 체류권을 부여하며 이혼한 여성, 한국인 자녀를 양육하지 않는 여성에게는 체류권을 연장해 주지 않는다. 앞의 푸엉의 사례에서 보듯이 혼인 상태, 가족 형태에 결부된 체류권 부여는 결혼이주여성을 독립된 개인이 아닌 남편과의 관계, 가족 관계 안으로 종속시키고 취약한 상태에 놓이게 한다. 이는 뒤에서 살펴볼 한국의 '다문화가족 정책'과 결부되어 호주제 폐지 이후에도 한국사회가 사실상 한국남성 중심의 가부장적 가족주의를 가장 취약한 외부인을 데려오는 방식으로 유지하고 있다는 것을 보여 준다.

가족주의 정책으로서의 다문화 정책

한국정부는 출입국 정책을 통해 특정한 목적에 따라 이주민을 분류하고, 그 자격에 따라 다른 권리를 부여한다. 국내 체류 외국인 수가 250만 명을 돌파했다며 '다문화 사회'로 진입했다고 호들갑을 떨지만, 한국의 다문화 관련 정책은 한국인과 결혼한 이주민, 그중에서도 한국인 남성과 결혼한 이주여성으로 이루어진 가족을 중심으로 한다.

2007년에 제정된 '재한외국인 처우 기본법'은 재한외국인과 별도로 결혼이민자에 대한 정의 규정을 두고 있다. 또한 결혼이민자 및 그 자녀의 처우에 국어 교육, 대한민국의 제도·문화에 대한 교육 등을 통하여 한국사회에 빨리 적응하도록 지원할 수 있다는 규정도 두고 있다. 이는 앞서 살펴본 '여성결혼이민자 가족의 사회통합 지원대책'과 기조를 같이 한다.

2008년에 제정된 '다문화가족지원법'은 더 노골적이다. 이 법은 "다문화가족 구성원이 안정적인 가족생활을 영위하고 사회구성원으로서의 역할과 책임을 다할 수 있도록 함으로써 이들의 삶의 질 향상과 사회통합에 이바지함"을 목적으로 한다(제1조). 그런데 다문화가족을 "결혼이민자와 대한민국 국적을 취득한 자로 이루어진 가족"으로만 규정하고 있다(제2조). 이주노동자, 난민, 화교 등 다른 이주자 집단으로 구성된 가족은 지원에서 배제된다.

이주노동자는 '외국인 근로자의 고용 등에 관한 법률'에 따라 원칙적으로 3년, 연장할 경우 최대 5년 미만의 범위에서 취업 활동을 할 수 있다. 그 기간에는 가족결합권이 인정되지 않는다. 이는 이주노동자의 정주를 막기 위해 일반귀화 요건인 5년을 넘기지 못하게 하는 조치다. 이에 반하여 한국인 남성과 결혼한 이주여성은 적극적인 사회통합 대상이 된다. 이처럼 이주자에 대한 한국사회의 이중적인 태도는 현 다문화 정책이 가족 유지를 위한 인구 관리의 성격을 갖고 있음을 보여 준다.[6]

혼인 상태 유지를 전제로 한 시민권

1997년 이전까지 국적법은 부계혈통주의를 따랐다. 한국인 남성과 결혼한 외국인 여성은 "대한민국 국민의 처가 된 자"로서 자동으로 한국 국적이 부여되었다(제3조). 대조적으로 한국인 여성과 결혼한 외국인 남성은 2년 거주를 조건으로 하는 간이귀화 절차를 거쳐야 했다. 하지만 1997년 국적법이 부모양계혈통주의를 따라 전면 개정되면서 "국적 취득을 목적으로 하는 위장혼인을 방지"한다는 목적하에 "대한민국 국민과 혼인한 외국인은 남녀 모두 혼인 후 국내에 2년 이상 거주"하는 요건으로 간이귀화 제도가 바뀌었다.[7]

따라서 결혼이주여성이 간이귀화로 국적을 취득하기 위해서는 2년 이상 혼인 상태를 유지하면서 국내에 주소가 있어야 한다. 그런데 2년이라는 시간은 많은 사건이 발생할 수 있는 시간이다. 2년이 되기 전에 남편의 가정폭력, 학대 등으로 더 이상 결혼생활을 할 수 없는 이주여성이 많았다. 결국 2004년 국적법이 다시 개정되면서 예외적으로 "배우자가 사망이나 실종"된 경우, "자신의 귀책사유 없이 정상적인 혼인생활을 할 수 없었던" 경우, "배우자와의 혼인에 의하여 출생한 미성년의 자를 양육하고 있는" 경우에도 간이귀화 대상자가 되도록 했다(제6조).

하지만 여전히 문제는 남는다. 현실에서는 예외적인 사유를 인정받기도 녹록하지 않고, 이혼 책임을 배우자 일방에게만 묻기도 어렵다. 이처럼 결혼이민자는 국적을 취득하기도, 체류 자격을 얻기도 어렵다 보니 결혼생활 안에서 종속적 관계를 맺기 쉽다.

자녀 출산과 양육, 시부모 봉양을 전제로 한 복지정책

국민기초생활보장법은 한국사회가 결혼이주여성에게 요구하는 가족 안에서의 성역할을 아주 노골적으로 보여 준다. 이 법은 특례로 외국인에게도 기초생활보장 수급 자격을 인정하는 예외 조항을 두고 있는데 "대한민국 국민과 혼인하여 본인 또는 배우자가 임신 중이거나, 대한민국 국적의 미성년 자녀를 양육하고 있거나, 배우자의 대한민국 국적인 직계존속과 생계나 주거를 같이하고 있는 사람"으로 한정하고 있다(제5조의2).

정부가 편성한 결혼이민자 사회통합 재원은 상당 부분이 임신·출산·양육 지원서비스에 집중되어 있다.[8] 자녀가 없는 결혼이주여성은 국적 취득에서도 불이익을 받는다. 자녀가 있는 경우에는 평균 1년이면 귀화 허가를 받는데, 자녀가 없는 경우에는 위장결혼이 의심된다는 이유로 1년 이상의 시간이 더 소요된다.[9] 이처럼 한국사회의 이주여성에 대한 정책과 사회통합 모델의 특징은 '부권 가족적 복지 모델'이라고 볼 수 있다.[10]

결혼이주여성의 안정적 신분 보장을 위하여

2023년 기준 지방자치단체 25곳에서 여전히 성·인종차별적 관점을 확산하고 조장하는 국제결혼 지원조례들을 유지하고 있다. 이에 이주여성 인권단체들은 해당 사업의 중단과 조례 폐지, 그리고 이주여성에 대한 차별과 폭력에 다각도로 대응할 수 있는 사회적 안전망을 마련할 것을 요구하고 있다.[11]

또한 이주여성 인권단체들은 혼인에 기초한 간이귀화의 경우

국적 취득 요건에서 '국내 거주 기간'(원칙적으로 2년)을 전면적으로 재검토해야 한다고 요구하고 있다. 혼인과 동시에 국적 및 영주 자격 취득이 가능하도록 하여 결혼이주여성에 대한 안정적 신분을 보장하여야 한다는 것이다. 결혼이주여성이 이혼한 경우에는 자녀 양육권이 있어야만 간이귀화 및 체류 자격을 갖는데, 경제적으로 취약한 결혼이주여성이 양육권을 갖기 어려운 경우가 많다. 따라서 혼인 중 자녀를 출산한 경우에는 양육권이 어느 쪽에 있든 면접교섭권 등을 고려하여 간이귀화를 신청할 수 있도록 하여야 한다.

지금까지 결혼이주여성을 한 인격체로서가 아니라 한국남성 혈통의 가부장적 가족주의를 유지시키기 위한 집단으로 대상화한 정부의 정책과 제도의 문제점에 대해서 살펴보았다. 한국정부는 이들이 겪는 심각한 인권침해, 가정폭력 등을 개인의 인권 증진이 아닌 국가의 대외 이미지 실추와 관련된 문제로 보면서, 개인보다는 국가주의에 중점을 둔 사회통합정책을 펼치고 있다. 결혼이주여성에게 출산과 양육을 강요하는 가족정책은 여전하고, 남편에게 종속적인 법적 지위로 인한 취약성도 그대로이다. 이제 결혼이주여성이 가족 내의 지위로 한정되지 않고 한 개인이자 시민으로서 온전한 권리를 누릴 수 있도록 관련 제도를 개선해 나가야 한다.

삶과 죽음은 어떻게
가족정치의 의제가 되는가

/

3부

탈시설 운동과 가족구성권

내가 원하는 사람과 살아가는 삶을 쟁취하기

/

김다정

찾지 마세요. 약 챙겨 오지 마세요.

통장, 도장, 내 거 전화 주세요. 지금 잘 살아요.

2021년 2월 어느 날, 송파구의 한 장애인 시설에 거주하던 A는 송파구청에 편지를 한 통 보낸다. 그는 이 편지를 보낸 후 슬리퍼만 신고서 단신으로 시설에서 탈출하였다. 삶을 내가 꾸리고 싶다는, 내 것을 돌려 달라는 분명한 의사 표현이었다. 내 시간을 내가 원하는 대로 보내는 것, 내 통장을 내가 가지고 있는 것, 나에 대한 정보를 인지하는 것, 내 핸드폰을 나만 보는 것, 내 사적 공간이 지켜지는 것, 시설은 이 모든 것이 이루어질 수 없는 공간으로 인권

침해가 일상적이다.

    탈시설 운동은 이러한 시설을 폐쇄하고, 지역사회에서 장애인이 함께 살 수 있도록 사회를 바꿔 나가는 운동이다. 그렇다면 탈시설 운동은 가족구성권 운동과 어떤 관련이 있을까? 내가 사는 공간과 맺는 관계, 삶의 모습 전반을 강제하는 시설을 '탈脫'하고자 하는 탈시설 운동이 특히 강제된 관계에 대해 질문하는 가족구성권 운동과 만나는 것은 필연적이다. 가족을 중심으로 짜인 사회구조 속에서 강제된 관계의 핵심에 가족이 있으며, 가족은 관계뿐 아니라 어디서 살지, 누구와 살지 등 다양한 방식으로 삶의 모습을 규율하는 기제로 작동하기 때문이다.

    탈시설 운동과 가족구성권 운동은 모두 내가 원하는 사람과 삶을 꾸려 나가기 위한 운동, 주체적인 삶과 그러한 삶을 위한 권리 보장에 힘쓰는 운동이다. 두 운동은 각각 시작되었지만 서로 별개의 운동이 아님을 인식하고 함께 나아가고 있다. 탈시설 운동은 시설 밖의 삶을 이야기하며 돌봄과 의존을 통해 기존의 가족과 가부장제를 비틀어 새로운 관점을 제시하고, 가족구성권 운동은 탈시설 이후 누구와 어떤 형태로 살 것인가에 대한 고민을 확장해 나간다. 이 글에서는 IL 운동과 탈시설 운동의 흐름을 먼저 살펴보고, 이 운동들이 가족구성권 운동과 어떻게 만나는지 함께 나아갈 방향은 어디일지 고민해 보고자 한다.

IL 운동과 탈시설 운동의 흐름

독립과 의존에 대해 다시 쓰기

1960년대 미국에서 시작된 IL 운동(Independent Living Movement, 장애인 독립생활 운동)은 1990년대 후반 일본을 거쳐 한국에 들어왔다. IL 운동이 본격화되었고 그 가운데 동료상담, 소비자주의, 당사자주의, 정상화 등의 개념과 이념이 중요한 원칙으로 자리 잡았다. IL 운동은 활동보조 제도화 투쟁, 탈시설 투쟁, 장애등급제·부양의무제 폐지투쟁 등 다양한 의제로 확장하였다. 이러한 운동의 과정 안에서 '동료란 무엇인가', '당사자성이란 무엇인가' 등 기존의 이념과 원칙에 다양한 질문을 전개하게 된다.

독립independent living이란 무엇일까? 흔히 독립을 '혼자 사는 것'이라고 한다. 혼자 살기 위해서는 스스로 모든 것을 할 수 있어야 하고 의존적이지 않아야 한다고 이야기한다. 독립을 둘러싼 강력한 통념이다. 이러한 통념 속 독립의 반대편에는 '의존'이 놓이며, 혼자 무엇이든 척척 해내는 긍정적인 독립의 반대편에서 의존은 무능력하고 지양해야 할 부정적인 무엇으로 인식된다.

정말 독립과 의존은 대비되는 개념일까? 통념에 따르면 독립할 수 있는 사람과 그럴 수 없는 사람을 구분하는 것은 너무나 당연해 보인다. IL 운동을 젠더 관점에서 논의해 온 인권운동단체 장애여성공감은 이러한 통념에 저항하며 '물리적 독립'을 넘어서 독립에 대해 다시 사유한다. 장애여성의 경우 혼자 살게 되어도 여전히 가족과 시설 관계자, 주변인 들이 매 순간 일상을 간섭하고 통제한다. 통념에 따른 물리적 독립은 했다고 할 수 있겠으나 독립적인 주체로 인정받지 못해 삶에 대한 결정권, 일상에서의 선택 기회는 보장되지 않는다. 이러한 장애여성의 경험을 통해, 장애여성공감은 독립이란 독립적인 주체로서 존중받으며 자신의 삶을 주체적으로 만들어 가는 과정이라고 재정의한다.[1] 이런 인식 가운데 독립과 의존, 그리고 돌봄에 대한 폭넓은 논의가 가능해진다.

신자유주의는 각자 자기돌봄과 자기계발에 몰입하는 것을 권장한다. 폐쇄적 자기돌봄은 자신의 결핍과 무능력을 인정하게끔 하는 고립된 자기인식으로 나아가며, 결국 자기 자신을 돌보는 데에 다른 누군가의 도움과 지도, 즉 돌봄이 요청된다는 사실을 망각하게 만든다. 어느 누구도 홀로 자신을 돌볼 수 없으며 반드시 타인의 도움이 필요하다.[2] 모든 인간은 태어나서 생을 마감할 때까지 다른 이에게 기대어 다양한 형태로 서로 의존하며 살아간다. 혼자 사는 삶일지라도 타인의 의존과 돌봄이 깃든다. 혼자 책임지는 것만큼 외로운 것은 없다. 어떤 결정을 하든 그 책임을 나눠 지는 관계가 있을 때 비로소 자기결정도 가능해지는 것처럼, 상호의존이 가능한 관계가 풍부할 때 비로소 독립할 수 있다.

의존에 대한 이러한 인식은 매우 낯선 것이다. 의존하지 않아야 한다, 스스로 모든 것을 할 수 있어야 한다는 생각이 만연하며 이는 곧 능력주의와도 관련이 있다. 의존적인 사람은 곧 무능력한 사람이 되고 '능력 없음'은 사람들을 배제해 온 구조의 중요한 기둥이 된다. 이러한 가운데 무엇을 의존이라고 부르는지, 누구의 의존을 의존이라고 부르는지 살펴볼 필요가 있다.

발달장애여성 B[3]는 집에서 가사노동을 도맡아 한다. 때마다 집안을 청소하고 가족과 함께 먹을 음식을 요리한다. B와 가족들은 그의 주거수급권에 의해 B 명의의 집에서 산다. 하지만 그 누구도 가족들이 B에게 의존하고 있다고 말하지는 않는다. 늘 가족으로부터 보호와 부양을 받는 의존적 존재이자 돌봄의 대상은 B이다. 정말 그럴까? B가 하루 동안 수행하는 노동과 그의 앞으로 지원되는 자원, 그런 것들을 모두 제하고서라도 B는 가족과 함께 삶을 꾸려 나감으로써 식구로서의 유대감을 갖고 서로 돌보며 상호의존 하고 있다.

무한한 경쟁만이 성장의 원동력이라 추앙하며, 서로 연대하고 시민적 유대를 통해 연결되기보다 각자 자신의 능력을 키우는 것이 살길이라 여기는 사회다. 협력과 협동, 타인을 돌보고 돕는 것을 '비효율적' 행위로 여기며 의존을 기피하는 시선이 사회 곳곳에 만연하다. 특히 현실과 무관하게 '무능하다고 여겨지는' 장애여성에게 이러한 시선은 일상이다. 그런 시선 속에서 누군가에게 시설은 당연한 장소가 된다. 상호의존의 관계를 가족 내에서만 상상하기 쉬운 정상가족 중심의 사회에서 '무능'하고 '의존'적인 존재들의 삶은 시설화된다. 그러므로 누구도 배제하지 않은 존엄한 삶은 시설을 탈脫하는 것을 빼놓고 이야기할 수 없다.

좋은 시설은 없다: 삶이 깃들 수 없는 시설의 구조

탈시설 운동은 IL 운동의 다양한 의제 중 시설 내 학대 문제를 해결하기 위한 투쟁으로부터 시작되었다. 2008년 김포 석암베데스다요양원의 비리 고발을 시작으로, 2009년 마로니에공원 한구석에 세간을 모아 놓고 노숙 농성을 펼친 여덟 명이 있었다. '마로니에 8인'이라고 불리는 이들은 시설에서 나와 시설비리 투쟁을 탈시설 투쟁으로 전환하였으며, 이제 우리가 탈시설을 했으니 살 곳을 마련하라고 서울시에 요구하였다. 이 투쟁은 장애인 주거권을 쟁취한 중요한 사건이자 탈시설 운동의 촉발제가 되었다.[4]

탈시설 운동 초기에는 주로 시설 안에서 벌어진 비리와 인권침해가 중점적으로 논의되었다. 대부분의 사건들은 비리 책임자와 인권침해 가해자에 대한 처벌 정도로 마무리되었다. 그중 1996년 처음 알려진 평택 에바다농아원의 인권침해 사건은 시설의 참혹함을 잘 보여 주었는데, 이 사건을 계기로 민주적이고 투명한 운영을 확보한 '좋은 시설'이 해결책이라는 인식이 자리 잡았다.[5]

시설은 '화목한 가족과 같은' 모습을 표방하며 '좋은 시설'을 이야기한다. 그러나 시설은 내 삶에 대한 결정권과 통제권을 타인에게 빼앗긴 채 관리당하는 공간이다. 거주시설 소규모화 정책과 개선, 국가 감독권의 강화 등 좋은 시설을 위해 노력함에도 불구하고 시설에서는 인권침해가 발생한다. 이것은 종사자 개인의 일탈적 행위만으로 설명할 수 없는 제도적 문제이다. 시설 내 인권침해는 사람에 의해 행하여지는 경우에도 그 인과적 근원이 시스템 자체에

내재되어 있다.[6]

시설은 주거를 개인의 공간으로서 제공하지 않는다. 사적인 영역이 사라진 개인 공간에는 사생활이 깃들지 못한다. 시설은 그렇게 공과 사의 경계가 흐려지는 특수한 공간을 형성하고, 대상 집단을 사회 밖으로 분리한다. 시설의 분리는 공간만을 분리하는 것에 그치지 않는다. 분리된 집단은 부족하고 열등한 존재로 묘사되며, 그들을 '불쌍하게' 바라보는 사회적 편견과 낙인이 생긴다. 이러한 낙인화는 시설의 부수적 효과에 그치지 않고 곧 시설을 유지하는 힘이 된다.[7] 편견과 낙인은 자선을 끌어내기 위한 유용한 힘이자 시설을 떠나 사회로 돌아갈 수 없는 이유로 작동한다. 시설화는 이렇듯 의존이 필요한 몸, 돌봄을 받아야 하는 사람을 선별하는 데에서 시작한다. 그러므로 탈시설 운동에서도 의존과 독립에 대한 재정의는 핵심적인 문제이다.

시설화된 삶과 죽음, 시설사회

시설화란 단지 시설에서의 삶만을 말하지 않는다. 특정 개인이나 집단을 '보호·관리'의 대상으로 규정하고, 사회와 분리해 권리와 자원을 차단함으로써 '무능화·무력화'된 존재로 만들며, 자기 삶에 대한 통제권을 제한하여 주체성을 상실시킨 이러한 상태 자체를 시설화라고 한다.[8] 이러한 삶은 비단 시설에만 있지 않다. 가족과 함께 살고 있는 재가장애인이라 할지라도, 보호라는 이름 아래 자기 삶에 대한 통제권이 제한되고 주체성이 상실된다면 이 또한 시설화된 삶이다. 시설에 사는 사람, 시설화된 사람의 공통점은 '연약하고 보호가 필요한 사람들'이라는 집단으로 묶여 있다는 점이다.

시설의 이러한 속성은 삶뿐만 아니라 죽음에까지 영향을 미친다. 죽음은 생물학적으로 숨이 멎는 상태일 뿐 아니라 그가 살아온 삶이 마침표를 찍고 정리된다는 것을 의미한다. 장례식은 고인의 삶을 애도하고 그 삶을 통해 남긴 의미를 되새김으로써 남은 자들을 위로하기 위한 예식이다. 그러나 시설에서 삶을 마감하는 경우에는 그러한 예식조차도 치러지지 않거나 애도 없는 예식 속에 소리소문 없이 사라지는 일이 비일비재하다. 시설에서 22년간 살았던 한 거주인은 이렇게 말했다. "시설에서 죽으면 개죽음이야. 그냥 증발하는 거야."[9]

시설에서의 죽음을 다루는 권한은 전적으로 시설장에게 위임되어 있다. 시설장은 법적 연고자에 해당하기 때문이다. 시설에 들어서는 순간 사람들은 실질적으로 무연고자가 된다. 보건복지부에 따르면 2015년 기준 장애인 거주시설 이용자 중 무연고자는 26.4%이다. 하지만 이는 서류상으로는 연고자가 있으나 실질적으로 관계가 단절된 사람들은 포함하지 않은 수치다.[10] 2018년 국가인권위원회 조사에 따르면, 중증장애인 거주시설에 거주하는 44.4%가 "가족들이 나를 돌볼 여력이 없어서" 입소했다고 답했다.[11] 시설에서 10년 이상 거주한 사람이 83%나 되었다. 가족과의 오랜 물리적, 심리적 단절이 거주인이 실질적인 무연고자임을 보여 준다.

무연고자가 시설 내에서 사망할 경우 시설장은 연고자로서 이들의 장례를 책임지게 된다. 장애인 거주시설에서 사망한 무연고자에 대한 법률상 장례 지침은 어디에도 없으며, "이용자의 노화와 질병, 사망 등은 민감하게 다루어지고 존중되어야 한다"[12]는 한 줄로 사실상 시설의 자율에 맡겨져 있다. 법적 내용이 없다 보니 시설마다 죽음을 다루는 방식은 천차만별이다. 시신을 보관하는 냉동고부터 입관할 수 있는 공간 등을 모두 갖춘 시설이 있는가 하면, 소리소문 없이 '처리'하고 끝내는 시설도 있다. 애도하는 분위기가 시설 운영에 부정적이어서 그러한 분위기를 만들지 않으려 한다는 어느 종사자의 말에서, 어떤 이의 죽음은 시설 운영상의 필요보다 중요치 않음을 절감하게 된다.

시설은 시민적 유대감을 형성할 수 있는 사람이 누구인지 선별하는 차별적 관점이 매우 선명하게 드러나는 곳이다. 거주시설에서 거주인은 돌봄의 대상일 뿐 감정적 유대의 대상은 아니며, 이런 구조 속에서 그의 의사와 삶이 존중될 수 없음은 너무나 당연하다. 시설에서는 한 사람의 시민으로 존재하기 어려우며, 오직 프로그램과 프로그램으로 채워진 텅 빈 삶만이 남는다.

IL 운동과 탈시설 운동은 지역공동체에서 존엄한 삶을 향유하기 위한 전제 요건으로 시민으로서의 권리를 회복하기 위한 운동이다.[13] 장애와 빈곤이 개인 특성이나 능력의 문제가 아니라 사회구성원을 서열화하고, 가족(타인)에게 귀속시킴으로써 사회적 위치성을 고정시키고, 자신의 삶을 선택할 수 없는 시설화된 삶을 살게 만드는 사회구조적인 문제라는 것을 알리는 데 그 의미가 있다. 거주시설을 폐쇄하고 지역사회에 자원과 기반을 마련하기 위해 투쟁하고 있다. 시설 폐쇄가 탈시설 과정 중 하나의 목표이지만 궁극적인 것은 아니다. 탈시설 이후 살게 되는 공간이 '1인 시설'처럼 되거나 활동지원사와 여전히 시설화된 관계를 맺는 것에 문제의식을 가지며 다양한 방식으로 시설화된 삶을 벗어나고자 한다.

탈시설 운동과 가족구성권 운동의 교차

왜 피해자로만 이야기될까: 피해 이전의 차별적 구조

시설에 사는 사람, 시설화된 삶을 살아가는 사람은 늘 눈에 띄지 않는다. 사회가 규정한 정상에서 벗어난 이들을 보이지 않게 하는 것이 시설이 사회에 '기여'하는 방식이다. 하지만 이들도 사회의 한 면에 호명될 때가 있다. 바로 '피해자'가 되었을 때이다. 폭력과 학대는 시설화된 삶 속에서 겪게 되는 여러 차별 중 하나이다. 차별의 구조는 평소에는 잘 드러나지 않고 사람들이 관심을 두지도 않는다. 하지만 폭력과 학대의 피해자가 나타나는 순간 사건으로서 주목받는다.

장애여성공감은 이러한 차별에 주목하며, 장애여성의 경험을 통해 그 구조와 교차성을 드러내 왔다. 장애여성성폭력상담소를 통해 피해자를 지원하는 동시에, 그를 쓸모없고 무성적인 존재로 바라보는 사회적 인식과 소홀하고 존중감 없는 가족 및 주변의 태도를 드러냈다. 또한 자기결정권과 선택권을 모두 박탈당해야 했던 장애여성의 목소리를 높이는 데 큰 노력을 기울였다. 장애여성의 말은 대체로 주목할 만하지 않은 이야기로 취급받고, '불평' 때로는 '거짓말'이라는 이름이 붙여진 채 흩어지기 때문이다. 주변화된 이의 말을 진지하게 받아들이고 함께 고민하는 장애여성공감의 상담 활동은 흩어지던 말들이 의미를 찾고 응집되는 시작점이기도 했다.

사회는 소수자의 경험을 오직 피해를 호소하는 가운데에서만 주목한다. 하지만 그들의 경험을 찬찬히 들어 보면 피해 이전에 피해를 만들어 내는 차별의 구조가 드러난다. 장애여성공감에서 운영하는 장애여성학교나 극단 춤추는허리 등은 장애여성이 자신의 경험을 꺼내는 장이 되곤 한다. 자신의 경험을 이야기하고 나와 비슷한 누군가의 경험을 듣는다. 매일 지하철에서 꼭 한 번씩은 반말로 말을 걸어오고, 거리에서 함부로 혀를 차며 위아래로 훑는 시선을 받고, 가족들이 자신만 빼고 여행을 가 버린다. 이 모든 것은 나 혼자만의 우울한 일이 아니라 장애여성을 차별하는 구조 속에서 벌어지는 일이다. 장애여성이 겪는 성폭력, 보호와 돌봄이라는 이름으로 정당화되는 폭력, 시설과 가족 안에서의 시설화된 삶, 이 모두 그 누구에게도 당연하지 않다.

많은 소수자가 폭력과 학대의 피해자가 될 때만 그 존재가 드러난다. 제도와 사회 안에서 지원받는 사람으로만 언급되고, 그 지원정책조차도 삶을 전체적으로 조명하여 복합적이고 유기적으로 연계되지 못하고 파편화되어 있다는 점은 한국사회가 정상으로 규정한 곳 밖의 사람들을 어떻게 바라보고 있는지 시사한다. 피해자로 드러나기 이전에 어떤 차별의 구조에 놓여 있는지 볼 수 있어야 한다. 이는 사회 안에서 가진 자리가 가족과 시설뿐이며, 거기서 또한 돌봄과 관리의 대상으로만 존재한다는 문제와 깊게 연관되어 있다. '피해자가 아닌' 소수자는 어디에서 살아가고 있을까? 주어진 자리가 협소한 사람들, 시민으로서 자리가 마련되지 않고 가족 아니면 시설이라는 빈약한 선택지만이 주어진 사람들이 자신의 삶을 구축해 나가는 데 '혈연관계를 넘어 누구와 함께할 것인가?'라는 질문은 필수적이다.

가족 중심의 복지제도와 시설화

국가는 많은 정책에서 사회 구성의 기본 단위를 가족으로 삼고 있다. 다양한 가족 형태 중에서도 부모와 두 명의 자녀로 구성된 정상가족을 기본 단위로 삼는다. 부양의무제, 재난지원금, 주거지원 등 다양한 정책이 그러한데, 특히 지원정책에서 가족을 통해 돌봄과 자원을 개인에게 전달한다. 이러한 전달 체계를 통해 국가는 자연스럽게 사회의 돌봄 책임을 가족에게 전가하는 동시에 가족이라는 이름 아래 각 시민에게 서로를 부양할 의무를 부과한다. 가족이 부양을 거부하거나 그 책임을 감당할 수 없다면 돌봄이 필요한 이들은 방치, 고립되거나 시설로 보내진다.[14]

앞서 이야기한 '마로니에 8인'과 함께 탈시설하려 했으나 가족의 반대로 좌절된 C는 부양의무제 폐지 소식에 10년 만에 시설에서 나왔다. 보건복지부와 서울시는 중증장애인에 대한 부양 의무를 완전히 폐지했다고 여러 차례 발표하였지만 조건이 많았다. 흔히 부양의무제가 폐지되면 부양의무자의 부양 능력과 상관없이 개인의 소득과 환경에 따라 수급 여부가 결정되리라 생각하지만, 부양의무자의 소득과 재산이 일정 금액 이상일 경우에는 여전히 부양의무제를 적용받게 되어 있다. 2024년 현재, 실제 소득이 월 834만 원(연 소득 1억 원) 이하이면서 재산가액 합산이 9억 원 이하인 경우에만 부양 의무를 지지 않는다. 두 조건 중 하나라도 해당하지 않는다면, 예를 들어 월 소득은 없지만 집을 포함한 재산가액 합산이 9억을 초과하면 부양 의무가 발생한다. 보건복지부와 서울시는 완전한 폐지라고 주장하지만 사실상 '부양 능력' 판단 기준을 상향 조정하는 완화 조치인 것이다. 게다가 이러한 완화 또한 생계급여에만 해당한다.

C는 부양의무자의 소득 및 재산 기준에 걸려 생계급여에서 탈락하고, 부양의무자 기준이 폐지되지 않은 의료급여에서도 탈락하였다. 그는 차상위계층으로 선정되었다. 시설에서 평생을 살아온 그가 탈시설 이전 연락 한번 하지 않은 가족의 재산을 미리 확인할 방법은 없었다. 부양의무제가 완전히 폐지되지 않는 한, 탈시설 후 수급 신청을 할 때에는 부양의무자의 소득과 재산이 기준 이하이기를 기도하는 것만이 유일한 방법이다.[15]

도대체 부양의무제는 왜 폐지되지 않는 것일까? 부양하는 사람과 부양받는 사람이 나뉘어 있는 구조 속에서는 국가와 시민의 관계가 가려진다. 국가는 각 시민이 시민으로서 사회 안에 자리할 수 있도록 정책과 제도로써 환경을 조성하고, 그것이 실현될 수 있는 예산을 책정해야 한다. 하지만 국가는 부양하는 사람과 부양받는 사람을 나눔으로써 책임을 방기하고 있다. 조력이 필요한 사람들에게 적절한 지원 방법을 모색하고 자원을 투자하기보다, 가족에게 부양 책임을 지우고 국가와 시민 사이의 문제를 가족의 문제로 돌리는 것이 훨씬 쉽기 때문이다.

부양의무제는 국가가 돌봄의 책임을 혼인과 혈연을 중심으로 한 가족에게 부여하고 있음을 가장 잘 드러내는 제도이다. 어떤 실천 속에서 맺어진 관계인지와 무관하게 혼인과 혈연만으로 가족을 구성하고 돌봄 책임을 부여하는 것은 가족을 매우 기능적으로 바라보는 관점이며, 사회적 인식은 이러한 관점과 점점 멀어지고 있다. 2020년 여성가족부가 발표한 〈가족다양성에 대한 국민인식조사〉 결과에 의하면, 응답자의 69.7%가 혼인 또는 혈연 관계가 아니더라도 생계와 주거를 공유한다면 가족이 될 수 있다고 답하였으며, 함께 거주하지 않고 생계를 공유하지 않아도 정서적 유대가 있는 친밀한 관계면 가족이 될 수 있다는 비율은 39.9%로 나타났다. 가족의 의미가 관계 중심으로, 친밀성과 돌봄을 '실천'하는 것으로 재인식되고 있음을 보여 준다. 돌봄이나 생계에 있어서 가족 외에 다른 대안이 없게 만드는 정상가족 중심의 사회 시스템은 개인이 온전한 사회구성원으로 존재할 수 없게 만든다. 이는 자원이 없고 정상성에서 벗어난 이들을 시설화의 늪에서 빠져나올 수 없게 만드는 근본적인 요인이 된다.

시설화된 삶의 이면에는 '정상가족'과 '취약가족'이라는 이분법적인 가족제도, 사회 전반에 공고한 정상성이 있다. 가족형태나 가족상황으로 인한 차별은 삶 전반에 걸쳐 작동하는 사회권과 밀접하게 연결되면서 사회적인 낙인을 찍는다. 시설화된 삶은 탈시설 정책만으로 해소될 수 없으며, 가족을 둘러싼 불평등 또한 가족정책만으로 해소될 수 없다. 시설화된 삶을 정체성이나 취약성만으로 설명하는 방식을 넘어 차별과 불평등에 관해 이야기해야 한다. 정상가족 중심의 정책과 성별, 나이, 인종, 장애, 질병, 성적 지향과 성별 정체성 등에 따른 차별이 개인 및 가족의 삶에 미치는 악영향을 인식하고 이를 해소하기 위한 노력을 기울여야 한다. 사회적 관계 속에서 취약한 지위에 놓인 개인의 시민적 권리가 충분히 보장될 때, 비로소 자유로운 가족구성과 가족실천이 가능해진다는 인식이 뒷받침되어야 한다.[16]

개인의 삶을 인구정책의 대상으로 한정하는 기능주의적인 가족제도를 넘어서, 차이를 가진 개인으로 살아갈 권리로서 가족구성권을 논의할 때다. 내가 의존할 사람과 나에게 의지할 사람을 선택하고 의존의 공백을 함께 채워 나갈 수 있어야 한다. 사회에 시민으로 자리 잡은 개인이 시민적 연대성을 통해 관계 맺고 그 관계 속에서 서로 돌보며 의존할 수 있어야 한다. 폐쇄적 가족주의를 넘어선 이러한 관계가 보편화된 사회를 위해, 이를 저해하는 요소들을 파악하고 제거해 나가야 한다.

동료가 될 수 있는 시민 간 유대를 꿈꾸며

거주시설에서 더 이상 살지 않겠다 결심했던 A는 주체로서 존중받는 삶을 가꾸어 나가기 위해 탈시설 이후에도 좌충우돌하고 있다. 그는 이제 누군가와 함께 사는 것보다 혼자 사는 것이 더 좋다는 것을 알게 되었다. 투쟁을 통해 자립정착금을 쟁취해 냈고, 그 과정에서 A는 지원을 받는 탈시설 대상자에서 함께 투쟁하는 동료가 되었다.

사회 안에서 조금 다른 지원이나 더 많은 지원이 필요한 사람들, 사회가 규정한 정상성 밖의 사람들의 자리는 어디일까? 자원과 서비스를 지원할 복지 대상자가 아닌 함께 공동체를 형성하는 동료로서의 위치 말이다. 거주시설과 기존의 가족제도는 누군가의 자리, 누군가가 맡아야 할 역할을 고정시킨다. 이렇게 공고한 자리 밖에서 그가 동료 시민으로서 함께할 공적 공간은 협소하기만 하다. 지원대상자, 피해자, 피부양자로서가 아니라 협업하고, 함께 책임지고, 대등하게 토론하고 의견을 나눌 동료로 인식될 공적 공간이 더 많이 필요하다.

소수자에게 동료가 될 준비가 되었는지 묻기 전에 나는 어떤 동료인가 하는 질문에 먼저 답해야 한다. '동료로서 서로의 이야기를 어떻게 나누고 있는가?', '동료시민으로서 어떻게 관계를 맺을 것인가?'라는 고민 없이 동료가 되긴 어렵다. 동료가 되려면 사소한 것부터 평등해야 한다. 문제가 생길 때만 강조되는 권리는 또 다른 차

별임을 기억해야 한다.¹⁷

　　IL 운동과 탈시설 운동에서의 '동료 되기'란, 결국 가족구성권 운동에서의 '가족실천'과 맞닿아 있다. 서로를 돌보고, 위기의 순간에 뒤를 맡기며, 행복한 시간을 함께 나누고픈 상호의존의 관계를 누구와 맺을 것인가? 나는 그러한 관계를 누구와 맺고 있는가? 시설과 가족을 넘어서 이 질문을 상상할 때, 우리 사회에 더 폭넓은 시민적 유대 관계가 자리할 것이다.

가족의 안과 밖을 질문하는
퀴어-비혼 정치

언니네트워크의 비혼 운동을 중심으로

/

이유나

결혼을 '아직' 도래하지 않은 사건으로 여기는 미혼未婚이라는 단어에는 결혼을 언젠가는 반드시 해야 하는 것으로 여기는 가치판단이 들어가 있다. 미혼은 결혼하지 않은 상태 혹은 사람을 반드시 해야 할 일을 안/못 한 것으로 평가하는 정상성 기준을 포함한다. 비혼非婚은 미혼이라는 단어에 담긴 이러한 정상성 기준을 비판하며 결혼하지 않은 삶에 대한 차별을 드러내기 위해 고안된 단어로 1990년대 후반 한국사회에 등장했다. 비혼 운동이 본격화된 지 20년이 가까워지는 지금, 결혼을 필수가 아닌 선택이라고 생각하는 것, 결혼하지 않은 상태에 대한 '중립적' 용어로서 비혼은 대중화되었다.

통계청의 〈2022년 사회조사〉(2022)를 보면 한국의 13세 이상 국민의 과반이 결혼이 필수가 아닌 선택이라고 여기는 것으로 나타났다. 또한 〈2020년 인구주택총조사〉(2021)를 보면 1인 가구 비율은 전국 기준으로 2000년 15.5%에서 2020년 31.7%로 2배가량 증가했다.[1] 이혼, 재혼, 비결혼 상태에서의 동거나 출산 등 비선형적인 생애주기가 늘어났고, 결혼하지 않고 살아가는 사람의 수도, 결혼하지 않은 채 살아가는 기간도 길어졌다. 한국사회의 결혼의 정상성도, '결혼 없는 삶'을 결심하는 것의 정치성도 비혼이 처음 등장했던 당시와 비교하면 약화되었다.

한편, 2016년 강남역 살인사건 이후로 여성운동에서는 재의미화된 비혼이 가부장제에 균열을 내는 가장 강력한 실천 중 하나로 다시 부상했다. '비연애, 비섹스, 비혼, 비출산'이라는 수행은 남성과의 친밀한 관계에서 교제폭력, 불법촬영 등의 위협과 여성이 짊어질 수 있는 손실을 줄일 수 있는 실천으로 의미가 부여되었다. 결혼은 여성을 성적인 존재, 돌봄 제공자, 수동적인 존재로 대상화하고, 사회의 생존 경쟁에서 여성을 남성보다 더 취약한 위치에 두는 제도로 여겨진다.[2] 비혼에 대한 새로운 흐름은 개개인의 '(노동시장 안에서의) 경제적 성취'를 가부장제 바깥의 '나'로서 안전과 자율성을 획득할 수 있는 길과 일치시키며, 직업적 성공과 재테크를 통한 경제적 기반 마련을 강조하는 경향을 보인다.

독일의 사회학자 울리히 벡Ulrich Beck과 엘리자베트 벡 게른스하임Elisabeth Beck-Gernsheim은 『사랑은 지독한, 그러나 너무나 정상적인 혼란』(1990)에서 다음과 같이 기술한 바 있다.

> 만약 시장경제가 철저하게 관철된다면 어떤 가족적 결속도 가질 수 없을 것이다. 누구든지 자기 자신의 경제적 생존을 확보하기 위해 언제라도 회사의 요구에 부응할 수 있도록 독립적이고 자유로운 상태로 있으려고 할 것이기 때문이다. 가족의 구속에 방해받지 않는 개인이 이상적인 직장인인 것이다.[3]

돌봄과 재생산에 시간과 자원을 투여하지 않아도 되는 몸과 삶을 이상화하는 남성·비장애·생산능력 중심적 노동시장은 여성/소수자의 차별과 불평등에 깊숙하게 연관되어 왔다. 속도가 느린 사람, 보조가 필요한 사람, 질병이 있는 사람, 일하는 와중에도 돌봄에 대한 요구에 계속해서 대처해야 하는 사람은 지금의 노동시장이 줄이고 싶어 하는 비용이다. 2016년 이후 비혼의 필요성에 대해 강하게 공감하는 당사자들의 실천은 현재의 자본주의 노동시장이 돌봄의 비용을 여성에게 외주화해 온 오래된 차별에 대한 적극적인 대응임은 분명하다. 하지만 이상적인 노동자상과 생산성에 대한 구조적 변화 없이는 노동 그 자체에 접근하기 어려운 사람들에게는 대안을 주지 못한다.

결혼과 출산뿐만 아니라 먹고 씻고, 마음을 위로하고, 자기 삶을 유지하기 위해서도 돌봄노동이 필요하다. 새로운 비혼 담론이 결혼과 출산에서 벗어나는 것과 돌봄노동의 불평등한 배분으로부터 벗어나는 것을 동일시할 때, 비혼여성의 삶은 그가 실제로 수행하는 수많은 돌봄의 서사에서 탈각된다. 나이가 들거나 아파서 생의 어느 순간에는 타인으로부터 받을 수밖에 없는 돌봄을 경제적 성취를 통해 개인적으로 해결하는 것은 가족을 노후 대안으로 삼지 않겠다는 의도에는 부합한다. 하지만 이는 가부장제와 자본주의의 결합하에 계급과 국경을 기준으로 더 적극적으로 외주화되고 있는 돌봄노동의 불평등에 대해서 침묵하는 방식일 수밖에 없다.

지은숙(2020)은 "한국에서 비혼이라는 용어는 1990년대 후반 처음 등장할 때부터 여성주의 의제로서 제기되었고, 집단적으로 추구하는 가치의 성격을 띠고 발전해 왔다"[4]고 이야기한다. 비혼 운동은 그 시작부터 소수자가 한국사회에서 경험하는 차별과 불평등이 가족제도와 이를 기반으로 한 경제구조, 사회정책과 어떻게 연관되어 있는지를 밝히고자 했던 사회운동이었다. 이 글은 결혼과 가족을 중심으로 구성된 가족복지체계와 노동시장의 성별 분업, 이성애·핵가족 제도를 통해 '정상적 여성'으로 젠더화되는 과정에 대해 문제를 제기하는 비혼 운동에 주목한다. 여성주의문화운동단체 언니네트워크의 운동을 중심으로 비혼 운동의 시작과 변화의 궤적을 더듬으며, '여성-되기'에 도전해 온 젠더정치, 돌봄과 친밀성을 향한 새로운 유대를 발굴해 온 가족정치의 차원에서 비혼 운동의 의미를 짚어 보려 한다.

여성주의 의제로서
비혼과 영페미니스트young feminist 운동

　1990년대 후반 호주제 폐지운동, 새로운 신분등록제 운동과 함께 등장한 비혼 운동은 가부장적 가족제도를 경유해야만 도달할 수 있는 시민적 주체의 상에 대한 여성주의적 비판을 배경으로 한다. 비혼 운동은 여성이 누군가의 딸·아내·어머니라는 남성과의 관계적 지위이자 가부장적 가족 지위를 통해서만 사회적으로 인정받는 것이 아니라 개인으로서 존재할 수 있다고 주장함으로써, 가족을 경유하지 않고 국가와 어떻게 관계 맺을 것인지, 어떻게 시민권을 획득할 것인지 질문을 던지고자 했다.

　1990년대 후반은 IMF 경제위기를 기점으로 한국사회에서 가족위기론이 급부상하기 시작한 시점이었다. IMF 시기 이후 실업한 남성 가장의 가출 문제나 가족살해 후 자살, 가정폭력, 이혼 증가 등이 '가족해체' 현상의 단면으로 이야기되었다.[5] 한편, 생애주기 동안 교육이나 노동시장에서의 개인적 성취가 강조되고 결혼 역시 개인의 선택으로 여겨지는 인식의 변화와 함께 1990년에서 2000년 사이 여성의 대학 진학률은 31.9%에서 65.4%로 두 배 이상 상승했다.[6] '가임 여성'으로 분류되는 25~29세에서 미혼율도 급격히 상승했다.[7] 이러한 여성의 생애주기의 변화는 가족해체를 가속화하는 원인 중의 하나로 지목되었다. "가족을 먹여 살리는 남성 가장의 생애와 그러한 아버지에게 의존하는 삶이 당연한 가족주의 시민 모델의 사회에서, 남성 노동자의 생애 불안정성이 가속화될 때 그것은 곧 국가적인 위험이 되어 적극적으로 대처해야만 하는 사회적인 위기가 되었"[8]으며, 이러한 위기에 대한 해결 방안을 '가족 바로 세우기'에서 찾고자 하는 움직임이 지속적으로 확산되었다.[9]

건강가정기본법 제정을 둘러싸고 2003년 일어난 논란은 생애주기와 가족의 변동을 어떻게 바라볼 것인가에 있어서 차이를 극명하게 드러냈다. 건강가정기본법(당시 건강가정육성기본법)은 혼인과 혈연으로 이루어진 가족을 신성화하고 이를 유지하기 위한 개별 시민의 도덕적 노력을 요구했다.[10] 변화의 현상을 가족해체로 진단하고 '건강가정'을 회복해야 한다는 이러한 관점은 가족 강화를 통해 국가의 복지 부담을 줄이고자 한 것이었다.[11]

같은 시기 대학을 중심으로 시작된 영페미니스트 운동은 가족 변동에 대한 이러한 보수적 해석을 비판적으로 바라보고 개입하고자 했다. 젠더 문제를 계급이나 민족 운동의 부차적인 것으로 보는 기존 운동을 비판하고 섹슈얼리티, 관계, 돌봄 등 일상의 차별에 집중했다.[12] 단일한 범주로서의 '여성'을 해체하고 소수자 여성의 시민권을 주장한 영페미니스트 운동은[13] 결혼 바깥에서 만들어지는 관계와 섹슈얼리티 실천을 드러내는 것을 주요 과제로 삼았다. 영페미니스트에게 "소비자본주의를 거치면서 개인이 강조되던 문화, 핵가족을 이룬 베이비부머 세대의 딸·아들 차별 없는 교육열, 남자 혼자 벌어 처자식 먹여 살리는 것이 불가능해진 경제구조의 변화"는 가족해체나 국가적 위기를 초래한 상황이 아니라 "비로소 여성이 결혼제도 바깥에서 자기 삶을 구상하는 것이 가능해"[14]진 것을 의미했다. 건강가정기본법 제정의 핵심인 '가족 단위의 복지'는, 비로소 여성이 남성 가장이라는 생계부양자 모델에 기대지 않고 개인으로서 사회에서 생존할 수 있는 기반을 논의하기 시작한 상황에서 여성의 시민권을 이성애 중심적이고 가부장적인 가족제도를 통과해야만 하는 것으로 다시 끌어내리는 후퇴였다.

여성운동 내부의 차이와 비혼 운동

영페미니스트를 중심으로 2004년 설립된 여성주의문화운동단체 언니네트워크는 2005년 3월 호주제가 폐지되고 '여성부'가 '여성가족부'로 바뀌면서부터 비혼 운동을 본격화했다. 여성가족부로의 개편은 보건복지부가 담당하던 건강가정기본법과 모·부자복지법을 여성부로 이관하면서 '가족보호 및 출산 정책'을 기존 기능과 연계하여 핵심 정책으로 수행한다는 것이 그 내용이었다. 한국여성단체연합은 "여성계에서는 가족 변화의 핵심이 젠더 관계의 변화에 있기 때문에 성평등한 가족정책의 수립이 현 시기 가족 문제를 풀어갈 수 있는 해법이라고 보았고 그런 점에서 가족 업무를 여성 업무와 통합해서 추진하는 방안도 좋다는 의견을 제시해 왔다"며 "따라서 이번에 여성가족부로 개편하여 새로운 관점과 틀로 가족정책을 추진하는 방향에 대해서 환영"[15]한다는 입장을 발표했다. 반면 언니네트워크는 〈'여성가족부'에 반대합니다!〉라는 성명서를 통해, 여성이 여전히 가족과 함께 이야기되는 상황을 비판하고 가족의 변화를 가족의 해체로 바라보는 관점에서의 여성가족부 개편에 반대했다.

가족의 위기가 아니라 가족 때문에 위기

오랜 세월 동안 이성애 '정상가족' 안에서 어머니로, 딸로, 아내로 살아온 여성들의 경험은, 그곳이 무작정 안전하지도 행복하지도 않다는 것을, 아내폭력이 목격되고, 여성에게 가사노동과 출산·육아를 강요하면서 동시에 여성의 노동권을 박탈하고, 이성애중심주의가 가장 첨예하게 실행되는 공간이라는 것을 말해 줍니다. 그래서 어머니·딸·아내였던 그녀들은 이제 '가족' 밖에서 다른 삶들을 기획하고 살아가려 합니다. 그녀들은 출산파업을 하고, 이혼을 결심하고, 비혼의 삶을 살아가고, 혈연과 결혼으로 묶이지 않았지만 혈연과 결혼으로 묶인 이들보다 더 많은 사랑을 함께 할 수 있는 이들과 함께하는 삶을 선택하고 있습니다.

그런데 정부와 많은 언론들은 이런 그녀들의 선택을 '가족의 위기'라고 부르고 있습니다. 그러니 이렇게 정부가 나서서 존재하지 않는 가족의 감동을 연출하고 있는 것이지요. 이미 실현되고 있는 삶의 방향들에 역행하는 이런 정부의 가족 복구를 위한 몸부림은 단지 공익 광고에만 그치지 않고 있습니다. 그러나 사실, 다른 삶을 살아가는 우리에게는 국가의 이런 몸부림이야말로 '위기'입니다. 가족 이야기라면 이제 더 하고 싶지도 않을 만큼 지긋지긋하지만, 그러나 우리는 다시 가족을 다른 목소리로 말해야 합니다. 정부의 이런 몸부림이 우리의 삶에 직접적인 영향을 끼칠 것이기 때문입니다.

_2005년 3월 5일 언니네트워크의 성명서 〈'여성가족부'에 반대합니다!〉 중[16]

이러한 언니네트워크의 비혼 운동은 가족을 둘러싸고 여성주의 운동 내부의 차이가 분명히 드러나기 시작한 것과도 배경을 같이 한다. 2003년 세계 여성의 날을 맞이해 장애여성공감, 전쟁을반대하는여성연대, 한국여성성적소수자인권운동모임 끼리끼리가 함께 결성한 '다름으로닮은여성연대'는 2004년 《무지개포럼: 가족에 대해 다르게 말하기, 대안적 상상력》이라는 토론회를 열었다. 또한 《3·8 여성무지개시위 2004》를 통해 "이성애 중심의 가족을 강요하지 마라", "장애여성도 다양한 가족을 구성할 권리가 있다" 등의 슬로건을 내세웠다. "여성운동 내의 가려진 목소리, 이른바 비주류 여성들의 목소리를 내고자 하는 것이 무지개시위의 목적이며 특징"[17] 이었는데, 이는 가족의 위기가 아니라 가족주의의 위기라고 이야기하면서도 가족의 변화를 결국 이성애·비장애·핵가족 중심으로 바라보는 주류 여성주의 운동의 한계를 지적하는 것이었다. 탈시설과 장애여성의 독립, 성소수자의 가족을 구성할 권리 등 기존의 이성애 중심적 관계, 법률혼·혈연으로 구성된 가족이 아닌 다양한 관계에 대한 개인들의 욕구를 살펴보고 담론화하려는 노력이 이어졌다.

비혼 운동은 소수자 여성의 권리 운동의 자장 속에서, 이성애·핵가족 중심으로 구성되는 가족, 생애주기, 젠더 정상성에 대항하는 정치적 언어이자 삶의 방식으로 '비혼'을 의미화하기 시작했다. 특히, 성소수자의 커밍아웃 이후 삶이 보장되지 않는 척박한 상황 속에서 여성 성소수자의 결혼제도 밖 삶에 대한 필요와 욕구는 언니네트워크의 비혼 운동을 구성하는 주요 동력이 되기도 했다.

비혼을 사회적으로 가시화하기

2006년 언니네트워크는 정상가족의 바깥에서 다른 가족이나 공동체를 꾸리며 살아가는, 혹은 가족을 구성하지 않고 살아가는 여성들의 삶에 대한 고민을 바탕으로 '한국사회의 비혼여성 차별'에 대한 저항을 단체의 주요 운동과제로 설정하였다.[18] 《비혼을 비혼이라 부르지 못하고…》, 《비혼 맞춤형 경제생활》, 《비혼 차별적 제도, 이건 아니잖습니까!》라는 연속 토론회를 개최함으로써, 누구도 아닌 나/우리 자신의 문제로서 비혼을 사회적으로 가시화하고 이슈화해야 한다는 목표를 세웠다.

이를 바탕으로 제1회 비혼여성축제 《비혼, 꽃이 피었습니다》를 개최했다. 2007년 3월 10일, 서울 대학로 마로니에공원에 레드카펫이 깔렸다. 돌의자는 '하객'이 앉을 수 있게 분홍색 천과 꽃으로 곱게 장식되었다. 콘서트처럼 신나고 떠들썩하게 노래와 춤 공연이 이루어지고, 이어서 검은 슈트에 붉은빛 망토를 두른 참가자들이 나와 〈비혼 선언문〉을 함께 낭독했다.

우리는 비혼여성입니다. 결혼하지 못한 미혼여성이 아닌, 결혼하지 않은 상태를 선택한 비혼여성입니다. 그러나 우리는 고립된 섬을 선택하지 않습니다. 우리는 홀로 꽃필 수도 있고, 함께 꽃필 수도 있는 자유롭고 완전한 존재입니다. 우리는 배타적인 정상가족과 결혼제도를 넘어 새로운 공동체를 꿈꿉니다. 다양한 사람들이 다양한 생활 방식으로 살아 나가며, 다름이 문제가 아닌 더 큰 힘이 되는 공동체를 만들려 합니다. 우리는 가장 나다운 방식으로 멋지게 살아 나갈 것이며, 비혼 차별이 없어지는 그날까지 비혼여성임을 자랑스레, 끊임없이 선포할 것입니다. 오늘 우리는 자유를 열망하는 사람들의 떠들썩한 축복 속에서 비혼으로 홀로 또 함께 잘 살겠노라고 신성하게 선언합니다.

이 축제에서 가장 주목받았던 행사는 '비혼식'이었다. 비혼식 참여자는 누구의 손에도 인도되지 않고 레드카펫 위로 걸어 나가 무대에서 자신이 선택한 삶에 대해 낭독했다. 기존의 결혼식이 아버지로부터 남편에게 여성의 존재를 전달하는 가부장적 의식인 동시에 이성 간의 결합을 공동체적으로 공표하고 축하하는 이성애 중심적인 절차로 행해지는 것을 비판적으로 재현한 것이었다. 결혼을 미성숙에서 성숙으로 이행하는 계기, 출산·양육·돌봄이 이루어지는 영구적인 공동체를 이루는 행위, 특히 가부장적 가족 안에서 여성의 위치가 딸에서 아내·어머니로 재조정되는 절차로 여길 때, 비혼여성은 계속해서 '임시적인', '주인 없는', '미성숙한' 상태로 남아 있게 된다.

언니네트워크는 비혼이 단순한 개인적 선택이 아니라 "배타적인 정상가족과 결혼제도를 넘어"서기 위한 집단적이고 지속적인 운동이라고 선언하고, "함께 꽃필 수 있는" 새로운 공동체를 언급함으로써 독신으로만 연상되는 비혼의 삶에서 다양한 관계성을 상상할 수 있게 만들었다. 또한 이성 간 결합만 허용하는 협소한 결혼제도와 결혼 밖의 섹슈얼리티를 비정상적인 것으로 여기는 섹슈얼리티 위계에 균열을 내는 운동으로서 비혼을 의미화했다.

'자유로운 선택'이라는 환상에 대항하기

2008년 글로벌 금융위기가 오면서 한국사회에서 졸업-취업-연애-결혼-출산으로 이어지는 전통적 생애주기를 뒷받침해 주던 사회경제적 구조가 붕괴되었다는 해석과 함께 가족의 변화는 다시 한번 남성의 위기로, 사회적 위기로 재현되었다. IMF 금융위기가 남성 가장의 위기였다면, 글로벌 금융위기는 남성 가장이 될 가능성 자체가 위기에 빠진 것이었다. 그러한 위기는 경제적 능력이 있는 여성이 자신보다 계급적으로 더 나은 남성을 선택하고 싶어 하는 경향 때문에 야기된 것처럼 보도되었다.[19] 이때 고학력자와 전문직 종사자가 비혼 비율이 높았다는 통계가 강조되었다.

노동시장의 남성 생계부양자 모델은 여성을 집안일과 같은 돌봄노동에 머무르게 하며, 돌봄노동에 대한 저평가는 여성 노동자를 상대적으로 저임금 구조에 머무르게 한다. 가족 부양의 일차적 책임자로 상상되지 않는 여성 노동자는 우선적인 해고 대상으로 고용 불안정에 시달린다. 2009년 상반기 남녀 모두 전년 동월 대비 취업자 수가 감소했는데 사라진 일자리의 75%가 여성 일자리였다.[20] 실제로 어떤 생애주기를 거쳐 어떤 관계를 맺으며 살아가는가와 상관없이 '출산과 양육의 책임'이라는 과제가 계속해서 부여될 때 노동시장에서 여성의 불안정성은 심화된다. 비혼이 '경제적으로 여유 있는 여성의 자유로운 선택'이라는 프레임은 결혼이 아니고서는 생존 가능한 물적 토대를 마련하기 어려운 불평등을 보이지 않는 문제로 만들었다.

2011년에 와서는 이성애 중심적 가족주의의 변화를 '삼포세대'라는 말로 표현하기 시작했다. '삼포'란 경제적 이유로 연애, 결혼, 출산을 포기하는 것으로 성별을 불문하고 청년 세대의 친밀성의 위기 자체를 일컫는 말이었다. 그러나 언론은 이성애 중심의 관계에서 남성의 경제력이 부족해져 여성이 결혼하지 않으려고 하는 것이 이러한 위기의 원인인 것처럼 분석했다.[21] 경제적 불안정으로 인해 미래를 기획하기 어려운 현실에서 결혼을 통해 가족이라는 불확실성까지 짊어지게 되는 것을 피하려는 대다수 청년들의 합리적 결정은 여성의 이기적 선택으로 둔갑하였다.

비혼 운동은 비혼을 경제적 여유를 가진 여성의 자유로운 선택으로 프레이밍 하는 것에 맞서 이성애 중심의 결혼제도에 의한 다양한 소수자 차별로 초점을 옮겨 오려고 했다. 반려동물, 공동체, 파트너십 등의 이야기를 통해 비혼으로 살아가는 삶의 다양한 친밀성을 드러내고 질병, 노년, 외로움 등의 위기에 대응하는 집단적 대안으로 비혼 운동을 확장하고자 했다. 경제적 능력이 아닌 관계와 서로 돌봄을 통해 삶의 취약한 시기를 건너갈 수 있는 가능성을 탐색했다.

비혼 운동은 비혼으로서 관계 맺는 삶, 상호의존에 대한 권리를 '가족구성권'이라는 언어로 더 확장하여 이야기하려고 했다. 2012년에는 언니네트워크와 가족구성권 연구모임이 함께 〈'비정상' 가족들의 '비범한' 미래 기획〉이라는 이름으로 다양한 가족실천에 대한 스토리북을 발간하고 《정상가족 관람불가》라는 전시회를 개최했다. "취약가정 또는 이름 없는 관계로 간주되어 온 비정상 가족들의 행복과 불행, 성장과 실패를 통해 다양한 소수자들의 관계와 삶을 지지할 수 있는 가족구성 권리를 제안"[22]한다는 기획 의도 아래 성소수자, 비혼여성, 비혼모, 장애여성 등 소수자 가족의 함께 살기를 '보여' 줬다.

미정   가족이라고 이름 붙으면···.
시타   그 이름이 다 해결해 줘.
(이구동성) 맞아, 맞아!
미정   그런데 우리는 이름이 안 붙었으니까, 문제를 말로 표현하고 계속 조율해야 돼. 매번, 우리한테 당연한 건 없는 거야.
먼지   매번 의미를 발견하는 과정이잖아. 그게 일어나는 공간이기 때문에 굉장히 좋아, 여기가."[23]

언니네트워크와 가족구성권 연구모임은 이 프로젝트를 통해 가족을 구성할 권리에 대한 협소한 정의를 넘어서기를 요청했다. 법적 등록이나 동거의 시작만으로 서로를 가족, 식구, 파트너로 여기게 되는가? 같이 사는 삶의 규칙과 내용을 만들어 가고, 서로의 삶에 개입하며, 적극적으로 돌봄을 요청하고 협상하고 갈등하는 '가족-되기'라는 과정이 곧 가족의 내용이며, 이러한 가족-되기를 가능하게 하는 조건을 만들어 나가는 것이 바로 가족구성권 운동이다.

비-이성애혼, 비-여자 되기로서의 비혼

이성 간 결합을 통한 가족의 구성과 그 안에서의 섹스, 출산, 양육만이 정상으로 여겨지는 사회에서 비혼여성은 '독신'이자 '처녀'여야 한다. 언니네트워크의 비혼 운동은 비혼이 비단 결혼 바깥에 '혼자' 존재하는 것만을 의미하지 않으며 결혼하지 않는 삶도 얼마든지 수많은 관계 맺기가 가능하다고 주장해 왔다. 특히 비혼의 주체로 여성 성소수자의 존재를 계속해서 언급해 왔다. "동성애자인데 결혼이 허용되지 않아 비혼인 사람, 동성애자이지만 결혼을 원하지 않는 사람"[24]이나 "결혼에서 자신이 꿈꾸는 삶의 모습을 발견하지 못한 사람, 결혼에서 제도적으로 배제될 수밖에 없는 성소수자 커플,

어떤 식으로든 결혼에 발을 담갔다 뺄 수밖에 없었던 사람"[25]을 통해 비혼 스펙트럼의 다양함을 이야기하기도 했다. 이러한 시도들은 비혼 운동을 '퀴어하게' 해석하게 만드는 중요한 요소이기도 했다.

그러나 2000년대 초반부터 비혼 운동이 이어져 온 이래로 그 주체가 다양했다는 점과 여성 성소수자야말로 운동의 가장 강력한 당사자였다는 사실은 사회적으로 의미 있게 포착되지도 공유되지도 않았다. 비혼은 여전히 이성과 결혼하여 아이를 낳고 양육할 것이 기대되는 이성애자가 결혼이라는 생애 사건을 거부하거나 지연하는 것, 즉 '이성애자의 비혼'으로만 해석되었다. 그나마 여성 성소수자가 비혼 운동의 당사자성을 가진다는 것이 공유되는 시민운동의 장 안에서도 마찬가지였다. 비혼을 결혼이라는 '제도적 결합'에 대한 태도로만 해석하는 긴장 속에서, 비혼 운동을 하는 여성 성소수자는 파트너십에 대한 제도적 대안이 나온다면 자연스럽게 벗어날 집단으로 여겨졌다.[26]

비혼 운동에 대한 좁은 이해는 2013년 김조광수·김승환의 동성결혼식을 기점으로 동성 파트너십에 대한 제도적 변화를 촉구하는 운동이 본격화되면서 더욱 논쟁적으로 변모했다. 두 사람의 결혼식은 한국사회에서 게이 커플을 가시화하고, 동성 간 파트너십에 대한 어떤 법적 권리도 없는 상황에서 '결혼식'이라는 의례를 통해 사회적 승인을 요청하였다. 동시에 혼인신고서를 제출할 것을 공표함으로써 파트너십에 대한 법제화 욕구를 '법률혼'을 통해서 성취하겠다는 목표를 드러낸 중요한 시도였다. 여성 성소수자의 다양한 친밀성과 유대 관계에 대한 차별을 해소하고자 하는 필요와 욕구를 운동의 주요 동력 중 하나로 삼아 왔던 언니네트워크의 비혼 운동 안에서도 의문이 제기되었다. 동성혼이 가능해진다면 비혼 운동은 종료될 것인가?

언니네트워크의 비혼 운동은, 기존의 정상가족이 전제하는 이성애 중심성이 퀴어한 섹슈얼리티와 친밀성을 비정상적인 것으로 낙인찍는 섹슈얼리티 위계를 유지하고 이분법적 젠더를 재생산한다는 관점에서 가족 '안'의 삶에 대해 문제를 제기하고자 했다. 어머니·아버지로 자라날 딸·아들이라는 이분법적 젠더를 생산해 내는 제도, '정상여자 되기' 프로젝트로서의 이성애 결혼제도를 비판적으로 바라보았다. 비혼의 정치학은 "결혼/가족제도의 '안'과 '밖'이라는 경계 구성을 통해 어떻게 여성이 규범화되어 왔고 차별받아 왔는가에 대한 문제의식을 포함"[27]하는 것으로 정상/비정상의 경계에 도전하는 퀴어정치학을 담고 있다. 국가가 계속해서 저출생 위기를 이야기하면서도 결혼제도 밖에서 아이를 낳고 돌보는 삶에 대해 모른 척하고, 일·가정 양립이라는 기조 아래 스스로의 노동력으로 아이를 돌볼 공간과 자원을 마련할 수 있는 특정 나이대의 노동자만을 정책 대상으로 상정할 때, 그 바탕이 되는 이성애 정상성에는 이미 시스젠더·비장애·비이주민·중산층 등 다양한 정상성이 교차되어 있다. 결국, 동성 간 파트너십에 대한 어떤 제도적 대안이 나오더라도 가족과 섹슈얼리티에 대한 위계가 사라지지 않는 한 비혼 운동은 비-정상가족 되기, 비-정상여자 되기로서 지속될 것이다.

더 많은 언어

비혼 운동은 그 시작부터 정치적 지향을 담을 수 있는 언어가 '비혼'이 맞는지 고민해 왔다. 비'혼'이라는 이유로 이 운동이 결혼에 대한 태도로만 여겨질 때, 우리에게는 더 많은 언어가 필요하다고 이야기해 왔다. 가족구성권 운동과의 만남은 한국사회의 결혼제도가 어떠한 정상성을 계속 상정하면서 비정상으로 정의되는 시민들을 차별과 불평등 속에 몰아넣는지, 우리에게 어떠한 권리가 필요한지를 더 크게 상상하게 하는 중요한 계기였다.

시민의 생존을 가족 단위의 복지제도를 통해 이성애 법률혼과 혈연으로 이루어진 가족 안에서만 가능하도록 만들어 온 한국사회의 가족 시스템이 더 이상 유지가 불가능하다는 신호가 나오고 있는 지금, 권리의 언어는 비혼 운동을 넘어서 만들어지고 있다. 가족 바깥에서의 생존이 가능하도록 변화를 요청하는 그 언어는, 주거·노동·복지 제도에서 이성애 중심적 정상가족 모델을 벗어나 자원을 평등하게 배분하라는 사회정의 운동이다. 성별이분법적 젠더화 과정과 젠더에 따라 서로 다른 돌봄에 대한 기대가 가족을 통과하며 만들어지는 상황에서 가족의 변화를 요청하는 그 언어는, 간병·양육·돌봄을 시민의 보편적 책무로 상상하고 의료와 죽음의 영역에서 다양한 유대 관계를 인정하라는 돌봄정의 운동이다.

결혼과 출산을 하지 않는다는 것이 우리를 돌봄의 불평등으로부터 해방시킬 것인가? 비혼이 맺고 있는 다양한 관계가 비가시화되면서 오히려 비혼은 원가족 돌봄의 자원이 되기도 한다. 가족 돌봄에 쏟는 감정·신체·경제적 소모에 대해서도 다르게 평가받는다. 아이나 남편 등 이미 돌볼 가족이 있다고 여겨지는 사람이 하는 돌봄노동과 돌볼 사람이 없다고 여겨지는 사람이 하는 돌봄노동은 다르게 평가된다. 본인은 가족 돌봄을 위해 손쉽게 동원되면서 자신을 돌볼 대안을 만들거나 시간과 자원을 배분하기는 어려운 것이 지금의 비혼이 맞이하고 있는 현실이다.

 법으로 혈연으로 묶여 있는 가족이라는 강력한 제도가 아니고서는 서로를 돌볼 유인을 가지지 못하고, 가족이 아닌 타인에게는 돌봄을 기대할 수 없다고 여기는 사회는 오히려 그 가족을 황폐하게 만든다. 지금 한국사회가 맞이하고 있는 극심한 저출생은 아이 양육, 노인 돌봄, 간병 등 가족이 행해야 한다고 여기는 돌봄노동이 누구에게 집중되어 있는지, 그 노동이 어떻게 평가받고 있는지에 대해 인식과 정책의 전환을 이루지 못한 돌봄 부정의가 누적된 결과다. 생애 변동성이 커지고 있는 상황에서 법률이나 혈연으로 고정된 가족이 아니라 변화하는 관계를 담아내는 정책, 돌봄의 공공성을 강화하는 정책이 필요하다. 서로의 위기에 개입할 수 있는 돌봄 능력을 기르는 사회, 돌봄 능력이 또다시 성별에 따라 훈련되는 것이 아니라 평등하게 길러질 수 있도록 원칙을 세우는 사회가 되어야 한다.

 "저는 비혼입니다"라는 말을 이해시키기 위해 덧붙여야 했던 수많은 설명은 이제 누구도 요구하지 않는다. 하지만 '비혼으로 살아가기'에는 아직 많은 설명과 변화가 필요하다. 이러한 변화를 요구하는 그 운동의 이름은 더 이상 '비혼 운동'이 아닐 수도 있다. 그것이 무엇이든, 기존의 가족과 돌봄의 경계에 대한 질문을 던지는 퀴어한 비혼 정치가 계속되기를 기대한다.

죽음 이후의 가족

사후자기결정권과 유언장[1]

/

한가람

죽음 이후의 법률관계와 자기결정권

2008년 10월, 톱스타였던 배우 최진실 씨가 사망했다. 그의 죽음에 사회적 관심이 집중되었고, 잇따라 야구 선수 출신의 전남편과 그녀가 키우던 미성년 자녀들의 양육 문제, 그리고 유명 배우인 만큼 상당한 양으로 추정되던 유산의 향방도 세간의 화제가 되었다. 이런 화제성에서 시작돼 '친권', '후견인', '유언', '상속'과 같은 친족·상속제도에 대해 대중적인 관심과 목소리가 유례없이 높아졌다.

이로 인해 한국사회는 민법상 친족·상속제도의 비어 있는 지점들과 성차별적 구조를 보다 분명히 살펴보게 됐다. 단독으로 친권을 행사하던 최진실 씨가 사망하자마자 전남편의 친권이 '부활'했고, 그에 따라 이제까지 사라져 있던 전남편이 유산을 상속한 자녀들의 양육과 재산을 맡겠다며 갑자기 등장하는 모습과 그것이 법에 따른 것이라는 점을 대중은 납득하기 어려웠다. 이러한 제도적 문제점은 시민운동과 여성단체의 활동, 정치권과 정부의 대책 마련으로까지 이어졌다. 그 결과 이혼 후 단독 친권자가 사망했을 때 친권자를 세밀하게 지정하는 절차에 관한 민법 조항(친권자동부활 금지제, 일명 '최진실법')이 신설되기도 했다.

사람들의 관심은 고인이 유언장을 남겼는지 여부에도 쏠렸다. 유언장을 남겼다면 자녀와 재산에 관한 고인의 뜻과 사후의 대비나 대응 방향을 알 수 있을 것이라는 추측이었다. 그러나 법적인 유언장은 없는 것으로 확인됐다. 고인이 만약 유언장을 남겼다면 친족·상속제도의 문제점을 어느 정도는 극복할 수 있지 않았을까 하는 의문과 안타까움이 일기도 했다. 생전에 자신과 관련된 일이나 재산을 어떻게 처분할지 미리 정할 수 있는 수단이 있었다면, 그리고 그러한 수단이 있다는 것을 알았다면, 고인의 사후에 벌어진 수많은 논란과 안타까운 사연들의 향방은 조금 달라지지 않았을까 하는 것이 대중적인 생각이었다.

이에 관한 개념이 바로 '사후자기결정권'이다. 사후자기결정권이란 생전에 죽음 이후 자신의 신체나 재산 등 신상에 관하여 결정할 권리를 일컫는 말이다. 2015년 헌법재판소는 사후자기결정권을 개인의 헌법상 권리로서 처음으로 인정하는 결정을 내렸다. 무연고자가 사망하여 시신을 인수할 사람이 없는 경우 생전 본인의 의사와 무관하게 시신을 해부용 시체로 제공할 수 있도록 규정한 '시체 해부 및 보존에 관한 법률' 조항이 시체 처분에 대한 자기결정권을 침해하는지 여부에 관한 헌법소원이 제기되었는데, 이 조항이 사후자기결정권을 침해한다고 본 것이다.[2]

무연고자의 장례는 누가 주관할까

사후자기결정권은 최근 장례와 시신 인수와 관련해 자주 언급되고 있다. 가족 관계와 생활 방식이 다변화되면서 친족과 동거하지 않는 사람이 사망하는 경우도 늘었는데, 행정기관이 이런 사람을 '무연고자'라면서 일률적으로 다루어 온 관행에 의문이 제기된 것이다. 같이 지내 왔던 사람이나 장례를 치르려는 친구 등이 있더라도 법률상 친족이 아니라는 이유로 지방자치단체가 망자의 시신이나 장례를 일방적으로 처리하는 사례도 자주 드러났다. 이에 따라 사후자기결정권을 보장해야 한다는 사회적 요구가 부각됐다.[3]

무연고자가 사망했을 때 행정기관이 밟아야 하는 절차는 보건복지부가 매년 펴내는 〈장사업무안내〉에 자세히 매뉴얼화되어 있다. 이에 따르면 지방자치단체장은 무연고자가 사망한 경우 사망자 신원 확인과 연고자 탐문 조사를 해 연고자의 유무를 확인한다. '장사 등에 관한 법률'(장사법)은 배우자, 자녀, 부모, 자녀 외의 직계비속, 부모 외의 직계존속, 형제자매 순으로 연고자의 법적 우선순위를 정하고 있다. 이에 따라 행정기관에서 연고자를 확인했다면 주검을 연고자에게 인도하고, 연고자가 인수를 거부할 때에는 시신처리 위임서를 받아 주검을 화장하여 산골을 하는 등 각 지자체별 절차를 이행한다.

그런데 2020년 〈장사업무안내〉의 개정으로 법률상 친족이 아니더라도 사실혼 배우자나 사실상 생계를 같이해 온 동거인, 정서적 유대 관계를 맺어 온 친구나 종교단체 등도 희망하는 경우에는 장례주관자 또는 연고자로 지방자치단체에 등록할 수가 있게 되었다. 또한 무연고 사망자 본인이 유언장으로 장례주관자를 지정해 두었다면 해당 장례주관자가 연고자로 등록할 수 있도록 변경되었다. 뒤이어 2023년에는 무연고 사망자가 장기적·지속적인 친분 관계를 맺은 사람, 종교활동 및 사회적 연대활동 등을 함께 한 사람, 사망하기 전 본인이 서명한 문서 또는 민법에 따른 유언으로 지정한 사람 역시도 장례를 주관할 수 있도록 하는 내용이 법률로 성문화되기에 이르렀다.[4] 이처럼 사후의 장례나 시신 처리 등에서도 사후자기결정권이 중요한 이슈로 부각되며 이를 위한 제도 역시 마련되고 있다.

앞서 언급한 유명 배우의 죽음이나 무연고자의 장례에서 공통적으로 등장하는 것은, 결국 친족제도와 상속제도의 핵심을 이루는 '직계혈족'이나 '배우자', '유언장' 같은 키워드이다. 그리고 그 속에는 가족 관계, 자기결정권의 행사와 표현, 이것을 보호하기도 또 가로막기도 하는 제도, 현실과 제도의 괴리, 시대적 변화와 한계, 실제로 벌어지는 불평등과 불합리 등 다양한 모습들이 복잡하게 드리워져 있다.

유언장으로 모색하는
대안적 가족제도와 사후자기결정권

이런 것들을 정면으로 다뤄 보려고 시도한 것이 2009년부터 시작한 《'비정상' 가족들의 '비범한' 미래 기획: 찬란한 유언장》(이하 찬란한 유언장) 프로그램이었다. 앞서 언급한 것처럼 이 무렵 죽음 이후에 불거지는 친족·상속제도의 문제점이 사회적으로 큰 이슈가 되었고, 유언장 역시 주요 관심 사안으로 떠오르면서 기획된 행사였다. 이는 가족차별과 가족구성권 배제가 가장 극명하게 드러나는 순간인 죽음에 대처하기 위한 방법을 스스로 만들어 나가는 동시에, 가족제도가 어떻게 제도 바깥의 가족들을 차별하고 있는지를 구체적으로 알아보고 드러내기 위한 것이었다. 이 프로그램을 기획한 또 다른 이유 중 하나는 유언장을 쓰는 것 자체가 동성 커플을 비롯한 가족제도 바깥에 놓여 있는 사람들에게 새로운 가족제도가 필요한지를 알아볼 수 있는 일종의 '수요 조사'가 될 수 있을 것이라는 생각이었다. 또한 가족제도가 보호하지 못하는 죽음 이후의 자기주체성을 유언장으로나마 지킬 수 있는 방법을 모색하겠다는 생각도 있었다.

가족구성권 연구모임은 이 프로그램을 통해 크게 네 가지를 얻으려고 했다. 먼저, 변화한 가족의 상을 반영하지 못한 채 정상가족의 틀에서 벗어난 가족에 차별적으로 작동되는 친족·상속제도의 문제점을 드러내려고 했다. 현재의 친족·상속제도에서 이성애와 혈연관계, 법률혼을 중심으로 한 정상가족과 다른 형태의 가족을 이룬 사람들은 죽음이라는, 한 개인과 그와 관련된 이들에게 매우 결정적이고 중요한 사건에서 차별받게 된다. 이러한 제도 설계는 한 사람의 죽음 앞에서 애도하는 이를 배제하는 현실로 이어진다. 《찬란한 유언장》에서는 이렇게 이성애 핵가족 중심의 가족주의 규범을 지탱하고 있는 상징적·물질적 기제인 친족·상속제도의 문제점을 드러내려고 했다.

다음으로는 유언장을 쓰는 과정에서 다양한 가족의 모습과 가족제도로 인해 발생하는 여러 차별 사례를 직접 수집하고 접해 보려고 했다. 유언장에 담을 내용을 구성하기 위해 자신의 경험을 나누고, 어떤 차별이 발생하는지 서로 확인하고, 유언장으로 대처하는 방법을 찾고, 대처할 수 없다면 어떠한 방법과 변화가 필요한지를 모색해 보고자 했다.

세 번째로는 대안적 가족제도에 대해서 사람들이 어떠한 욕구를 가지고 있는지, 필요성을 인식하고 있는지 확인하고, 이러한 가족제도가 왜 만들어져야 하는지를 알리려고 했다. 이 프로그램에 관심을 가지고 참여하는 이들이 느끼는 문제점을 파악하고, 이를 통해 새로운 가족제도가 필요하다는 것을 대중적으로 알리고 싶었다.

마지막으로 무게를 둔 것은 다양한 가족 형태를 가지고 있는 사람들이 죽음 이후의 삶에 대해 자기결정권을 획득하도록, 유언장을 통해 스스로 힘을 가질 수 있도록 돕는 것이었다. 현재의 제도에서는 정상가족이 아닌 가족공동체 구성원이 아무런 준비 없이 갑작스런 죽음을 맞이할 경우, 자신에게 가장 소중한 파트너나 가족에게 재산이나 유품이 아닌 갈등과 분쟁의 여지만 남겨 주는 안타까운 상황이 발생하게 된다. 그런 의미에서 유언장은 스스로의 주도하에 삶과 죽음, 생의 의미와 소중한 관계들을 정리하는 방식이라 할 수 있다.

찬란한 유언장

유언장은 재산의 귀속, 장례 절차 등 죽음 뒤 발자취를 스스로 결정함으로써 살아생전 자신이 유지해 온 가치가 왜곡되지 않도록 하는 최소한의 장치가 될 수 있다. 나아가 유언장 작성은 현재의 삶을 성찰해 보는 계기를 제공한다는 점에서 그 자체로 유의미한 인생의 전환점을 제공할 수 있다. 그러나 막연하게 유언장이 필요하다는 것을 인식하더라도 실제로 어떻게 써야 법적으로 유효한 유언장이 되는지, 어떠한 내용이 들어가야 하는지 모르는 경우가 대부분이다. 유언장을 통해 무엇을 얻을 수 있는지, 자신의 사망한 이후에 어떠한 일들이 벌어지는지 구체적으로 생각해 보지 못한 경우가 많다.

그래서 《찬란한 유언장》에서는 상속, 장례, 주위 사람들에게 미치는 영향 등 자신이 죽은 다음에 벌어지는 일을 하나하나 짚어 보고, 법적으로 유효한 유언장을 써 봄으로써 사망 이후 발생하는 문제들을 어느 정도 극복할 수 있도록 하는 것을 중요한 목표로 삼았다.

실제 《찬란한 유언장》은 1) 여는 프로그램, 2) 유언장의 의미와 법적 효력 안내, 3) 유언장 작성례를 통한 유언장 쓰는 방법 안내, 4) 참가자가 유언장을 직접 쓰는 시간, 5) 참가자가 쓴 유언장이나 유언 내용, 소감 등을 발표하고 공유하는 시간으로 구성됐다. 여는 프로그램에도 무게를 많이 두었다. 죽음을 주제로 즉흥극을 공연하기도 하고, 동성 커플의 사별을 다룬 단편영화를 상영하기도 했다. 또 자신을 중심에 두고 동심원을 여럿 그린 후 소중한 관계나 물건, 개인사 들을 채워 넣어 보기도 했다. 이를 통해 자신의 삶과 죽음을 함께 생각하면서 그 의미를 담은 유언장을 기대했다. 또 참가자가 유언장 내용을 공유하는 시간을 꼭 배치하였는데, 이는 다양한 형태의 가족을 구성하고 있는 사람들은 유산 정리가 주요 목적인 일반적인 유언장과 구체적으로 어떻게 다른 내용을 쓰게 되는지 참가자들이 서로 나누면서 참고할 수 있기 때문이다. 실제로 이 시간에는 다양한 내용의 유언이 발표되었고, 이것을 들으면서 자신이 놓친 부분을 유언장에 바로 추가하기도 했다.

여러 차례에 걸친 행사에서 참가자들은 참신한 유언을 많이 제시해 주었다. 자신의 유산으로 여성주의 영화를 만들어 달라는 부탁을 넣기도 했고, 영정 사진을 정해 주며 가장 예쁘게 나온 사진으로 해야 한다는 말을 남기기도 했다. 자신의 동성 파트너나 자녀, 노년에 접어든 부모, 그리고 반려동물에 대한 보장책을 세심하게 적기도 했다. 또 장례식은 자신의 유산으로 친구들이 여행을 가는 것으로 대신해 달라는 유언도 있었고, 즐거운 음악이 흐르는 파티를 열어 달라는 이야기도 있었다. 특히 소수자로서 가족과 다름없는 동료들이 자신의 죽음을 충분히 애도할 수 있도록 배려하는 요청이나, 가족제도나 사회적 차별을 비판하고 변화를 꿈꾸는 내용의 유지는 인상적이었다. 여성단체나 인권단체 등 공익단체에 자신의 재산을 유증하겠다는 유언이 많은 것도 두드러지는 모습이었다. 각각의 행사마다 다른 분위기에서 다른 참가자들이 모여 다양한 서사와 유언이 오가면서 프로그램은 역동적으로 진행되었다.

유언장 쓰기를 통한 변화의 모색

《찬란한 유언장》은 편협한 가족주의에 기초한 상속제도와 죽음을 둘러싼 사회적 관행이 초래하는 다양한 가족에 대한 차별을 드러내고, 그러한 가족구성원뿐 아니라 모든 사람이 자신의 삶과 죽음을 보다 가치 있게 의미화할 수 있는 방안으로서 유언장 작성을 대중적으로 확산하는 출발점으로 기획되었다. 나아가 이성애 가족주의하에서 배제된 가족이 오늘날 한국사회를 살아가며 부딪히는 갖가지 차별을 해소하고 가족구성의 권리를 확보해 나가는 것이 궁

[자필증서유언 작성례][5]

유 언 장

나 홍길동이 죽으면 다음과 같이 처리해 주길 바랍니다.

1. 부동산 **은 ○○○에게 상속한다.
2. 은행에 예금된 약 2000만 원은 ○○○에게 상속한다.
3. 경기도 여주에 있는 땅(**면 **리 **번지)은 ○○○에게 준다.
4. ○○○(서울시 **구 **동 **번지)은 나의 차남임을 인지한다.
5. 유언집행자는 ○○○으로 한다.
6. 장례식은 장례주관자를 ○○○으로 하여 간소하게 하며, 시신은 화장해서 납골당에 안치하기 바란다.

20**. **. **.
**시 **구 **동 **번지
유언자 홍길동 (인)

- 자필증서유언은 위와 같이 간소하게 자필로 작성할 수 있다. 전문을 자필로 써야 하고 연월일, 주소, 이름, 날인이 반드시 있어야 법적으로 효력이 있다.

- 위 유언장에서 법정 유언사항은 1~5번이다. 6번(장례 또는 매장에 관한 사항)은 유족 또는 상속인에게 법적으로 강제되는 사항은 아니다. 다만 법정 상속인이 없거나 있더라도 시신 인수를 포기하면 시신이 무연고자로 처리될 수 있는데, 유언장에 장례주관자를 지정한 경우 해당자는 장례를 주관할 수 있다(장사법 제12조 2항). 이 경우 시, 군, 구청 등 행정기관에 장례주관자 또는 연고자 지정신청을 하면 된다(〈장사업무안내〉, 보건복지부, 2024).

극적인 목표였다. 이 프로그램은 현재까지도 매해 진행되고 있으며 지난 10여 년 동안 성소수자, 장애인, 비혼여성, 이주여성, 비수도권 거주 여성 등 매우 다양한 사람이 참여했다.

민법은 유언장에 따라 상속의 효과가 발생하는 것을 원칙으로 하며 고인의 사후결정권을 법정 상속보다 먼저 보장한다. 다만 유언장이 없다면 법정 상속이 이루어진다. 법정 상속은 당대의 재산 형성의 과정과 기여, 그리고 상속인들의 생계 등을 고려한 결과인데, 유언장이 없을 때에는 법정 상속이 가장 합리적인 상속의 내용이자 방법이라고 본다. 여기에는 법정 상속이 가장 고인의 뜻을 반영한다고 여긴다는 의미도 들어 있다.

이것은 일반적으로 의료 기관에서 수술동의서 등을 쓸 때 환자 본인 외에 가족의 동의서를 받는 것이나, 성년후견제도에서 후견인 또는 후견 감독인으로 친족을 흔히 상정하는 것과도 비슷하다. 가족이라면 당사자의 의사를 잘 이해하고, 그를 위한 최선의 판단을 하고, 헌신할 것이라고 전제하는 것이다. 이는 누군가 가족제도에서 멀어져 있다면 그를 위해 장례를 치르고 상속을 집행할 사람이 없다는 뜻이 될 수도 있다.

그러나 이러한 생각은 탈 많은 가족제도가 만들어 낸 허구일 수도 있다는 것이 유언장을 쓰면서 드러났다. 법이 정한 가족이 아니라 새롭게 구성한 가족, 그저 친구이거나 인생의 마지막에 짧게 만난 것 같은 이들이 죽음 앞에서 또는 생애의 어느 순간이나 국면에서는 정서적 유대를 가지고 고난을 함께했으며 헌신적으로 간호와 돌봄을 제공했다. 당사자에게 이들이 소중하다는 것을 확인할 수 있었다. '없는 것보다 못한 가족'도 있고 '가족보다 더 가족 같은 관계'도 있다는 것을 다양한 이들이 쓰는 유언장을 통해 확인할 수 있었다. 원래의 가족이 유류분을 청구하지 못하게 해 달라거나,* 전 재산을 공동체나 단체에 기부하겠다거나, 장례주관자를 법정 상속인이 아니라 동성 파트너나 정서적 유대를 가졌던 친구 등으로 지정하는 것은 유언장에서 전형적으로 볼 수 있는 이야기였다.

《찬란한 유언장》에 관해서는 복잡한 법적 문제에 대해서 충분히, 이해하기 쉽도록 전달하지 못했다는 지적이나 정치적인 이슈화와 새로운 담론 개발이 미흡했다는 평가가 있었다. '차별'에 집중하다 보니 긍정적인 미래 기획으로서의 성격이나 다양한 가족 형태의 대안성을 부각시키지 못했다는 반성도 이어졌다. 그러나 사후자기결정권에 대한 인식을 높이고, 보다 적극적으로 죽음 이후를 생각하며 주체적으로 대비할 수 있는 실질적인 기회를 마련했다는 점은 긍정적으로 평가됐다.

앞으로 《찬란한 유언장》을 발전시키는 것과 더불어, 가족제도와 사후자기결정권 확보에 대한 문제의식과 실천을 더욱 확장하는 과제가 남아 있다. 법적으로는 가족이 아니지만 실제 돌봄 관계에

---

* 유류분이란 상속 재산 중에서 법정 상속인 일부를 위해 반드시 남겨 두어야 하는 일정 부분을 말한다. 상속인의 유류분 청구권은 피상속인(상속 재산을 남기는 자)의 생전에는 포기할 수 없고, 적법하게 유류분 반환청구권자가 행사하는 경우 이를 막을 수는 없다.

있던 사람들의 망인에 대한 애도의 권리는 현실적인 눈앞의 사안이다. 실제로 프로그램 진행 중 참가자들은 성년후견제도 중 임의후견(후견계약), 사전의료지시서, 파트너나 공동체에게 의료결정권을 위임할 수 있는지 등을 많이 물었다. 이것은 모두 인구 구조의 변화와 함께 시급한 정책 과제로 등장하는 이슈이기도 하다. 이렇듯 유언장 쓰기를 통해 모색하는 대안적 가족제도와 사후자기결정권의 확보는 당장 피부에 와닿는 공동체의 문제를 해결하는 데 실마리가 되고 있다.

새로운 결속은
어떻게 이루어지는가

/

4부

다양한 친밀성과 돌봄 관계를 위한 제도적 공간 만들기

'생활동반자'에서 '사회적 가족'까지

/

정현희

'생활동반자법'이란 통상 혼인·혈연 관계 이외의 동거·돌봄 관계를 제도적으로 보호하는 법을 말한다. 국내의 생활동반자법 논의는 2005년, 부계 중심의 가부장적 가족질서를 상징적으로 떠받치고 있던 호주제의 폐지를 전후로 대안적 신분등록제도 및 가족 개념의 확장을 요청하는 흐름 속에서 촉발되었다.

장애여성·비혼여성 운동 등에서는 페미니스트 관점에서 정상가족 중심의 제도 설계를 비판하며, 호주제 폐지 이후의 차별적 신분 규정, 차별적 가족 규정을 둘러싼 싸움을 지속하였다. 원가족으로부터의 독립성과 개인으로서의 주체성, 자기결정권을 주장하는 한편, 혼인·혈연 이외의 다양한 친밀성 및 돌봄 관계를 가시화하였다.[1] 성소수자 인권운동에서는 1999년 프랑스의 시민연대협약 Pacte Civil de Solidarité·PACS, 2001년 독일의 생활동반자관계등록법Gesetz über die Eingetragene Lebenspartnerschaft이 제정되고* 동성혼 법제화가 이뤄진 해외의 변화에 주목하며, 장기적인 동거-동반자 관계를 맺어 온 동성애자 커플을 '가족'으로 드러내기 시작했다.[2]

다양한 소수자들의 목소리는 서로 접합하며 가족 형태에 따른 차별 해소를 외치는 동시에 '가족구성권'에 대한 요구로 의제화되었다. 2006년 현 가족구성권연구소의 전신인 가족구성권 연구모임의 결성 또한 이러한 흐름 속에 있었다. 호주제의 빈자리를 '가족관계등록부'가 채우게 되자, 대안적 신분등록제인 목적별·개인별 신분등록제를 요구했던 움직임의 한 축에서는 한국사회의 공고한 가족 특권과 제도를 약화시키기 위한 전환적 의제를 모색했다. "누구나 자신이 원하는 가족·공동체를 구성하고 어떠한 공동체라 하더라도 차별 없는 지위를 보장받을 수 있는 권리"[3]의 확보와 생활동반자 관계의 법적 지위 보장은 그 전환의 출발점이 되었다.

이명박 정부에 맞선 새로운 진보정당 건설 의지가 표면화되었던 2011년, 가족구성권 연구모임은 새 정당의 의제 설정에 개입하여 생활동반자법 제정을 제안하기 위해 해외의 생활동반자법을 번

---

* 생활동반자법과 관련한 해외 입법은 주로 법률혼을 할 수 없었던 동성 간의 생활동반자 관계를 법적으로 보호해야 할 필요성에서 발달한 측면이 있다. 프랑스의 시민연대협약은 적용 대상의 성별을 '이성 또는 동성'으로 규정한 반면, 독일의 생활동반자관계등록법은 그 대상을 '동성'으로 한정한다는 점에서 큰 차이가 있다.

역하고 법안 작성에 착수했다. 이 작업을 밑거름 삼아 2014년 새정치민주연합 진선미 국회의원은 '생활동반자 관계에 관한 법률'의 발의를 준비했고, 이를 계기로 보다 상세한 법안이 마련되었다.

당시 생활동반자법안은 생활동반자 관계의 성립과 효력, 등록을 규정하는 생활동반자 관계에 관한 법률(이하 등록법)의 신설안과 생활동반자 관계의 권리와 의무를 적용하기 위한 부속적인 법(이하 부속법) 개정안으로 구성되었다. 부속법 개정은 세금 공제, 보험 수혜, 주택임대, 돌봄휴가 부여 등 생활동반자 관계의 '무엇을' 보호할 것인지 그 실질적인 내용을 규정한다는 점에서 핵심적이다. 등록법 자체는 외국의 선례를 참고하여 그 골조가 마련되었지만, 각 부속법 개정안은 가족구성권을 둘러싼 시민사회의 요구와 투쟁의 역사를 담고 있는 작업물이라 할 수 있으며, 여기에서 '한국형' 생활동반자법의 지향과 전망을 엿볼 수 있다.

생활동반자법의 취지와 의미는 고정된 것이 아니다. 가족구성권 논의의 지향과 전망, 입법자의 전략, 사회적 요구를 대조하며 끊임없이 변화한다. 이 글에서는 2014년에 나온 법률 초안을 출발점으로 삼아 한국에서 대안적 친밀성·돌봄 관계의 제도화 논의가 담고 있었던 정치적 의미와 전망을 밝히고자 한다. 또한 이러한 전망이 사회 변화에 따라 어떠한 방식으로 재구성되었으며, 어떠한 정치적 설득의 언어를 구사해 왔는지를 비판적으로 분석하고자 한다. 나아가 완전히 고정되지 않은, 끝나지 않은 논의로서의 생활동반자법을 다루고자 한다.

생활동반자법의 내용과 함의:
부속법 개정안을 중심으로

2014년 진선미 의원 안은 등록법과 함께 열 개의 법률[*]에 대한 부속 개정안을 포함했다.[4] 누군가는 왜 생활동반자법 때문에 공직선거법까지 개정해야 하는지 의문을 가질지도 모른다. 진선미 의원 안은 단순히 외국의 법률을 모사해 현지화한 것이 아니라, 시민사회의 다양한 비판 담론과 여러 갈래의 투쟁의 역동을 망라한 작업물이었다.

분신分身으로서의 가족:
공직선거법을 둘러싼 장애인·성소수자·비혼 정치인의 싸움

공직선거에서 (예비)후보자의 명함을 나누어 주는 행위는 일반적인 선거운동과는 다른 특수한 행위로 간주되며, 함께 명함을 돌릴 수 있는 사람의 범위를 법률로 규정하고 있다. 이 규정은 2005년 신설되었는데 그 범위를 '예비후보자가 함께 다니는 자 중에서 지정한 1인'과 '예비후보자의 배우자나 직계존비속 중에서 신고한 1인'으로 정하였다.

비장애인·이성애자 남성 후보로 점철된 공직선거의 장을 비집

---

[*] 소득세법, 국민건강보험법, 임대주택법, 남녀고용평등과 일·가정 양립 지원에 관한 법률, 의료법, 가정폭력범죄의 처벌 등에 관한 특례법, 공직자윤리법, 공직선거법, 아동복지법, 국가인권위원회법.

고 여성, 장애인, 비혼자, 청년, 성소수자 등이 출마하면서 해당 규정을 둘러싼 싸움이 시작되었다. 2008년 18대 총선에 출마한 "한국 최초의 커밍아웃 성소수자 국회의원 후보" 최현숙(진보신당)은 공직선거법의 해당 조항이 이혼했거나 배우자와 사별한 사람, 결혼하지 않은 사람, 그리고 혼인할 수 없는 동성애자 등 소수자의 피선거권에 불이익을 주기 때문에[5] 평등권을 침해한다고 헌법소원을 제기했으나 각하되었다.[6]

2009년 2월 지방선거에 출마한 사회당 중증장애인 후보들은 "공직선거법이 후보자나 그 배우자가 중증장애인인 경우 활동보조인에 관한 규정을 두지 않아 평등권 등 헌법상 기본권을 침해했다"며 헌법소원을 제기했다.[7] 해당 조항의 위헌성은 정족수 미달로 기각되었으나 "활동보조인이 그들의 수족이 되어 기계적으로 명함을 나누어 주는 행위는 후보자 또는 배우자가 이를 직접 주는 것과 동일하게 평가될 수 있는 것"이고 활동보조인을 포함한다는 점이 명기되어 있지 않더라도 "당연히 중증장애인인 후보자 또는 후보자의 배우자의 경우에는 활동보조인도 포함되어 있다고 보아야 한다"라는 의견을 제시하며 법 개정의 필요성을 강조하였다.[8] 그 결과 활동보조인도 명함을 배부하는 등의 선거운동을 할 수 있게 되었다.[9]

2010년 공직선거법 여타 조항이 개정되며 후보자의 배우자와 혈족이 선거운동에 높은 강도로 참여할 수 있게 되었다. 선거운동의 자유를 확대하려는 취지[10]에서 종전에는 가족 중 한 명으로 제한되었던 규정이 '배우자, 직계존비속 전부(제60조의3 2항 1호)' 및

'배우자가 지정한 1인(3호)'까지로 그 범위가 확대된 것이다. 이에 2011년 기초의원 선거의 한 예비후보자는 이 조항에 대해 헌법소원을 제기하였다. 헌법재판소는 "배우자의 유무라는 우연적인 사정에 근거하여 합리적 이유 없이 배우자 없는 예비후보자를 차별 취급하는 것이므로, 이 사건 3호 법률 조항은 청구인의 평등권을 침해한다"라며 배우자가 지정한 1인을 명시한 3호에 대해서만 위헌으로 판단하였다.[11]

2016년 기초의원 선거에 출마한 노동당 하윤정도 "결혼하지 않고 자녀도 없는 후보는 배우자와 자녀가 있어 이들이 선거운동에 협력하는 다른 후보들에 비해 불리"하다며 "가족의 참여를 당연한 것으로 규정한 선거법은 현재 1인 가구의 급증 및 비혼자의 증가를 전혀 고려하지 않고 이른바 '정상가족'만을 고려한 낡은 법"이라고 헌법소원을 제기했다.[12] 재판부는 앞선 위헌 결정을 인용하며 3호에 대해서만 위헌으로 판단하고 이번에도 나머지 조항에 대한 심판 청구는 기각했다.[13]

이와 같은 헌법재판소의 결정을 인용하여 2018년 법 개정이 이뤄졌다. '배우자가 지정한 1인'은 삭제되었으며 '배우자가 없는 경우 예비후보자가 지정한 1인'이 포함되었다. 기존의 조항은 가족 형태에 따라 선거운동의 유불리가 있을 수 있다는 점에서 차별이라고 인정된 것이며, 그러한 불이익을 개선했다는 점에서 이 개정은 반차별과 평등의 관점에 부합한다고 할 수 있다.

한편, 배우자와 직계존비속에 부여했던 특수한 지위를 삭제하는 방향으로 차별 시정을 촉구했던 목소리도 있었다. 그러나 배우자와 직계존비속을 명시한 1호는 어떤 결정례에서도 부정된 적이 없었고, 헌법재판소는 "예비후보자와 동일시할 수 있는 배우자나 직계존비속에 한정하여 명함을 교부하거나 지지를 호소할 수 있도록 한 것에는 합리적 이유가 있다"[14]고 적시하면서 가족의 특수한 지위를 방어해 왔다. 이는 재판부가 가족을 후보자의 '분신分身'으로 해석하고 있음을 시사한다.

하윤정 후보는 해당 조항을 "50대 남성 정치인에게 유리한 법"이라고 비판하였는데, 이는 호주제 폐지 이후에도 제도 곳곳에 스며들어 있는 가족주의가 결국 남성 중심적 가부장제를 떠받치고 있다는 점을 폭로한다. 선거에서 '가족의 분신술'을 극대화할 수 있는 주체가 바로 50대 기혼 남성이었고, 이들이 바로 공직선거법 개정의 이해당사자이자 입법자였던 것이다.

공직선거법에서 가족이라는 특수한 지위를 삭제하지는 못했으나, 평등권 침해의 대안으로 채택된 '예비후보자가 지정한 1인'은 가족에게 개인의 결정권을 자동적으로 위임하거나 정보를 공개하는 문제를 해소할 수 있는 아이디어로서 의미가 있다. 국민투표법 제59조 3항*, 검역법 제16조 6항** 등에서는 '가족 또는 본인이 지정

---

*   ③ 맹인, 기타 신체의 불구로 인하여 자신이 기표를 할 수 없는 투표인은 그 가족 또는 본인이 지정한 사람 2인을 동반하여 투표를 원조하게 할 수 있다.

** ⑥ 검역소장은 검역감염병 환자 등을 격리하였을 때에는 보건복지부령으로 정하는 바에 따라 격리 사실을 격리 대상자 및 격리 대상자의 가족, 보호자 또는 격리 대상자가 지정한 사람에게 알려야 한다.

한 사람'에게 권한을 부여하고 있는데, '가족'이 '지정한 사람'에 대해 우선권을 행사하지 못한다는 점에서 자기결정권이 실현된다고 할 수 있다.

2014년 생활동반자법안은 '배우자'의 자리에 '생활동반자'를 동시에 기입할 수 있도록 공직선거법뿐 아니라 여타의 부속법 개정을 요구하였다. 생활동반자법안을 통한 가족구성권 요구는 배우자와 직계존비속에 부여했던 특수한 지위를 부정하기보다는 생활동반자 관계를 '가족'에 포함시키고 가시화하는 방향으로 이뤄져 왔다. 이는 가족을 적용 범위로 삼는 현행법이 무수히 존재하는 한국의 법 제도적 여건에 기인한다.[15] 가족을 폐기하는 것보다는 그 범위를 확장하는 것이 다양한 친밀성·돌봄 관계의 제도적 포함과 이를 통한 특권적 가족 지위의 약화에 유효하리라는 전망을 가졌던 것이다.

가족은 정말 확장될 수 있을까

가족구성권연구소는 현행법에서 규정하는 가족의 의미를 다음과 같이 구분하여 제시하였다. 현행법상 가족은 개인의 의사결정을 대리할 수 있으며(장기 등 이식에 관한 법률, 공직선거법), 가족구성원의 개인정보에 접근할 수 있다(의료법, 재난 및 안전관리 기본법). 가족은 하나의 공동체로서 통합적으로 지원되며(국민연금법, 학교안전사고 예방 및 보상에 관한 법률), 돌봄의 공동체이자(남녀고용평등과 일·가정 양립 지원에 관한 법률) 경제적 이해 공동체로 인정된다(소득세법). 즉, 가족은 한 시민의 사회안전망 설계 전반에 개입되어

있는 것이다.[16]

　이와 같은 설계의 위험성은 실제로 법적 가족에 우선하는 친밀한 상호돌봄 관계 속에 살아가는 사람들에게는 아무런 안전망이 되지 못하며 오히려 사회적 고립을 심화시킬 수 있다는 사실에 있다. 장기적 돌봄 관계를 맺고 살아가는 성소수자·비혼 동거 커플에 대한 연구와 사회운동, 최근 무연고자의 죽음에 대한 연구 및 '공영장례'라는 사회적 실천 가운데에서 드러난 다양한 비혈연 돌봄 관계[17]는 가족 중심의 제도가 실제적 관계에 대한 비가시화, 주변화, 불인정 등을 통해 소수자들이 어렵게 일궈 온 사적 돌봄망을 무력화하고 있음을 날카롭게 폭로하고 있다.

　2014년 진선미 의원의 생활동반자법안 제9조는 생활동반자 관계 당사자 간의 동거·부양·협조 의무를 규정했다. 이는 민법 제826조의 "부부는 동거하며 서로 부양하고 협조하여야 한다"라는 조문을 바꾼 것이다. 부부 관계가 여러 가지 사회보장이나 세제, 재정적 혜택을 받는 이유는 부부가 실제로 어떻게 살아가고 있는지와 상관없이 상호의존과 협력의 계약 관계로 규정되어 있기 때문이다. 이와 같은 돌봄과 의존은 부부나 혈족 관계에서만 이뤄지는 것이 아니라는 점은 다양한 시민운동을 통해 무수히 드러났지만 여전히 제도적 변화는 미미한 수준이다.

　앞서 살펴보았듯 2014년 진선미 의원이 생활동반자 관계에 관한 법률 발의를 준비하면서 법률 초안을 작성하고 본격적인 공론화가 시작되었으나 실제로 발의하지는 못했다. 2021년 기본소득당 용혜인 의원도 생활동반자법 제정을 위한 국회토론회 《가족, 결혼을 넘다》를 개최하였지만 법안 발의로 이어지지는 않았다. 2022년 대통령 선거에 출마한 진보정당의 후보들은 일제히 생활동반자법을 공약으로 내놓았고, 더불어민주당 이재명 후보는 이와 유사하지만 조금 다른 연대관계인등록법을 제안했다. 혼인·혈연 관계 이외의 연대 관계를 보호하려는 구상은 어느 정도 '진보'의 정치적 상징성을 보여 주는 듯하지만 국회에서는 오랜 기간 발의조차 되지 않았다.

생활동반자법의 쟁점

생활동반자법은 부속법의 목록과 내용에 따라 다양한 성격을 띨 수 있는 한편, 혼인과 같은 전통적 가족제도, 동성혼 법제화 여부 등 사회의 여타 가족법과의 관계에 따라 그 위상과 의미가 달라질 수 있다. 실제로 앞서 언급한 프랑스의 시민연대협약 또한 1999년 제정된 이후 두 차례 개정이 이뤄지면서 그 법률이 보호하는 권리와 성격이 변화하였다. 박준혁(2022)은 '혼인'과 '시민연대협약'을 구분 짓고자 했던 입법자의 의도와 달리, 2006년과 2016년의 개정을 통해 이 제도가 혼인과 점점 비슷해지고 있다고 분석한다. 또한 동성혼이 인정됨에 따라 동성 파트너십을 보호하는 유일한 제도였던 시민연대협약의 위치는 더욱 혼인과 비슷해져 가고 있으며, 이에 사회 일각에는 이 제도를 거부하고 동거하는 사람들도 많다는 것이다.[18] 프랑스의 사례처럼 비-혼인 관계의 권리·보호 증대가 혼인 지위로의 동화로 귀결되고 있다면 생활동반자법은 어떤 의미를 가질 수 있을까? 생활동반자법은 혼인과 달라야 할까? 혼인할 수 없는 자들을 위한 임시적인 수단일 뿐인가?

생활동반자법의 내용과 제정 움직임은 다면적인 요구와 기대를 담고 있다. 페미니스트 관점에서 정상가족 중심의 제도를 재편해야 한다는 요구와 비판이 그 배경에 자리해 있고, 소수자 인권의 언어로는 '차별', '평등', '동등한 권리' 등으로 표현되어 왔다. 동성애자의 파트너십 및 동성혼 법제화의 요구와 교차되고 있기도 하다. 그만큼 생활동반자법은 정치적으로 까다로운 이슈이지만, 또 그만큼 '진보적'이라는 상징성을 가질 수 있다.

하지만 진보를 자처하는 정치 주체들이 현실 정치의 장에서 새로운 시민결합제도를 의제로 내놓으며 대중을 설득하고자 구사했던 정치적 언어는 운동의 주체들이 요구했던 대안 사회의 전망과 완전히 일치한다고 보기는 어렵다. 2014년 생활동반자법안 발의 준비 당시 진선미 의원은 프랑스의 시민연대협약을 언급하며 다음과 같이 말했다.

> 생활동반자제도 이후 매우 큰 변화가 있었다는 프랑스조차도 결혼의 독점적 지위는 사라지지 않았고 (…) 시민연대협약 이후에도 결혼은 결혼대로의 의미를 유지하고 있음을 보여 주는 것이다. 생활동반자 관계에 관한 법률을 입법하면 전통적 가족이 붕괴하고 가족이 담당

해 온 순기능이 모조리 없어져 사회가 혼란스러울 것이란 건 지나친 호들갑이다. 생활동반자 관계에 관한 법률은 사회적 다양성과 유동성이 커진 현대 사회에서 결혼제도보다 좀 더 유연한 제도를 도입함으로써 사람들이 서로 의지하고 사랑하며 살 수 있게 하는 제도이다. 이는 결혼제도와 상보적인 역할을 한다. 사랑하는 사람과 살고 싶은 자연스러운 욕구들을 충족시켜 주는 것이며, 사회의 밖으로 밀려 나가는 사람들을 제도 안으로 포섭하여 정책적 지원, 관리를 가능하게 하여 사회적 안정과 통합을 증진하는 역할도 하게 된다.[19]

이는 생활동반자법에 대한 보수적 저항을 의식한 정치적 설득의 언어였을 수 있지만, 이와 같은 논의와 질문의 형식은 정치적 설득이 종료되었다고 해서 폐기되지 않으며 법정책의 내용과 성격을 구성하는 데 지속적으로 영향을 미칠 수 있다[20]는 점에서 비판적으로 고찰할 필요가 있다. 이러한 담론은 "사랑하는 사람과 살고 싶은 자연스러운 욕구"가 왜 특정 형태의 사랑(이성애)을 지지하는 방식으로, 특정 형태의 재생산(혼인 관계 내 출산과 양육)을 보호하는 방식으로, 상속권을 보장하며 사회보장의 단위로 인정하는 방식으로 제도화되어 왔는지에 대한 질문을 멈추게 한다.

한편, 현실 정치의 장에서 생활동반자법은 비혼 및 노인 가구, 1인 가구의 증가 등 가속화되고 있는 가족 구조의 변화에 대한 대응으로서 제시되어 온 경향이 있다. 이는 실제 한국에서 벌어지고 있는 사회 변동과 인구 구조를 반영한 논의라고 평가할 수 있지만, 자칫 사회 변화 때문에 '다양한 가족'이 '등장'했다는 가설적 레토릭을 사실로 보이게 만든다. 그동안 한국사회는 소위 정상가족으로만 구성되어 왔다는 착각을 사실로 승인하며 '정상가족'과 '다양한 가족'의 범주적 분절을 야기한다. 또한 '건강하고 이상적인' 정상가족의 범주는 다양한 생애 모델을 억압하면서 구축되어 왔다는 차별의 역사를 삭제하며, 다양한 가족이 기존의 가족제도와 무관한 별개의 형성 메커니즘을 가진다는 인식을 촉진한다.

가족은 늘 다양한 형태로 존재해 왔으며 사회 변동에 따라 그 다양성의 내용이 달라질 뿐이다. 생활동반자법과 같은 대안적 시민연대제도가 '진짜 가족'을 형성하지 못한 잔여적 가족을 위한 제도로 재현되어서는 안 될 것이다.

실로 '다양한' 친밀성과 돌봄 관계를 위하여

2023년에 이르러서야 국회에서는 처음으로 생활동반자 관계에 관한 법률안이 발의되었다. 기본소득당 용혜인 의원[21]과 정의당 장혜영 의원[22]이 각각 대표발의한 법안들은 2014년 진선미 의원안과 비교하여, 생활동반자 관계에서의 입양·양육을 다루고 있다는 점(용혜인 의원안)과 장사 등에 관한 법률, 자살예방 및 생명존중문화 조성을 위한 법률 등 다양한 관계법 개정을 규정하고 있다는 점에서 그간의 다양한 문제의식과 요구를 일부 반영하고 있다. 그러나 상존하는 생활동반자법의 쟁점, 즉 '유사 부부'와 같은 2인 파트너십으로는 삶의 지속가능성을 낙관하기 어렵다는 것을 목도하고 있는 오늘날, 어떤 원리로 가족을 재구성할 것인지에 관한 철학과 전망의 변화를 찾아보기는 쉽지 않다.[23]

두 법안을 살펴보면, 이 법이 비성애적 파트너들의 결합을 포함할 수 있는지, 실제 법이 제정되었을 때 이들이 등록할 만한 법인지는 예단하기 어렵다. 법의 구성 요건이 '19세 이상', '대한민국 국적', '2인'이기 때문에 청소년과 이주민, 3인 이상의 공동체는 배제되는 것 또한 쟁점이다.* 또한 "피성년후견인은 성년후견인의 동의를 받아 생활동반자 관계를 형성할 수 있다"라는 조항은 중대한 자기결정권을 행사하지 못하도록 짜인 현 성년후견제도의 문제를 고스란히 담고 있다. 이 법에 포함되지 않는 이들은 어떤 이름으로 가족구성권을 요구하고 법·정책·제도의 형식으로 권리를 보장받을 수 있을까? 생활동반자법이 모두를 위한 법제도로서 충분하지 않다면 가족구성권 운동에서 이 법은 어떤 위치를 점하고 어떤 역할을 하는 것으로 인식되어야 할까?[24]

한편 또 다른 제도화의 모델도 기억할 필요가 있다. 2019년 가족구성권연구소는 서울시의회 의뢰로 〈서울시 사회적 가족의 지

---

* 2024년 제22대 국회에서 용혜인 의원은 제2조(정의)에 나오는 "대한민국 국적 또는 영주권을 가진"이라는 문구를 삭제하고 '생활동반자 관계'의 정의를 "성년이 된 두 사람이 상호합의에 따라 일상생활, 가사 등을 공유하고 서로 돌보고 부양하는 관계"로 변경하여 법안 재발의를 추진하였다.

위 보장 및 지원방안 연구〉를 수행했고, 2021년 권수정 서울시의원은 연구 결과를 바탕으로 '서울특별시 사회적 가족 지원을 위한 기본 조례안'을 대표발의했다. 이 법안은 '사회적 가족'을 "혈연이나 혼인 관계로 이루어지지 않은 사람들이 모여 생계를 같이 하거나 일상생활, 가사, 소비, 생활 돌봄, 경제적 협력 등을 공유하는 형태의 생활공동체"로 정의하고 다음의 세 가지 유형으로 구분하여 제시하였다.[25]

- 2인 동거 사회적 가족: 두 사람이 서로 돌보는 동반자 관계로 사회적 가족을 구성한 유형
- 주거공동체 사회적 가족: 협동조합주택이나 셰어하우스 등 자발적으로 주거를 함께 하면서 사회적 가족을 구성한 유형
- 네트워크 지향 사회적 가족: 생활을 공유할 수 있는 지역사회 영역에서 가족의 소속감으로 연결된 방식으로 서로 돌봄을 수행하는 사회적 가족

생활동반자법안이 배우자 관계를 모델로 한 2인 파트너십을 규정하고 있는 것과 비교했을 때, 사회적 가족은 2인 동거 관계뿐 아니라 3인 이상의 공동생활자와 동거하지 않고 서로 돌봄을 수행하는 네트워크까지 다양한 관계를 포괄하고 있다. 이는 증가하는 1인 가구의 친밀성, 지역사회에서의 돌봄 등에 관심을 두고 다양한 의제를 만들어 온 시민사회의 노력과 인구·가족 구조의 변화 양상에 발

맞춘 새로운 시도이다. 동거 여부에 관계없이 다양한 생활공동체를 '가족'이라는 제도적 범위로 포괄하면서 혼인·혈연에 한정되어 시행되어 온 가족정책 전반의 철학에 대한 전면적인 전환을 요구한다는 점에서도 그러하다.

생활동반자법이든 사회적 가족 조례든 대안적 가족제도의 핵심은 '다양한 돌봄', '자발적 돌봄'에 있다. 이는 돌봄을 여성의 희생을 전제한 가족의 책임으로 맡겨 두는 가족제도, 이와 같은 책임을 떠안는 법적 가족에 대한 보상·보호적 정책에 대한 비판으로부터 출발한다. 동시에, 실로 다양한 돌봄 관계가 사회에 요구하는 바를 제도로 구체화해야 하며, 대중에게 그 제도를 설득하는 언어 또한 대안적이어야 한다. 생활동반자법에서 사회적 가족 조례까지, 우리가 꿈꾸는 대안적 가족제도란 기존의 익숙한 돌봄 각본을 빌리지 않고서는 사람들을 설득하기 어려운 운명을 가진 것일지도 모른다. 이와 같은 사회적 논의가 그 '익숙함'을 흔드는 계기가 되기 위해서는 무엇이 필요할지 질문을 계속해 나가야 할 것이다.

동성 결합의 실천과
혼인평등 운동

/

이종걸

　한국게이인권운동단체 친구사이(이하 친구사이)는 성소수자의 가족구성권을 고민하면서 가족구성권연구소의 전신인 가족구성권 연구모임의 초창기부터 함께 활동했다. 2013년 말 성소수자 가족구성권 운동의 시작으로 '성소수자 가족구성권 보장을 위한 네트워크'(현 혼인평등연대)에도 참여했다. 친구사이가 이렇게 활동한 것은 단체 내에 동성혼과 생활동반자 관계 제도화에 대한 욕구도 존재했지만, 제도화가 되기 전에 우리라도 서로 돌보는 공간과 활동을 마련해야 한다는 등의 의견이 있었기 때문이다. 하나로 정리되기 어려운 복잡한 이해와 욕구의 양상 속에서 찾은 운동의 방향은 현재 직면한 가족제도에 대한 비판적 접근에서 출발해야 한다는 것이다. 장애, 여성, 이주 등 여러 영역의 차별적 가족제도를 교차적으로 살펴보면서, 그 안에서 성소수자의 다양한 삶의 실천을 알리고 마주한 차별과 불평등을 적극적으로 드러내자는 것이었다.

친구사이는 2015년과 2023년에 동성혼과 관련하여 논의하는 자리를 가졌다. 2015년 3월 친구사이 담론팀에서 기획한 《동성 결혼: 동성애 인권운동의 제도화 전략》이라는 토론회와 2023년 6월 《친구사이와 혼인평등 운동 어떻게 만날 것인가》라는 제목으로 진행한 회원 간담회다.[1] 2015년 3월은 김조광수·김승환 부부의 동성 결혼식 이후로 미국에서 동성혼에 대한 연방대법원 결정이 예고된 시점이었고, 2023년 6월은 한국에서 혼인평등 운동이 성소수자 운동의 중심 의제로 드러난 시기다. 시간의 간극이 있지만 두 자리의 공통된 흐름은 동성혼 의제가 결혼에 대한 평등권 쟁취의 측면에서 논의되어야 하는 것에 대한 원론적인 찬성의 입장이었다.

이 글은 이러한 문제의식에서 출발한 친구사이의 성소수자 가족구성권 운동을 비롯하여 각각의 국면에서의 주요한 논의와 흐름을 정리한다. 또한 가족의 변화가 급격하게 이루어지고 있는 지금, 동성혼 법제화를 목표로 하는 혼인평등 운동에서 더욱 논의되어야 하는 것은 무엇인지 이야기해 보고자 한다.

다양한 방식으로 이루어져 온
성소수자의 가족구성권 실천

동성혼을 포함한 성소수자 가족구성권에 대한 논의나 이를 위한 실천은 1990년대 성소수자 인권운동의 시작 이후 여러 현장에서 다양한 방식으로 진행됐다. 2002년 "내 사위는 여자"란 제목의 기사를 보면, 당시 결혼식을 올린 레즈비언 커플의 한 어머니는 "너희들 절대로 헤어지면 안 된다. 여자이고 동성애이기 때문에 변하고 그런다면 다 가짜다. 사랑한다면서 헤어지면 다 가짜다"라고 말했다.[2] 이성애 중심 사회에서 결혼이라는 제도에 진입하기 위해 2002년 당시에 필요한 규범이 무엇이었는지를 상상해 볼 수 있는 발언이다. 이성애·법률혼 중심 사회에서 법적 지위를 인정받지 못하는 동성혼은 결혼식이라는 의례를 통해 연애와 구분되는 관계의 층위를 공표하고 주변 사람들로부터 인정받는 실천을 통해 이루어졌다.

2004년에는 한 게이 커플의 결혼식이 "국내 첫 동성 간 공개 결혼식"으로 언론에 보도되었다.[3] 양가 부모가 참석하지 않았지만 "축가와 화촉 점화, 성혼선언문 낭독, 혼인 서약, 예물반지 교환" 등 일반적인 결혼식의 절차를 충실하게 따랐다. 관계를 인정하는 자원이 부족한 상황에서 기존 결혼식의 문법을 비판적으로 비틀기는 어려웠지만, 이러한 시도는 제도화되지 않은 관계에서 '가족-되기'의 내용을 만들어 나가는 것이었다. 같은 해 한국여성성적소수자인권운동모임 끼리끼리의 웹진 「또 다른 세상」이 "'결혼'과 우리, 그 백만 가지 이야기"라는 기획특집을 통해 실제 동거하며 살아가는 레즈비언 커플의 현실을 드러냈고, 2010년에도 MBC 시사프로그램 〈후 플러스〉가 긴 시간 동거하며 살아온 동성 커플들을 보도하기도 했다.

관계를 제도화하기: 한국의 혼인평등 운동

호주제 폐지운동을 중심으로 '가족의 제도화'에 대한 새로운 상상이 계속되면서 성소수자 가족구성권의 차원에서도 파트너십을 중심으로 관계를 제도화하는 것에 대한 구체적 논의가 시작되었다. 2004년 제5회 서울퀴어문화축제 토론회《한국에서 동성 결혼은 가능한가: 국내외의 실사례와 실천 방안 모색을 중심으로》를 시작으로, 2006년 친구사이에서 진행한《동성애자의 가족구성권 토론회》, 2007년 가족구성권 연구모임의 워크숍《가족에 관한 발칙한 이야기: 가족구성권 보장을 위한 새로운 길 찾기》등 여러 논의를 이어갔다. 동성 커플이 직면한 차별은 무엇인지, 해외에서 동성혼과 파트너십 제도는 어떻게 논의되고 진행되었는지, 국내에서 동성혼과 파트너십 제도는 가능한지, 그리고 이를 위한 성소수자들의 구체적인 실천은 어떻게 이어져 오고 있는지를 중심으로 논의했다. 일상적인 것에서부터 주거권, 사회복지제도, 위기의 순간 당사자를 대리할 수 있는 배우자로서의 권리 등에서 직면하는 차별을 드러내면서, 동시에 서로를 '가족'이라고 부를 수 있게 하는 관계의 적극적인 내용이 무엇인지 밝히는 것을 과제로 삼아 왔다.

다양한 가족실천 사례를 드러내기 위한 작업도 있었다. 2006년 친구사이에서 진행한 《동성애자가 선정한 예쁜 가족 대회》는 사회적으로 제도적으로 인정받지 못하고 있는 동성애자로 구성된 가족에게 일종의 대안 인증서인 '예쁜 가족증'을 발급하고, 미리 추천 및 신청을 받아 선정한 이들에게 '예쁜 가족상'을 수여하였다. 이 대회는 이들 가족을 이미 충분히 '예쁜' 가족으로 인정함으로써 이들이 가지는 아름다움, 대안성, 진취성을 격려하고 고무시키는 행사였다. 몇 해 전 결혼식을 올린 게이 동성혼 가족, 레즈비언 동거 커플 가족, 이성애자 여성과 세 명의 게이와 반려묘가 함께하는 공동체 가족, 해외에서 결혼한 레즈비언 동성혼 커플과 그중 한 명의 자녀, 반려견으로 이루어진 가족, 이렇게 네 가족이 '예쁐 가족'으로 선정되었다. 10년이 훨씬 지난 지금, 기존의 관계가 해소되고 다른 사람과 관계 맺고 있는 가족도 있다. 당시 선정된 이들 중 한 가족은 자신들은 그렇게 환상적인 가족도, 발전적인 공동체도 아니라고 생각한다고 말했다. 그렇지만 서로가 조금씩 이해하고, 양보하고, 토닥거리기도 하면서 '함께 살아간다'는 생각을 가지고 있다고 했다. 친밀한 관계와 유대감을 통해 함께 살아가는 감각이 가족의 중요한 토대로 작동하고 있다는 것을 알 수 있다.[4]

2013년 김조광수·김승환의 동성 결혼식인 《당연한 결혼식》이 있었다. 당시로서는 대중적으로 가장 널리 알려진 공개 동성 결혼식이었던 만큼 운동 내부에서도 다양한 논의가 있었다. 동성 결합과 관련한 운동의 의미와 제도화 가능성에 대한 논의가 이어졌다.[5] 당시 논의를 정리해 보면, 첫째는 《당연한 결혼식》을 통해 등장한 동성 결합에 대한 의제가 갑자기 생겨난 것이 아니라 혼인·혈연 중심의 정상가족 이데올로기에 대한 문제 제기와 저항 속에서 이어져 온 것이고, 그 흐름 속에 성소수자 가족구성권 운동이 자리하고 있다는 것이다. 둘째는 동성 결합과 관련한 운동이 동성애자뿐만 아니라 특권화된 가족제도 바깥에 놓여 있는 많은 사람들과 함께 나아가야 한다는 것이다. 마지막으로, 동성 결합을 실천하는 운동의 역사 속에서 김조광수·김승환 부부 역시 다양한 이야기 중 하나이며 더 많은 이야기와 삶의 모습의 공유가 필요하다는 의견도 있었다.

한편 《당연한 결혼식》이라는 동성 결혼식을 통해 제도화의 문제가 '결혼 대 비결혼'의 구도로 짜이게 될 때, 성소수자 운동이 주목하는 다양한 성적 실천과 삶의 방식을 차별화하는 사회적인 환경과 규범성에 도전하기보다는 이성애 규범적 가치를 인정하는 방향으로 나아갈 수 있다는 우려가 있었다. 결혼제도 내부에서도 위계적으로 구성되는 장애·인종·젠더·이주·계급 등의 불평등에 대해 결혼을 통한 승인이 중요한 해결점으로 의미화될 수 있다는 의견도 있었다. 그러한 점에서 결혼에 대한 인정이 아닌 그 과정 속에서 가시화되는 불평등성에 대한 문제 제기, 젠더 규범 비틀기, 사회적인 연대의 확대, 주변성의 모색 등이 더 중요하다는 것이다.[6]

《당연한 결혼식》이 있기 며칠 전, 전국 성소수자 인권단체들의 연대체인 성소수자차별반대 무지개행동(이하 무지개행동)은 다음과 같은 논평을 발표했다.

> 우리는 두 사람의 용기와 사랑을 적극 지지하고 축하하며 이들의 결혼식이 성적 소수자들에 대한 편견과 차별을 깨고 평등한 사회적 권리의 보장을 위한 변화에 한 발짝 다가설 수 있는 계기가 되기를 바랍니다. 나아가 우리는 이들의 결혼식이 동성 결혼의 제도적 인정과 사회적 권리 보장을 넘어 동성, 이성 커플에 한정되지 않는 다양한 동반자 관계의 인정과 보장으로, 결혼과 가족제도를 넘어선 보편적인 사회보장으로 나아갈 수 있기를 바랍니다. 우리 사회에는 결혼이나 가족으로 한정되지 않는 다양한 형태의 동반자 관계와 공동체 들이 존재합니다. 결혼을 선택하지 않고 살아가는 동거 커플, 비혼 공동체, 장애인과 청(소)년 자립생활 공동체 등 혼인이나 혈연 관계가 아니어도 오랜 시간 서로의 삶에 가장 중요한 지지자이자 동반자로서 함께 살아가는 이들이 있으며 이들 또한 동등하게 사회적 권리들을 보장받을 수 있어야 합니다.[7]

무지개행동은 두 사람의 결혼식이 당시 성소수자 인권의 현실을 알리고 변화를 촉구하는 데 도움이 될 수 있다고 보았고, 이를 계기로 성소수자 가족구성권 운동이 더 다양한 운동과 만나야 한다는 점을 밝힌 것이다. 또한 비혼 운동을 중심으로 활동하는 언니네트워크는 같은 해 "다양성의 이름으로"라는 글에서 다음과 같이 말했다.

'가족다양성'에 대한 지향은 특정한 형태의 가족을 특권화하고 여타 다른 가족의 형태를 위계화하는 것에 대한 비판 없이 불가능하고, 실제로 동성애자의 삶과 차별, 권리는 그 관계들과 분리되어 있지 않다. 우리에게는 결혼-가족의 연관성을 자연스러운 것, 당연한 것, 가치 있는 것으로 여기는 인식을 상대화할 수 있는, 우리가 경험하는 차별을 구체적으로 사회적으로 언어화할 수 있는 다양한 '기회'와 '권리'가 필요하다.[8]

이처럼 동성혼을 제도화하는 운동 과정에서 필요한 것은 정상가족 제도에서 경험하고 있는 다양한 차별과 위계, 배제에 대한 비판적 관점이며, 기존 가족제도 너머의 다양한 대안과 상상을 만나 함께 변화를 모색하겠다는 운동성이다.

《당연한 결혼식》을 기점으로 하여 동성혼 법제화 운동에 대한 기대와 우려가 다양하게 논의된 이후, 혼인평등연대[9]가 출범했다. 성소수자 가족이 겪고 있는 불평등한 현실을 드러내고, 제도적·사회적 변화를 함께 요구하고, 사회적 지지를 확대하기 위해 2013년부터 활동을 시작했다. 성소수자 단체를 비롯하여 공익인권 및 소송을 다루는 법률 단체 등이 참여했다. 이후 혼인평등연대는 김조광수·김승환 부부의 혼인신고 불수리 처분에 대한 소송, 김용민·소성욱 부부의 동성 배우자 건강보험 피부양자 소송[10] 등을 통해 사회적 논의를 견인하고 쟁점화해 왔다.

한국에서 동성혼 법제화는 이미 존재하는 가족법상의 혼인제도를 성 중립적으로 개정하는 입법적 변화, 또는 현재의 가족법상 혼인을 이성 부부에게 한정하는 것은 헌법에 반한다는 사법적 판단을 통해 실현 가능하다. 이러한 측면에서 동성혼 법제화의 실현 가능성이 높은 경로를 고민한 혼인평등연대는 동성 부부에 대한 혼인신고 불수리 처분에 불복하는 '동성혼 소송'을 제기하는 것을 중요한 전략으로 삼았다. 동성 부부의 구체적인 차별 경험과 직접적인 참여가 필요했기 때문에 주거·의료·직장·연금 등의 영역에서 차별 실태를 조사했고, 커뮤니티를 대상으로 캠페인 및 이벤트를 개최하여 당사자들을 모으고 의제를 알렸다. 또한 국외 동성혼 관련 동향에 대해 지속적으로 공유하고 의미화하는 자리가 국회와 성소수자 운동 내에서 이어졌다. 이러한 활동은 진보 정당 및 시민사회 단체 내에 성소수자 노동자 차별금지 정책과 성소수자 가족 친화정책을 만드는 결과로 이어지기도 했다.[11] 2024년 7월에는 대법원 전원합의체가 동성 동반자의 건강보험 피부양자 지위를 법적으로 인정함으로써 동성 부부에 대한 차별의 문제를 드러내는 소송 전략의 필요성을 다시금 확인할 수 있었다.

상호의존이 가능한 사회를 위한 혼인평등 운동 상상하기

2013년 《당연한 결혼식》 직후 동성 결합에 대한 제도화를 논의하면서 과연 성소수자가 결혼할 수 있는 사회가 된다고 하더라도 성소수자에 대한 차별이 공고한 상황에서 누가 그 제도의 수요자가 될 것인가를 고민했었다. 그 고민이 무색하게, 10여 년의 시간이 흐르면서 SNS와 동영상 공유 플랫폼 등 온라인 개인 미디어를 통해 동성 커플의 다양한 가족실천 이야기가 등장했다. 이들은 동성혼이 가능한 국가에서 혼인신고를 하거나 국내에서 결혼식을 치르고 있고, 수리 여부를 떠나서 실제 혼인신고를 진행하는 동성 커플도 늘고 있다.

성소수자 가족구성권 보장 및 동성혼 법제화를 목표로 활동한 혼인평등연대는 2023년을 기점으로 운동을 확장하고자 했다. 혼인평등연대와 무지개행동은 2022년 중반부터 내부 논의를 진행했고, 무지개행동은 2023년 1월에 열린 총회에서 '동성혼 법제화 대중투쟁'을 중장기 계획으로 설정했다. 차별금지법 제정, 군형법 제92조의6 폐지, 트랜스젠더 인권법 제정 등을 지속적으로 요구해 오는 동안, 성소수자에 대한 혐오 선동이 세력화되고 성소수자를 배제하고 차별하는 법제도적·정치적 시도와 사건이 반복되는 것이 그 배경이었다. 의제 운동에 대한 대항 활동이 이어지고 있는 현실에 대한 문제의식에서 출발했다. 성소수자 권리 실현과 관련한 법제도적 변화의 돌파구를 만들기 위해 동성혼 법제화 의제를 중심으로 중장기적인 전망과 계획을 설정하고, 이를 바탕으로 대중운동을 조직하는 것이 목표였다. 이러한 방향 설정은 한국사회 안에서 주체적인 운동을 만들어 가고자 하는 욕구와 동성혼 법제화가 한국의 대중에게 가

장 친숙한 성소수자 인권 의제라는 인식이 만난 결과이기도 하다.[12]

앞서 언급했던 친구사이의 토론회 《동성 결혼: 동성애 인권운동의 제도화 전략》에서는 다음과 같은 이야기들이 있었다. 당시 논의를 보면, 결혼제도의 불평등과 차별의 문제를 제도 안에서 외연을 확장하는 방식으로 해소할 수 있지 않겠냐는 의견이 있었다. 이를 위해서 동성애자의 혼인에 대한 실제적 욕망과 동성혼 운동에 대한 욕구가 드러나야 한다는 것이다. 가족정치-가족제도의 불평등과 차별의 현실 속에서 성소수자가 가족을 구성했을 때 구체적으로 어떤 제도적 뒷받침이 필요한지 이야기되어야 한다는 의견도 있었다. 또한 다양한 사회적 소수자가 직면하고 있는 차별의 현실에 함께하면서 정상가족 이데올로기를 흔들며 연대의 가능성을 넓혀야 한다는 이야기도 나왔다.[13]

이러한 논의는 혼인평등 운동이 본격화된 지금 운동 과정에 무엇이 필요한지에 대한 중요한 실마리를 제공한다. 동성혼 법제화 및 성소수자 가족구성권 보장을 위한 운동은 평등이라는 민주주의의 보편적 가치를 통해 성소수자가 주체적인 시민으로 드러나고자 하는 투쟁의 현장이다. 하지만 이 운동은 정상가족 이데올로기로 짜인 한국의 가족정치-가족제도와 보수적인 정치 지형 안에서, 그리고 성소수자 이슈를 넘어 불평등과 차별의 관점에서 또한 논의되어야 한다. 앞서 살펴본 동성 배우자 건강보험 피부양자 소송에서 대법원 전원합의체는 건강보험제도가 "오늘날 가족 결합의 변화하는 모습에 적극적으로 대응"해야 한다며 "이를 토대로 국민의 삶의 질과 건강 수준을 향상시키고 나아가 사회보험으로서 사회통합에 크게 기여할 것"이라고 보았다.[14] 이러한 기대를 이루기 위해서는, 혼인평등 운동은 현재 사회보장제도의 불평등의 문제를 짚으며 어떤 가족 형태를 이룬 사람이든 평등권을 침해당하고 있다면 연대하며 함께 목소리를 내야 한다. 친밀성과 가족의 변화가 급격하게 벌어지고 있는 현실에서 사회적 연대 투쟁이 이루어져야 하는 과제인 것이다.

반차별 운동 속에서 만들어진 연대의 감각

사회적 연대 투쟁이 필요하다고 판단한 것은 지난 17년간의 차별금지법 제정운동의 경험 때문이기도 하다. 2007년 성적 지향을 포함한 일곱 가지 차별금지 사유의 삭제를 통해 시작된 법 제정 논의지만, 차별금지법 제정운동은 17년의 시간 동안 한국사회의 구조적 차별의 문제를 각계에서 이야기할 수 있도록 흐름을 만들었다. 성소수자, 이주민, 여성 등의 이슈만으로 인식되었던 초기 운동에서 각계 운동과의 지속적인 결합을 통해 한국사회 전반의 평등 원칙을 요구하는 운동으로 나아간 것은 중요하게 평가해야 하는 지점이다. 차별금지법제정연대의 전신인 반차별공동행동은 각각 다른 기반 위에 있던 반차별 운동들이 여러 차례 간담회와 포럼을 이어 가면서 차별 담론이 확장되고 감수성이 변화하는 것을 경험했다. 인권운동과 여성운동의 교류 속에서 '보편적 인권'의 개념을 다시 돌아볼 수 있었고, 여성과 장애여성, 성소수자 운동이 만나 '여성'의 범주가 어떻게 구성되는지 질문할 수 있었다.

현재 각계 반차별 운동의 현장에서 힘겨운 싸움이 계속되고 있지만, 어두운 정세와 전망 속에서도 놓지 않는 것은 지난 오랜 투쟁 속에서 함께 운동하고 있다는 감각이 쌓이고 있다는 것이다. 2023년 장애인 이동권 투쟁을 지지하는 이들의 열렬한 신문광고 모금 참여에서, 대구 이슬람 사원 증축 투쟁에 대한 연대의 현장에서, 평등은 살아 숨 쉬고 있다는 시민들의 마음이 드러났다. 투쟁으로 쌓아온 경험과 감각을 이어 가는 현장을 통해 평등을 바라는 시민들이 적극적으로 모이고 구체적으로 행동하고 있다. 혼인평등 운동과 생활동반자법[15] 제정을 위한 운동 역시 각계의 반차별 운동과 함께 한국사회에 평등의 원칙을 요구해야 한다. 가족제도의 불평등 문제에 대해 함께 고민하고 논의해야 한다. 따라서 혼인평등 운동이 선택권의 문제를 넘어 평등을 확장해 나가는 운동이 되기 위해서는 '어떤 언어로 문제를 설명하고 어떻게 정체성을 넘어선 연대를 만들 것인가?'가 과제로 놓여 있다고 할 수 있다.

1993년 '초동회'로 시작된 성소수자 인권운동의 역사가 30년을 넘어섰다. 30주년을 맞이한 2023년, 혼인평등 운동과 생활동반자법 제정운동 등 법적 권리 획득을 위한 가족구성권 운동이 21대 국회 입법 발의를 시작으로 발을 떼었다. 당시 한동훈 법무부 장관은 법무부의 기본권 실현 임무와 현존하는 가족제도의 문제점은 망각한 채 '국민적 합의'를 운운하며 동성혼 법제화와 생활동반자법에 대해 부정적 입장을 밝혔다. "차별금지법 제정은 동성혼과 생활동반자법으로 가는 지름길"이라고 주장하는 보수 개신교 세력의 입장을 대신하는 법제사법위원회 소속 의원들은 안타까운 논의 수준을 드러냈다. 이러한 정치권의 낡은 관점에 대항하기 위해서 혼인평등 운동과 가족구성권 운동이 변화시키고자 하는 것이 무엇인지, 다양한 가족구성권의 획득으로 이뤄질 변화는 무엇인지 등을 구체화해야 한다. 그 과정에서 드러나는 차이와 갈등, 쟁점을 직면하고 함께 논의해 나가야 한다.

나아가 사회 재생산의 위기 속에서 유대를 맺고 상호의존 할 수 있는 사회를 만들기 위해, 동성혼과 생활동반자 관계를 포함한 성소수자 커뮤니티 내 다양한 가족실천이 사회적 권리로 연결되기 위한 방법은 무엇인지 고민이 필요하다. 이를 어떻게 운동으로 이어지게 할 것인지, 누구와 함께할 것인지에 대해서도 논의가 필요하다. 이러한 고민은 지난 30년 동안 한국사회가 직면한 위기 속에서 성소수자들이 사회구성원으로 함께 싸워 온 데서 비롯된 것이기도 하다.

관계와 시민의
기본값을 바꾸는 1인 가구

/

홍한솔

넌 어디든 갈 수 있어.

네가 조금만 더 크면… 네가 네 집도, 동네도…

같이 살 사람도 고를 수 있어.[1]

고등학생 '김마리'는 아빠, 오빠와 함께 산다. 마리는 매일 아빠와 오빠가 돌아올 때를 맞춰 밥을 차려 놓는다. 오빠는 집에 돌아오면 밥을 먹고 방에 틀어박혀 게임을 한다. 그러면 마리가 간식을 가져다준다. 설거지도, 청소도, 빨래도 마리 몫이다. 마리가 '대들면' 오빠는 욕설을 뱉으며 마리를 때린다. 아빠는 그걸 '둘이 싸운다'고 표현한다. 마리에게 집은 늘 할 일이 쌓여 있는 곳, 눈치 볼 사람이 있는 곳이다. 집의 정의가 마음 편히 쉬는 곳이라면 마리에겐 집이 없다. 마리에게 집은 벗어나고 싶은 공간이지만 그러기가 쉽진 않다. 마리가 기숙사에 들어가겠다고 말하자 오빠는 이기적이라고 비난한다. 아빠 역시 오빠와 같은 편이다. 둘의 반대 앞에서 마리는 쉽게 기회를 포기하려 한다. 유일하게 자신의 편이 되어 주던 고모에게 "거긴 내가 갈 곳이 아니었어"라고 말하는 마리의 눈에 생기가 없다. 그런 마리의 눈을 똑바로 바라보며 고모는 "넌 어디든 갈 수 있어"라고 힘주어 답한다. 결국 마리는 기숙사에 들어가 새로운 관계를 맺으며 자신만의 집을 그려 나간다.

위 이야기는 각기 다른 이유로 집이 없는 청소년들이 자신의 집을 만들어 가는 과정을 그린 웹툰 〈집이 없어〉에 실린 한 에피소드다. '넌 어디든 갈 수 있으며 집도, 동네도, 같이 살 사람도 고를 수 있다'라는 고모의 대사는 가족구성권의 의미를 직관적으로 드러낸다. 마리가 원가족을 벗어나 '나'의 관계와 '나'의 집을 가꾸어 가는 모습은 1인 가구의 흔한 시작과 닮아 있기도 하다. 특히 1인 가구로 살아가는 지금의 삶이 내게 주는 의미와 닿아 있다.

그렇다면 우리 사회는 '나'를 어떻게 볼까? 나와 같거나 다른 수많은 1인 가구는 어떤 모양으로 살고 있으며, 제도는 이를 어떤 식으로 반영하거나 반영하지 못할까? 이 글은 이러한 질문들에서 출발한다.

1인 가구의 재현:
강조되거나, 사라지거나

2022년 기준 국내 전체 가구 중 1인 가구의 비율은 34.5%로, 2015년부터 꾸준히 증가해 왔다.[2] 1인 가구 집단 간 비교 연구는 주로 세대별 차이에 집중해 온 경향이 있고,[3] 세대에 따른 차이는 1인 가구가 된 사유와 연결된다. 그러나 최근 비혼으로 인한 1인 가구의 증가는 전 연령대에서 보이는 특성이라는 점 등을 고려할 때,[4] 1인 가구의 이질성을 세대만으로 구분해서 보는 관점은 한계가 있을 수 있다.

1인 가구를 바라보는 정책적 시선의 또 다른 경향은 '사회적 고립'과의 연결이다. 동거인이 없(다고 여겨지)는 1인 가구가 다인 가구에 비해 사회적 고립에 취약하기 쉬운 것은 사실이다. 그러나 고립은 1인 가구만의 문제가 아니다. 정확히 말하면, 자의든 타의든 누구나 다인 가구에서 이탈해 혼자가 될 수 있다. 따라서 고립은 1인 가구와 동일시되어 다뤄질 게 아니라, 누가 언제 혼자가 되든 고립되지 않도록 사회안전망을 갖추는 방향으로 논의되어야 한다. 이러한 전제 없이 '1인 가구는 곧 사회적 고립'으로 읽는 경향성은 자칫 1인 가구를 취약계층으로 단순 분류해 사회적 연결을 강제하는 일시적 복지로 이어지거나, 취약계층의 특성에 부합하지 않는 1인 가구를 정책의 사각지대에 머무르게 할 수 있단 점에서 한계가 있다. 혼자 살며 맺는 다양한 관계와 돌봄을 상상할 여지를 제한하기도 한다. 이는 여전히 1인 가구를 외로움이나 고독에 시달리는 임시적이고 미완성된 삶으로 분류하는 사회적 시선과 연결된다.

위와 같은 관점은 1인 가구의 사회적·정책적 재현과 실존하는 삶의 괴리로 이어지는데, 이는 영화이론가 테레사 드 로레티스 Teresa de Lauretis의 통찰을 빌려 와 설명할 수 있다. 그는 가부장제 사회에서 스크린이 재현하는 남성 중심적 여성의 모습을 분석하며 "실존으로서의 소문자 여성women과 가부장제가 재현해 내는 이미지로서의 대문자 여성Women을 구분"할 수 있도록 "실존하는 소문자 여성에 대한 말을 더 많이 만들어 낼 것을 제안"한다.[5] 이러한 편파적 재현과 과잉 대표성의 문제는 문화 담론만의 문제가 아니다. 어떤 영역에서든 사회의 비주류·소수자는 삶과 서사가 생략된 채 주류의 관점에 따라 일반화되어 재현되기 쉽고, 납작한 재현은 이들을 향한 사회적·정책적 몰이해로 이어지기 때문이다.

그런 면에서, 최근 정책연구에서 1인 가구의 다면성을 들여다보려는 움직임이 이는 건 반가운 일이다. 1인 가구의 증가 추세에 맞춰 변화하지 못하는 정책에 대한 문제의식을 밝히며 '행복'을 중심으로 1인 가구 집단 내의 이질성을 조명한 민보경(2023)의 연구[6]가 일례다. 민보경은 국회미래연구원의 〈2022년 한국인의 행복조사〉(2022) 보고서에서 1인 가구를 일곱 개 군집으로 분류하여 각 군집의 연령, 혼인 상태, 성별, 소득을 분석했다. 또한 각 군집의 행복감과 만족도(생활수준, 건강, 대인관계, 안전감, 공동체 소속감)의 경향을 분석했다. 군집은 노년 사별 여성, 노년 사별 남성, 기러기형 중년,

중년 이혼여성, 중년 이혼남성, 젊은 미혼여성, 젊은 미혼남성으로 나뉘는데,* 모든 군집의 행복감과 만족도는 〈2022년 한국인의 행복조사〉 응답자 전체 평균에 비해 낮게 나타났다.

흥미로운 점은 군집별 특성이다. 첫째로, 전반적 행복감이 가장 높은 군집은 '젊은 미혼여성'이지만 그 외 모든 만족도는 '젊은 미혼남성'이 가장 높았다. 다음으로, '중년 이혼남성'의 경우 '젊은 미혼남성'과 함께 1인 가구 평균 대비 소득이 가장 높은데도 사회적 고립이나 행복감 척도에서 전반적으로 낮은 만족도를 보였다. 만족도에서 유사한 패턴을 보인 다른 군집(노년 사별 여성, 노년 사별 남성, 중년 이혼여성)은 소득이 평균 수준이거나 낮은 편이었다는 점을 고려하면 '중년 이혼남성'의 낮은 만족도는 다소 이례적이다. 이 두 지점은 행복감이 소득이나 생활수준, 건강, 대인관계, 공동체 소속감만으로 설명되지 않는다는 추측을 가능케 한다.

상술한 내용은 모두 1인 가구 집단 내 비교로, 전체 표본과 비교할 때 1인 가구 집단은 공통적으로 전반적 행복감이 낮고, 소득과 자산 수준 역시 전체 평균의 36% 수준에 불과하다.[7] 민보경의 연구가 1인 가구 내 이질성을 강조하면서도 1인 가구의 기본생활 보장과

---

* 이 연구에서 각 군집의 평균 연령과 소득은 다음과 같다. 1) 노년 사별 여성: 72.6세, 1인 가구 평균 대비 소득 매우 낮음, 2) 노년 사별 남성: 68.3세, 1인 가구 평균 대비 소득 낮음, 3) 기러기형 중년: 57.8세, 1인 가구 평균 대비 소득 약간 높음, 4) 중년 이혼여성: 56.9세, 1인 가구 평균 소득, 5) 중년 이혼남성: 56.0세, 1인 가구 평균 대비 소득 매우 높음, 6) 젊은 미혼여성: 38.1세, 1인 가구 평균 대비 소득 높음, 7) 젊은 미혼남성: 37.7세, 1인 가구 평균 대비 소득 매우 높음.

소득 지원 등의 필요성을 언급한 것은 이에 따른다. 이 연구는 가족이 수행했던 많은 기능이 지역사회와 국가의 역할로 대체되어야 함을 강조하며 마무리된다. 전체 가구 중 1인 가구의 비중이 가장 높아졌음에도 현행 정책은 다인 가구 중심의 틀을 유지하고 있으며, 개인 단위 삶의 영역이 확대되고 있음에도 법과 세제 등 각종 제도는 여전히 가족 중심적이라는 것이다.

호주제가 폐지된 지 20여 년, 1인 가구는 어느새 가장 많은 유형의 가구로 자리 잡았다. 국회와 행정부에서도 1인 가구의 실태를 조사하고 분석할 필요성을 체감하고 있다. 그렇다면 '가족'의 차원에서 1인 가구는 어떻게 읽히고 있을까? 이어지는 글에서 1인 가구 관련 정책을 통해 제도가 바라보는 가족의 의미를 되짚고, 혼자 사는 삶의 단면을 들추어 1인 가구가 가족구성권과 연결되는 지점을 (재)의미화해 보자.

제도 속 1인 가구:
정상가족의 틀에서 벗어나지 못하는

가구와 가족은 다르지만 연결된다. 그러나 1인 가구는 가족으로 연결되어 읽히지 않는다. 민법 제779조에서 가족은 개인이 맺은 관계나 돌봄 여부가 아니라 이성 간 혼인과 혈연, 입양으로 이루어진 관계로만 한정되기 때문이다. 법적 정의에 따라 1인 가구는 실질적 관계 맺음과 상관없이 원가족에 소속된 구성원으로 읽히거나 정상가족의 이탈자로 정의되곤 한다. 전자는 언젠가 원가족에게 돌아가거나 혼인을 통해 새 가족을 꾸릴 사람이 되고, 후자는 이혼이나 사별 등으로 원치 않게 홀로 남겨진 사람이 된다. 이처럼 1인 가구가 삶의 기반이 아닌 법적 가족 정의에 따른 가구 형태로만 읽힐 때, 정책이 바라보는 1인 가구는 단편적일 수밖에 없다. 실재하는 삶과 정책 간 괴리를 좁히기 위해서는 삶을 살게 하는 사회적 요건을 고려해야 하고, 1인 가구를 고립이나 단절의 대상이 아니라 권리의 주체로 두는 데서 논의를 시작해야 한다.

한국의 가족정책 대부분은 민법 제779조가 정의하는 가족 범위에서 벗어나지 못하며, 정부의 '저출산·고령사회 기본계획'에 따라 인구정책의 자장 안에서 결혼과 혈연 중심으로 이루어져 왔다. 주거 정책 역시 결혼이나 혈연, 입양으로 연결되지 않는 관계나 생활공동체를 구성한 사람은 주요 지원정책에서 배제한다. 이러한 정책들은 개인의 관계 맺을 권리를 침해할 뿐만 아니라 헌법상 가족의 바깥에 존재하는 개인과 관계를 삭제한다는 점에서도 문제가 있다.[8]

1인 가구는 일시적인 삶의 형태일까? 가족정책 대상에 1인 가구를 포함한 제4차 건강가정기본계획은 '그렇다'고 답한다. 1인 가구 관련 정책은 가족과 주거 정책의 연장선에서 저출생 대책이나 정상가족 구성 전 과도기 인구를 위한 임시 지원 방편에 머무른다. 1인 가구 비중이 가장 큰 동시에 가장 소득이 낮은 집단인 '여성 노인'이

1인 가구 주거 정책의 주요 대상이 아닌 점, 1인 가구에 지원하는 대부분의 주거 형태가 최저주거기준을 겨우 맞춘 수준의 원룸이라는 점 등이 그 예다.[9] 1인 가구의 주거, 안전, 관련 산업 육성에 관한 지원 방안에 비해 복지는 취약 집단에 한정하는 점, 사회관계망 형성에 관한 정책이 모호하다는 점 등도 1인 가구의 다층적 삶의 방식과 관계를 반영하지 않는 정책 현실을 드러낸다.[10]

사회관계망에 관한 지원책은 주로 '은둔형 외톨이'나 '고독사' 같은 자극적 단어와 함께 각종 일회성 커뮤니티 프로그램과 독거노인 연락망 구비 등의 대책으로 나타난다. 이러한 대책이 필요하지 않은 것은 아니나, 1인 가구의 실제 삶과 관계에 따른 욕구를 들여다보지 않은 채 피상적이고 단편적인 대책에만 머무를 경우 정책 체감도를 높이긴 어렵다. 이러한 한계와 관련하여 일부 지자체가 가족 범위를 제한하는 상위법을 지적한 사례[11]는 법이 정상가족을 규정할 때 생기는 현실과의 괴리가 이제 무시할 수 없는 수준에 달했음을 보여 준다.

정책 현황은 국가의 관심사와 관심사가 아닌 영역을 드러내기도 한다. 정상가족에서 이탈한 중장년 또는 노년 빈곤 인구는 가족정책이나 주거정책의 주요 관심사가 아니다. 정상가족을 꾸리지 못하거나 꾸릴 생각 없이 파트너와 동거 중인 성소수자도, 비혈연 생활공동체를 꾸리고 있는 청년도 정책의 관심사가 아니다. 이는 이들의 권리와 삶의 질을 보장하고 보호하는 제도의 결핍 또는 권리에 대한 제도적 배제를 뜻한다.

제도의 결핍 또는 배제가 개인의 삶에서 드러나는 양상은 다양하다. 주된 공통점은 삶의 중대사에 관한 상호 권리와 의무의 박탈이다. 1인 가구인 A의 삶에 위기가 닥치는 순간을 상상해 보자. 그가 응급실에 갔을 때 수술 동의를 할 수 있는 사람은 '보호자'다. 이때 보호자는 혼인, 혈연, 입양으로 이어진 법적 가족을 의미한다. A가 불의의 사고나 질병으로 의사결정을 할 수 없는 상태가 된다면, 그래서 연명치료를 받게 된다면 어떻게 될까? 연명치료가 무의미하다고 판단하여 멈출 수 있는 권리 역시 상술한 가족에게만 주어진다. 그가 해외로 여행이나 출장을 갔다가 재난을 당한다면? 해외재난 시 안전 여부를 확인할 수 있는 자격 또한 가족에 한정된다. A가 죽는다면 사후 처리는 누가 어떻게 해야 할까? 장례를 치르고 유산을 상속받을 자격은 자동으로 가족에게 돌아간다.

이 모든 상황에서 A에게 생계와 주거를 같이하는 가족이 없다는 사실은 고려되지 않는다. 가족과 관계를 유지하고 있는지, 연락이 닿는 곳에 가족이 사는지, 일상에서 생사와 안위를 공유하며 교류하는 사람이 누구인지는 중요하지 않다. 생계를 함께하고 주거와 일상을 공유하며 정서적·물리적 돌봄 관계를 맺고 있는 사람이 있어도, 그는 의료결정권, 연명치료 거부결정권, 해외재난 시 안전 여부를 확인할 수 있는 자격, 장례를 치르고 유산을 상속받을 자격 중 어떤 것도 갖지 못한다. 가족으로 등록되지 않았기 때문이다.

생사와 보호에 관한 의사결정 권리와 자격을 가족에게만 부여하는 제도는 가족을 '개인의 안위를 공유하고 돌보는 관계'로 정의하고 있음을 암시한다. 그렇다면 혼인, 혈연, 입양 등의 등록 절차를 통한 관계만을 가족으로 인정하는 현 제도는, 가족으로 등록하지 않았으나 생사와 안위를 공유하고 돌봄으로써 실질적 가족에 해당하는 관계를 합리적 이유 없이 배제한다는 점에서 '가족상황 차별'에 해당한다.[12] 이는 시민 개인의 다양한 관계를 삭제하고 차별하여 가족실천을 방해하는 정책적 한계이며, 이를 극복하기 위해서는 상위법 개정과 제정이 불가피하다. 가족정책의 패러다임이 바뀌어야 하는 상황에서 법이 사회 현실을 반영해야 실효성 있는 정책이 가능하기 때문이다. 가족구성권을 실현하는 방편으로 민법상 가족의 범위 삭제와 함께 생활동반자법, '내가 지정한 1인' 제도 등의 제정이 요구되는 이유다.

생활동반자법의 복잡한 함의를 관통하는 한 가지는 가족 범주가 아닌 선택과 관계를 바탕으로 법적 권리와 의무를 부여한다는 점이다. 삶의 중대사와 관련된 모든 권리와 의무를 가족에게만 부여하는 기존 제도의 한계를 보완하고 지원 대상을 가족 단위에서 개인 단위로 바꾸는 것이다. 권리 보장과 돌봄의 초점을 개인이 선택하고 실천하는 관계에 둠으로써 기존 체계의 공백을 보완할 수 있다. 생활동반자법과 함께 거론되는 '내가 지정한 1인' 제도는 좀 더 단순한 제도로, 글자 그대로 한 명을 지정해 의료 및 연명치료 결정권, 해외재난 시 안전 여부 확인 권리, 시신 인수 및 장례를 치를 권리 등을 부여할 수 있다.

이러한 법과 제도는 가족과 정서적·물리적 돌봄 관계를 형성하지 않는/못하는 1인 가구에 최소한의 안전망을 제공하는 방법 중 하나다. 정상가족을 기본 단위로 돌봄의 권리와 의무를 부여하는 한 지원체계의 변화는 한정적일 수밖에 없다. 1인 가구가 맺고 있거나 맺을 수 있는 다양한 돌봄 관계를 고려하는 방향으로 정책이 변하기도 어렵다. 사회의 기본 단위를 정상가족이 아닌 개인으로 보는 관점은, 저소득이나 고립 등과 같이 다인 가구 대비 취약한 영역에 한정하는 복지 개념에서 나아가 시민의 권리 보장 측면에서 1인 가구 관련 정책에 접근하기 위한 전제이기도 하다.

최근 지자체 중심의 지원책은 느리게나마 정책의 관점이 바뀌고 있음을 보여 준다. 2022년 서울시는 "1인 가구 안심특별시"를 비전으로 하는 '서울시 1인 가구 안심 종합계획'을 발표하고 건강·범죄·고립·주거 분야에 관한 4대 안심정책을 내놓았다. 눈에 띄는 점은 법정 14m^2인 청년주택의 최소 주거 면적을 1인 세대 기준 25m^2로 확대하겠다는 주거 계획이다. 이는 공공기관도 더 이상 1인 가구를 청년 시기에 잠깐 머무는 형태로만 보지는 않음을 암시한다. 2024년 8월 기준 지자체별 1인 가구 관련 조례가 144개 제정되어 있다는 점이나, 꾸준히 진행되는 1인 가구 실태조사 또한 대상별 특성과 요구를 고려하려는 노력에 해당한다.

그러나 사업의 성격은 여전히 근본적인 대책 마련보다 단일화된 단기 사업에 머무르는 경우가 많다. 일례로, 1인 가구의 사회적 관계망 형성 지원에 해당하는 공동체 사업은 주민 참여와 마을공동체 활성화 차원에서 장기적인 비전과 관점을 가지고 시민 주체성을 살려 구축할 필요가 있으나 대개 단기 지원사업이나 공모, 공간 대여의 형태를 띤다. 다층적 지원에서 빼놓을 수 없는 젠더 관점 역시 피상적인 수준에 머무른다. 사업명 또는 사업 대상에 '여성'이 들어간 경우는 대개 안전 영역이고 '여성 1인 가구 안심 지원사업'이나 '안심홈 3종 세트 지원사업', '안심귀가서비스'와 같은 치안 사업에서 크게 벗어나지 않는다. 이러한 치안 대책은 안전 문제가 여성 1인 가구 지원과 관련하여 가장 자주 언급됨에도 불구하고 근시안적인 해결책에 머무른단 비판을 피하기 어렵다. "안전은 주거 환경과 관련되어 있고, 주거는 소득과 연관 있으며, 소득은 건강과 여가 보장에 필수적"[13]이라는 유기적 맥락이 삭제된 임시 조치이기 때문이다.

가족구성권과 1인 가구: 정상가족 바깥의 삶을 말하는

1인 가구는 소득, 안전, 관계 등 삶의 질 전반과 관련된 영역에서 다인 가구보다 낮은 만족도를 보인다.[14] 1인 가구가 다인 가구보다 불안정성이 높고 취약해지기 쉬운 조건임을 부정할 순 없다. 스스로 최소한의 관계망을 형성하기 어려운 상황에 놓인 1인 가구가 특히 그렇다. 직장 때문에 거주지를 옮기며 1인 가구가 된 경우나 신체 또는 정서적 이유로 외부 활동이 어려운 경우 등이 이에 해당한다. 이때 1인 가구는 일상의 정서적 교류 부재부터 위기에 처했을 때 발견되기 어려운 생존 문제까지, 다방면에서 고립과 불안을 직면한다.

정상가족에 편입되지 않는 순간 삶의 질과 권리가 위태로워지는 사회는 바람직한가? 개인이 '가족안전망' 바깥에 있을 때 다층적 불안이 증가하는 현상[15]에 국가는 아무런 책임이 없을까? 정책과 복지의 기본값을 가족에 두고 돌봄과 부양의 의무를 일임한 한국사회에서 가족안전망 바깥에 있다는 것은 무엇을 의미할까?

모든 문제가 파편화되고 개인화된 시대에 사회안전망은 시혜적이고 보수적인 최소한의 복지 개념으로 축소되기 쉽다. 한국사회에서 최소한의 복지가 담지 못하는 개인의 안위에 대한 보호의 의무를 떠안는 주체는 가족이다. 가족은 복지의 가장 작은 단위가 되어 가족에 종속된 개인의 물질적·신체적·정서적 안위에 관한 모든 권리와 의무를 부여받는다. 하지만 가족의 범위는 실제로 서로를 책임지는 관계가 아니라 국가가 지정한 혼인과 혈연, 입양을 따르므로 가족안전망은 작동 범위가 협소하다. 정상가족에 편입되기를 거부하거나 편입되지 못하는 개인들의 삶이 가족안전망 바깥에 널려 있다. 그리고 그 삶이 선택이든 아니든, 개인의 안위를 보호하는 장치 바깥에 있는 한 홀로 내던져진 감각에 끊임없이 부딪히게 된다.

그런데도 정상가족에서 벗어난 1인 가구는 삶의 한 모양으로 자리 잡았다. 이와 함께 최근 몇 년 사이 가족구성권에 대한 담론이 활성화되며 생활동반자법이 다시 발의되고 혼인평등 운동이 (재)가시화되는 등 가족과 복지 영역에 포함되는 가족의 형태가 늘어나려는 동향은 여러 한계점에도 불구하고 반가운 일이다. 그러나 민법이 정의하는 가족 범주가 사라지지 않는 한, 아무리 많은 가족 형태가 포함된들 '정상가족'과 '비정상가족'의 이분법 안에 머무를 것이다.

통계청의 〈인구주택총조사〉(2020)에 따르면 1인 가구의 과반은 결혼하지 않은 상태다. 또 다른 조사를 보면, 2022년 기준 남성 1인 가구에서 가장 큰 비중을 차지하는 세대는 '30대'(22.0%)와 '29세 이하'(19.5%)이며, 여성 1인 가구에서는 '70세 이상'(27.9%) 다음으로 '29세 이하'(18.9%)가 높다.[16] 여성가족부의 〈2023년 가족실태조사〉(2024)는 가구 형태뿐만 아니라 가족에 대한 인식과 태도에도 확연한 사회적 변화가 있음을 보여 준다. 이 조사에서 '비혼(독신)'에 대한 응답자의 동의는 47.4%, '비혼 동거'에 대한 동의는 39.1%, '비혼 출산'에 대한 동의는 22.1%로 2020년 동일 조사 대비 모두 증가하였고, 신규 문항인 '비혼 1인 가구의 자녀 입양'에 대한 동의는 20.0%에 달했다.

가족/가구 형태와 인식의 변화는 정상가족을 시민의 기본으로 두는 '가족 중심 시민 모델'의 유효성이 끝나 가고 있음을 보여 주는 하나의 지표가 될 수 있다. 매년 증가하고 있는 1인 가구는 눈에 띄는 지표로, 현상 자체가 가부장제와 정상가족에 대한 저항성을 함의한다는 해석도 가능하다. 그러나 이것만으로 가족 중심 시민 모델이 사라지지는 않는다. 1인 가구가 '비혼', '청년' 같은 단어와 결합될 때면, 오히려 1인 가구 당사자가 가족을 인식하는 틀이 여전히 정상가족 이데올로기에 기반할 수밖에 없어 자발적 고립화로 이어진다는 우려도 있다. "대안적인 친밀성 모델"이 부재하기 때문이다.[17] 특히 원가족과의 관계가 많은 영향을 미치는 여성 1인 가구의 경향성을 고려할 때,[18] 정상가족 바깥의 친밀성을 상상하거나 실천하기 어렵게 만드는 가족 중심 시민 모델은 비혼-청년-여성 1인 가구의 불안정성을 해석하는 중요한 요소 중 하나가 된다.

사회적 가족 구성의 관점을 내재한 1인 가구 지원책은 이러한 맥락에서 중요하다. 집계되지 않은 미등록 동거인이 있을 수 있을 뿐만 아니라 1인 가구 자체가 다양한 결합 가능성을 내포하기 때문이다. 1인 가구 증가와 관련해 주목해야 할 가장 중요한 지점 중 하나로 가족구성권의 보장이 언급되는 이유다. 비혼·비혈연 가족 등 다양한 가족을 향한 관심 증가는 1인 가구의 부상과 밀접한 관련이 있다. 그런데도 이러한 가족은 제도적 차별로 인해 관계의 불안정성을 지닌 채 살아가며, 이는 공동재산 인정 문제, 주거지원 대상에서의 배제, 비상 상황에서 보호자 역할을 하지 못하는 문제 등 실질적 일상과 생계 차원에서의 박탈 경험으로 이어진다.[19]

상술했듯이 기존의 가족제도는 급격히 변화하는 흐름에 발맞추기보단 여전히 정상가족 이데올로기를 고집하는 경향을 보인다. 가족구성권과 관련된 최근 몇 년의 급진적 동향 변화에도 불구하고, 여전히 1인 가구는 보편적 정책의 대상이 아닌, 다인 가구에 비해 위험에 대처하기 어렵기 때문에 지원이 필요한 대상으로 여겨진다.[20] 같은 맥락에서 '자발적 선택'으로 겪는 어려움을 왜 정부가 지원해야 하느냐는 의문 역시 여전히 존재한다. 다섯 평이 채 안 되는 청년주택의 협소한 공간에 문제를 제기하는 청년은 '무능력한 욕심쟁이'로, 제도적 배제로 인해 1인 가구로 살거나 1인 가구로 취급되는 성소수자는 '취향'까지 권리로 보장받길 바라는 사람으로 치부되는 것이 그 예다.

지원정책은 원치 않게 불우해진 사람에게만 베푸는 적선이 아니라 누구에게나 평등하게 삶의 질을 보장하기 위한 정부 차원의 노력이다. 이때 지원 대상의 자발성과 능동성 유무 또는 그 정도는 중요치 않다. 보편적이지 않다는 점 역시 지원 대상을 선정할 때 우선하여 고려할 영역이 아니다. 불평등과 차별은 언제나 보편적이지 않은 대상을 향하기 때문이다. 1인 가구라는 이유로 각종 권리나 자격에서 배제되고 안전망 바깥에 놓이는 문제는 개인이 감당해야 하는 책임이 아니라 구조적 차별이다. 이런 삶을 '택한' 사람들을 정책의 바깥에 두는 것은 '삶의 질을 보장받고 싶다면 주류 사회가 용인하는 체제 안으로 들어오라'는 메시지와 같다. 국가와 사회의 존재 이유가 개인을 보호하기 위함이며, 정책이 이를 실현하기 위한 방편이라는 점을 생각하면 꽤 심각한 주객전도다.

1인 가구의 삶:
다양하고 구체적인 관계를 실천하는 최소 단위

2021년 겨울, 서울 모 기초지자체의 '청년 1인 가구 실태조사'

연구용역에 참여했다. 당시 나는 청년 1인 가구 당사자 인터뷰를 담당했는데, 온라인으로 모집한 인터뷰에 압도적으로 많은 여성이 참여 의향을 밝힌 것이 기억에 남는다. 자기 소유가 아닌 열 평 전후의 원룸과 투룸 사이 형태의 집에 산다는 것 외에는 1인 가구가 된 사유, 직업, 소득 수준까지 다 제각각이었던 점, 여성 참여자 대다수는 애인 유무와 관계없이 인생의 우선순위에 결혼이 있지 않았던 점, 혼자 살게 된 계기와 상관없이 1인 가구 형태를 유지하고 싶어 했다는 점도 인상 깊었다. 이러한 맥락에서, 신혼부부 중심의 주거복지 정책은 청년 1인 가구 당사자의 선택과 가치관을 고려하지 않고 결혼에 강제성을 부여하는 인구정책의 일부로 여겨질 수밖에 없다. 또한 부모와 생계를 같이하지 않는데도 부모의 소득을 자동으로 연결하여 지원 대상을 선정하는 청년 정책은 정상가족 이데올로기를 벗어나지 못하는 한계를 명백히 드러낸다.

인터뷰 참여자들은 반려동물이나 취미 생활을 통해 동네 커뮤니티를 형성하거나 직접 운영한 사례, 소수자 정체성을 매개로 미등록 동거 생활을 하거나 일종의 생활공동체를 형성해 교류한 사례 등 이미 다채로운 관계망을 이루고 있었다. 이러한 관계망을 이루지 않은 경우에도 지역 기반 관계망 형성을 긍정적으로 바라보고 있었다. 일상과 취미를 공유하는 친밀한 공동체에서 얻는 정서적 안정이 그 지역에 머물고 싶은 이유가 되었기 때문이다. 원가족과 분리된 삶, 독립하여 홀로 사는 삶에 익숙한 이들에게 정서적 안정과 정착의 이유는 원가족이 아니라 '내가 살고 있는 곳'에서 '주변 사람들과 맺는 관계'였다.

 2015년 아버지의 직장이 타지로 옮겨 가며 엉겁결에 혼자 살기 시작한 나의 삶도 여기에 해당한다. 혼자 산다는 건 원가족과의 분리를 통해 자기돌봄을 시작하는 행위였고, 오롯이 내게 집중한다는 건 매우 특별한 의미였다. 다시 누군가와 함께 사는 삶을 아직은 꿈꿔 본 적 없다. 독립과 함께 경제적 불안정성, 물리적 안전과 고립에 대한 불안감 모두 높아졌지만 원가족에게 돌아가고 싶지 않다. 사이가 나쁘기 때문은 아니다. 내게 안정감을 주는 공간도, 정착하고 싶은 곳도 원가족의 집이 아닐 뿐이다.

 일상에서 내 생사와 안위를 확인하고 돌봄과 애정을 주는 이는 근처에 사는 친구들이다. 코로나19 백신을 맞은 날, 인생 첫 수술을 하고 돌아온 날, 우리 집에 와 며칠 내내 나를 돌본 이는 친구들이었다. 아플 때나 외로울 때, 즐거울 때나 좋은 일이 생겼을 때 제일 먼저 연락하는 사람도 이들이다. 서로의 생일을 챙기며 함께 시간을 보내는 사람도, 새해를 함께 맞이하는 사람도, 스무 살 때부터 쓰기 시작한 유언장에서 가장 많이 호명하는 사람도 마찬가지다. 우리는 따로 살고 앞으로도 함께 살 생각이 없다. 그런데도 '함께'라는 감각이 짙은 이유는 서로를 돌보는 관계이기 때문일 테다.

 서로를 돌보는 1인 가구의 관계는 다양한 형태로 확인된다. 주거 공간을 바탕으로 공동체를 형성하는 1인 가구도 있다. B는 셰어하우스에 입주해 산다. 각자의 집이 따로 있고 비용도 따로 내지만, 건물에는 공용 공간이 있고 정기적인 주민 회의를 통해 함께 공간과 일상의 규칙을 정한다. B가 속한 곳만큼 적극적인 소통 없이 주방이나 건조기, 휴게 공간 등을 함께 이용하기만 하는 셰어하우스도 있다. 이러한 공동체들은 '방'이 곧 '집'이 된 1인 가구에 맞춰 건물과 이용자가 진화하며 형성된 것으로 보인다.

 한 동네에 모여 살며 생활공동체를 형성하는 경우도 있다. 집값이 상대적으로 싸고 청년 1인 가구가 많이 모여 있는 지역에서 이런 식의 느슨한 공동체를 비교적 쉽게 찾을 수 있다. C와 그의 친구들이 이런 사례에 해당한다. 이들은 종종 모여 함께 장을 보고 음식을 해 먹는다. 악기를 다루는 친구는 거실이 있는 다른 친구 집을 레슨실로 활용한다. 프리랜서인 이들은 서로가 서로에게 일자리를 연결해 주기도 한다. 이들이 서로를 정확히 어떤 관계로 정의하는지는 모른다. 하지만 그들 중 누군가 다급한 상황일 때 전화로 도움을 요청하거나 병원에 실려 갔을 때 가장 먼저 달려올 사람이 서로일 거라 추측할 수 있다.

 이 밖에도 비혼퀴어·여성함께/살기 반달, 비혼지향생활공동체 공덕동하우스, 여성생활문화공간 비비협동조합 등과 같이 독립적이지만 서로를 돌보는 관계 맺기를 통해 다양한 가족을 실천하는 사례는 생각보다 쉽게 찾을 수 있다. 퀴어들이 모여 사는 '무지개집'처럼 주거와 생활을 공유하는 것까지는 아니더라도 퀴어 정체성을 숨기지 않고 연대할 수 있는 지역 기반 모임이나 공동체 역시 이전에 비해 찾기 쉬워졌다. 이러한 관계는 어떤 제도에도 등록되지 않으나, 정상가족 바깥에서 자유롭고 다양한 사회적 관계를 맺으며 기존의 이성애·혈연 중심 가족규범에 균열을 내는 가족실천에 해당한다. 이때 1인 가구의 증가는 고립되고 분절된 개인의 증가가 아니라 가족구성권을 구체적으로 상상하고 실현하는 최소 단위의 증가가 된다.

관계와 시민의 기본값을 바꾸기

> 우리의 방은 너무 작고 시끄럽고
> 우리에게 돈은 항상 멀리 있지.
> 넓은 곳으로 날아가려 해. 넓은 곳으로 나아가.
> _이랑, 〈우리의 방〉 중에서

> 여전히 집에 오면 울 일들이 많이 있다네.
> 친구들 만나면 즐거운 일만 있다네.
> 우리는 부은 눈을 하고 서로가 모여서 포옹을 하다가
> 막차까지 놓쳐 버리네.
> 내 집이 생기면 고마운 친구들 모아서
> 비루한 안주에 소주를 나눠 마실 거야.
> 눈물을 담을 작은 용기를 집들이 선물로 가져다주겠니.
> _신승은, 〈가스등〉 중에서

가족이나 집을 말할 때면 늘 이 노랫말들이 떠오른다. 곡은 각각 1인 가구인 '우리'가 쌓아 올린 관계를 연상시킨다. 내 삶의 형태는 나만의 것이 아니며, 어떤 의미든 "넓은 곳으로" 나아가고자 하는 바람 또한 나만의 것이 아니다. 사회에는 많은 우리가 있고 우리들은 다 다른 삶을 구성한다. 그러나 우리의 삶이 사회에 용인되는 형태일까? 사회는 우리를 어떻게 바라보거나 보지 않을까? 왜 1인 가구는 언제나 가구로만 존재하고, 우리가 형성하는 관계는 가족의 테두리 바깥이란 이유로 보호받지 못할까? "울 일들"이 많지 않은, "방"이 아닌 "내 집"은 언제 생길까? 여전히 해결되지 않는 질문들이 있다.

친구들과 옆집에 살며 1인 가구들의 생활공동체를 꾸리는 삶을 상상한다. 누구도 우리의 관계나 결혼 여부를 묻지 않는 삶을 상상한다. 혼인이나 혈연, 입양이란 조건 없이 내가 선택한 사람들을 법적 보호자로 올리는 날을 상상한다. 그래서 수술하거나 입원해야 할 때 그들 중 한 명의 동의를 받는 상상을 한다. 그들이 아플 때 돌봄휴가를 내어 간호하는 삶을 상상한다. 우리 중 하나가 먼저 죽으면 남은 이들이 (현재는 법정 가족만 받을 수 있는) 3일이나 5일의 경조사 휴가를 받아 장례를 치르는 마지막을 상상한다.

권리나 이익을 보호받기 위해 결혼할 필요는 없지만, 원한다면 어떤 성별과도 결혼할 수 있는 사회를 상상한다. 부양가족이 없다는 이유로 임금을 덜 받지 않고, 장시간 노동의 우선순위에 오르지 않고, 그래서 자기돌봄이 부족하지 않은 삶을 상상한다. 아이를 낳거나 입양해도 나와 내 아이가 '미혼모'와 '편모 가정의 아이'로 규정되지 않는 삶을 상상한다. 아이가 있다는 이유로 취업을 못 하거나, 취업 후 승진이 안 되거나, 해고의 불안에 시달리지 않는 삶을 상상한다. 늙어서 생계를 꾸릴 수 없을 때가 오면 동네 노인공동체에서 함께 살고 돌보는 미래를 상상한다.

정상가족을 기본으로 두고 가족 중심 시민 모델을 전제하는 정책에서, 개인인 1인 가구는 양적 증가에도 불구하고 시민 모델이 되지 못한 채 가족정책의 변두리에 머문다. 이는 분절된 정책으로 드러나고, 생애주기에 따른 유기적이며 다면적인 서사를 포용하지 못하는 정책과 실재하는 삶 사이에는 괴리가 생긴다. 정상가족에서 떨어진 순간부터 1인 가구의 삶은 새로운 돌봄과 관계의 가능성으로 이어지지만, 정책이 실제 삶과 서사를 담지 못할 때 이 가능성은 사회적 안전망 없이 개인이 감당해야 하는 불안과 차별이 되곤 한다.

괴리를 메꾸는 첫 번째 단계는 가족의 기본값을 바꾸는 일이다. 혈연이나 혼인 바깥에 있는 관계에 집중하며 생활공동체라는 포괄적 개념을 가족에 포함하고 제도적 지원을 보장한 '서울특별시 사회적 가족 지원을 위한 기본 조례안'[21]은 시의적절한 변화를 요구한 사례였다. 그러나 이를 심사보류 한 서울시의회 보건복지위원회의 결정[22]은 현실과 정책의 괴리를 단적으로 보여 주었다.

가족을 구성할 권리는 각기 다른 개인이 상상하고 만들어 가는 관계를 토대로 가족을 정의함으로써 현재의 가족 중심 사회 모델을 개인 중심으로 바꾼다. 그리고 현대 사회의 가장 작은 단위를 가족

집단에서 개인으로 바꿀 때, 관계와 시민의 기본값이 바뀐다. 1인 가구는 이러한 사회적 변화의 주체 중 하나로서 가장 작은 단위에서 가족구성권을 실현한다. 다양한 관계 맺기를 상상하고 실천하는 개인이 안전망 바깥을 떠돌지 않도록 만드는 장치는 제도가 개인들의 관계를 적극적으로 함께 고민하고 보장할 때 가능하다. 가족구성원으로서가 아니라 한 사람으로서 누구나 사회안전망에 포함되어 평등한 시민의 권리를 누리도록, 제도와 정책이 바뀌어야 할 때다.

주석

기획의 말

1. 김순남, 『가족을 구성할 권리』, 오월의봄, 2022, 13쪽.
2. 가령 정주할 권리와 공존할 권리를 함께 박탈하는 인종화된 이주정책에 개입하는 것은, 자본 축적 위주로 도구화된 인구정책을 해체하고자 하는 가족구성권 운동에서 '몫이 없는 자들의 연대'의 핵심적인 의제이며, 지속적으로 대항적인 연결의 장을 모색해야 하는 사안이다. 또한 기존 가족제도로부터 추방되는 퀴어하고 불온한 존재들과 그들이 만들어 내는 생존공동체 및 돌봄공동체에 대한 가족구성권연구소의 논의는, 이전과 다른 방식의 상호공존을 '다중 쟁점multi-issue적 사유'를 통해 모색하는 과정일 수밖에 없다. 일라이 클레어, 『망명과 자긍심: 교차하는 퀴어 장애 정치학』, 전혜은·제이 옮김, 현실문화, 2020 참고.
3. 이하 내용은 필자가 쓴 기사 "가족끼리 알아서 생존하라고 하는 사회가 진짜 위기다"(《일다》, 2023년 7월 5일)를 참고했다.

가족법 개정운동과 호주제 폐지 이후의 과제

1. 정현백, 『연대하는 페미니즘: 호주제 폐지부터 탈코르셋까지 함께 쓰는 우리의 이야기』, 동녘, 2021, 83쪽.
2. 양현아, 『한국 가족법 읽기: 전통, 식민지성, 젠더의 교차로에서』, 창비, 2011, 23쪽.
3. 최유정, 『가족정책을 통해 본 한국의 가족과 근대성: 1948년~2005년까지』, 박문사, 2010, 142-143쪽.
4. 캐롤 페이트먼, 『남과 여, 은폐된 성적 계약』, 유영근·이충훈 옮김, 이후, 2001, 165, 210, 262쪽.

5. 미셸 바렛·메리 맥킨토시, 『반사회적 가족』, 김혜경·배은경 옮김, 나름북스, 2019, 194-196쪽.
6. 너멀 퓨워, 『공간 침입자: 중심을 교란하는 낯선 신체들』, 김미덕 옮김, 현실문화, 2017, 54쪽.
7. 양현아, 앞의 책, 42쪽.
8. 캐슬린 린치 외, 『정동적 평등: 누가 돌봄을 수행하는가』, 강순원 옮김, 한울아카데미, 2016, 50쪽.
9. 김지혜, 『가족각본』, 창비, 2023, 37쪽.
10. 양현아, 앞의 책, 342-343쪽.
11. 최유정, 앞의 책, 143쪽.
12. 김영정·김성희, 『여성가족정책사 현장 재조명: 호주제 폐지운동을 중심으로 본 가족 이슈 변화와 방향』, 서울시여성가족재단, 2018, 48쪽.
13. 김지혜, 앞의 책, 52, 77, 79쪽.
14. 양현아, 앞의 책, 48-50쪽.
15. 최유정, 앞의 책, 84-85, 134, 181-185쪽.
16. 김지혜, 앞의 책, 28쪽.
17. 장경섭, 『내일의 종언?: 가족자유주의와 사회재생산 위기』, 집문당, 2023, 32-33, 78쪽.
18. 홍양희, 『조선총독부의 가족정책: 식민주의와 가족·법·젠더』, 동북아역사재단, 2021, 38, 46-47쪽.
19. 앞의 책, 75-79, 97쪽.
20. 앞의 책, 109-101, 194-195, 214, 220쪽.
21. 앞의 책, 165-167, 232-242, 306쪽.
22. 앞의 책, 172-181, 246, 252쪽.
23. 앞의 책, 247-248쪽.
24. 양현아, 앞의 책, 174-175쪽.
25. 한국가정법률상담소, 『가족법 개정운동 60년사』, 한국가정법률상담소 출판부, 2009, 39-41쪽.
26. 양현아, 앞의 책, 251-255쪽.
27. 이태영, 『가족법 개정운동 37년사』, 한국가정법률상담소 출판부, 1992, 31-32, 90, 475쪽.
28. 앞의 책, 45쪽.
29. 양현아, 앞의 책, 256쪽.
30. 장경섭, 앞의 책, 47쪽.
31. 양현아, 앞의 책, 247쪽.
32. 최유정, 앞의 책, 138쪽.

33. 마사 누스바움, 『교만의 요새: 성폭력, 책임, 화해』, 박선아 옮김, 민음사, 2022, 37-38쪽.
34. 문승숙, 『군사주의에 갇힌 근대』, 이현정 옮김, 또하나의문화, 2007, 17, 246쪽.
35. 박찬효, 『한국의 가족과 여성혐오, 1950~2020』, 책과함께, 2020, 128, 146, 282-283쪽.
36. 김대현, "서울가정법원의 소년법원적 기원과 비인간화의 기술: 소년비행 및 이혼 조정에 적용된 '치료적 사법'을 중심으로", 「횡단인문학」 17호, 숙명인문학연구소, 2024, 135-139쪽.
37. 최유정, 앞의 책, 141, 496쪽.
38. 이태영, 앞의 책, 209쪽.
39. 최유정, 앞의 책, 234-235쪽.
40. 양현아, 앞의 책, 287-288쪽.
41. 한국가정법률상담소, 앞의 책, 41쪽.
42. 이소은, "일본 개정 유류분법의 해석과 적용: 우리 법의 개정에 대한 시사점을 중심으로", 「가족법연구」 37권 2호, 한국가족법학회, 2023, 204쪽.
43. 헌법재판소 2024. 4. 25. 선고 2020헌가4, 2021헌가11, 2020헌바295, 2022헌바35(병합), 2020헌바342, 2021헌바43, 2021헌바386(병합), 2022헌바29(병합), 2023헌바156, 2024헌바38(병합), 2023헌바229(병합) 결정.
44. 양현아, 앞의 책, 305쪽; 최유정, 앞의 책, 385-386쪽.
45. 양현아, 앞의 책, 312-321쪽.
46. 2000년 국민기초생활보장법 및 2001년 의료급여법 시행에서 '보호' 대신 '급여', '요보호자' 대신 '수급자'로 용어를 변경한 것이 이러한 변화를 상징한다. 최유정, 앞의 책, 433쪽; 김상용·이제수, "호주제의 사적 전개와 폐지 그리고 가족관의 변화", 「여성학연구」 15권 1호, 부산대학교 여성연구소, 2005.
47. 이 당시 유림을 비롯한 호주제 존치론자의 말과 근거를 읽어 보면, 동성애는 죄악이고 한국은 '성스러운 나라'임을 강조하는 2024년 현재 성소수자 혐오 세력의 말이 연상된다. 흔히 사회 내 보수 세력이 '미풍양속'을 본질적인 가치로 내세워 자신의 입장을 옹호하지만, 풍속이란 본래 움직이는 것이고 각 시대에 따라 재구성되는 것이다. 따라서 그러한 '풍속의 본질화'를 누가 생산해 내고 이로 인해 어떤 이들이 이익을 보는지 성찰할 필요가 있다.
48. 이태영, 앞의 책, 594, 636쪽.
49. 민주사회를 위한 변호사모임 여성인권위원회, 『호주제 폐지를 위한 소송백서 2』, 민주사회를 위한 변호사모임, 2005, 179-180쪽.
50. 김영정·김성희, 앞의 책, 50쪽.
51. 헌법재판소 2005. 2. 3. 선고 2001헌가9, 10, 11, 12, 13, 14, 15, 2004헌가5(병합) 결정.

52. 김영정·김성희, 앞의 책, 79쪽.
53. 양현아, 앞의 책, 414-415, 466쪽.
54. 헌법재판소 2024. 6. 27. 선고 2020헌마468등 결정.
55. 김현경, 『사람, 장소, 환대』, 문학과지성사, 2015, 75쪽.
56. 한국가정법률상담소, 앞의 책, 238-239쪽.
57. 민주사회를 위한 변호사모임 여성인권위원회, 앞의 책, 94-95쪽.
58. 한국가정법률상담소, 앞의 책, 324쪽.
59. 김영정·김성희, 앞의 책, 92쪽.
60. 가족구성권연구소, 〈서울시 사회적 가족의 지위 보장 및 지원방안 연구〉, 서울특별시의회, 2019, 15쪽.
61. 캐슬린 린치 외, 앞의 책, 288-289쪽.
62. 황두영, 『외롭지 않을 권리: 혼자도 결혼도 아닌 생활동반자』, 시사IN북, 2020, 6쪽.
63. 양현아, 앞의 책, 460, 475쪽.
64. 김혜경 외, 『가족과 친밀성의 사회학』, 다산출판사, 2014, 51쪽.
65. 장경섭, 앞의 책, 78쪽.
66. 심영희, "'21세기형 공동체 가족' 모델의 모색과 지원방안: 2차 근대성과 개인화 이론의 관점에서", 「아시아여성연구」 50권 2호, 숙명여자대학교 아시아여성연구소, 2011, 24쪽.
67. 최유정, 앞의 책, 232-233쪽.
68. 앞의 책, 313-314쪽.
69. 대법원 2024. 7. 18. 선고 2023두36800 전원합의체 판결.
70. 최유정, 앞의 책, 306쪽.
71. 김영정·김성희, 앞의 책, 88-91쪽.
72. 최유정, 앞의 책, 117, 199, 433쪽.
73. 1950~60년대 한국의 '요보호' 개념에 대한 법적 적용과 연원 및 그 폐단에 대해서는 다음을 참조할 수 있다. 김대현, "일본의 우생학에서 미국의 우생학으로: 해방 이후~1950년대 한국의 소년범죄 담론", 「역사문제연구」 49권, 역사문제연구소, 2022.
74. 김지혜, 앞의 책, 64-65쪽.
75. 장경섭, 앞의 책, 21쪽.
76. 소피 루이스, 『가족을 폐지하라: 우리가 아직 보지 못한 세계를 상상하는 법』, 황성원 옮김, 서해문집, 2023, 158-159쪽.
77. 캐슬린 린치 외, 앞의 책, 48-49쪽.
78. 나영정, "정치적 논쟁의 장으로서의 가족: 가족관계등록법에서 생활동반자법까지", 〈가족구성권연구소 창립 기념 발간자료집 2006~2018〉, 가족구성권연구소, 2019, 313쪽.

79. "우리가 스스로 요구하여 쟁취한 권리가 제도가 되었을 때, 제도가 요구하는 사람이 되기를 거부하는 것 또한 용기를 필요로 한다." 장애여성공감, 〈20주년 선언문: 시대와 불화하는 불구의 정치〉, 2018년 2월 2일, https://wde.or.kr/20주년-선언문 (검색일: 2024년 12월 1일)
80. 박준상, 『바깥에서: 모리스 블랑쇼의 문학과 철학』, 인간사랑, 2006, 39, 70쪽.
81. 김기중, "국가의 국민관리체계와 인권", 『21세기의 인권 I』, 한국인권재단 엮음, 한길사, 2000, 383쪽.
82. 의안번호 172834(2005년 9월 28일 제안).
83. 민주사회를 위한 변호사모임 여성인권위원회, 앞의 책, 721-782쪽.
84. "목적별 공부안의 주요 내용", 《호적제도 피해사례 증언발언대: 이등 국민, 신분등록제를 말한다》 자료집(2005년 4월 14일), 목적별신분등록법제정을위한공동행동, 26-27쪽.
85. 김기중, 앞의 책, 384-386쪽.
86. 김영정·김성희, 앞의 책, 48쪽.
87. 김주환, "국가정보의 전자화와 민주주의와 인권", 『21세기의 인권 I』, 한국인권재단 엮음, 한길사, 2000, 349-370쪽.
88. 김기중, 앞의 책, 382, 405-409쪽.
89. 여기동, "동성애자 커플이 겪는 사회적 차별과 억압: 실제 피해사례를 중심으로", 《호적제도 피해사례 증언발언대: 이등 국민, 신분등록제를 말한다》 자료집(2005년 4월 14일), 목적별신분등록법제정을위한공동행동, 9-15쪽.
90. 윤현식, "'가족 관계의 등록 등에 관한 법률'의 한계와 향후 과제", 목적별신분등록법제정을위한공동행동·민주노동당, 《'가족 관계의 등록 등에 관한 법률' 평가와 과제》 자료집(2007년 6월 4일), 3, 25, 13쪽.
91. 조주은, "호주제 폐지 이후 우리 사회 가족을 말한다", 《호적제도 피해사례 증언발언대: 이등 국민, 신분등록제를 말한다》 자료집(2005년 4월 14일), 목적별신분등록법제정을위한공동행동, 5쪽; 최은아, "목적별신분등록법제정을위한공동행동 평가", 목적별신분등록법제정을위한공동행동·민주노동당, 《'가족 관계의 등록 등에 관한 법률' 평가와 과제》 자료집(2007년 6월 4일), 58쪽.
92. 양현아, 앞의 책, 507쪽.
93. 마사 누스바움, 『혐오에서 인류애로: 성적 지향과 헌법』, 강동혁 옮김, 뿌리와이파리, 2016, 230-232쪽.
94. 이태영, 앞의 책, 91쪽.
95. 윤현식, 앞의 글, 5쪽.
96. 김영정·김성희, 앞의 책, 83쪽.
97. 김지혜, 앞의 책, 209-210쪽.
98. 미셸 바렛·메리 맥킨토시, 앞의 책, 154쪽.

99. 양현아, 앞의 책, 323쪽.
100. 리사 두건, 『평등의 몰락: 신자유주의는 어떻게 차별과 배제를 정당화하는가』, 한우리·홍보람 옮김, 현실문화, 2017, 117-119쪽.
101. 성소수자 인권 의제가 한국사회에서 운동적 성원권을 얻은 여러 계기들 가운데 서울학생인권조례 제정운동이 있다. 2011년 극우 개신교 단체들은 성소수자 학생을 가리키는 성적 지향·성별 정체성 차별금지 조항을 집중적으로 문제 삼았고, 성소수자 인권운동단체의 서울시의회 점거 농성 끝에 해당 조항이 지켜진 형태로 서울학생인권조례가 시의회를 통과할 수 있었다. 공현·진냥, 『학교를 바꾼 인권 선언: 학생인권조례의 거의 모든 것』, 교육공동체벗, 2024, 56-57쪽.
102. 김대현, "퀴어'문화'축제: 문화가 운동이 되는 역사적 원인", 『처음 만나는 퀴어문화축제의 역사』, 서울퀴어문화축제조직위원회, 2024, 133-134쪽.
103. John McKnight, "The Professional Problem", *The Careless Society: Community and Its Counterfeits*, Basic Books, 1996, p. 16.
104. 자크 데리다·마우리치오 페라리스, 『비밀의 취향』, 김민호 옮김, 이학사, 2022, 49-50쪽.

트랜스젠더 성별변경과 가족제도
1. 김은경, "탈식민기 가족법에서 민주주의 의제와 여성의 국민화: '처의 행위능력'을 중심으로", 「사림」 57호, 수선사학회, 2016 참고.
2. 김비, "그래, 나는 불법인간이다", 「황해문화」 50호, 새얼문화재단, 2006 참고.
3. 성전환자 인권실태 조사기획단, 〈성전환자 인권실태조사〉, 2006, 24쪽.
4. 대법원 2006. 6. 22. 2004스42 전원합의체 결정.
5. 양현아, "호주제도 위헌 소송에 관한 법사회학적 고찰: '가족'의 변화를 중심으로", 「한국사회학」 36권 5호, 한국사회학회, 2002; 양현아, "호주제도의 젠더 정치: 젠더 생산을 중심으로", 「한국여성학」 16권 1호, 한국여성학회, 2000; 김영정·김성희, 『여성가족정책사 현장 재조명: 호주제 폐지운동을 중심으로 본 가족 이슈 변화와 방향』, 서울시여성가족재단, 2018 등 참고.
6. "가정폭력, '가정 유지' 아닌 '여성인권' 관점에서 해결해야", 《민중의소리》, 2018년 11월 28일.
7. 김대현, "1950~60년대 '요보호'의 재구성과 '윤락여성 선도사업'의 전개", 「사회와 역사」 129권, 한국사회사학회, 2021; 박정미, "'여자'가 '보호'를 만났을 때: 요보호 여자시설, 기록과 증언", 「아시아여성연구」 60권 1호, 숙명여자대학교 아시아여성연구소, 2021 등 참고.
8. 낙태죄를 형법의 섹슈얼리티 구조와 연관해서 진행한 논의는 다음을 참고할 수 있다. 나영정, "낙태죄 폐지투쟁의 의미를 갱신하기", 『배틀그라운드』, 성과재생산포

럼 기획, 후마니타스, 2018.
9. 대법원 1996. 6. 11. 선고 96도791 판결.
10. 대법원 2009. 9. 10. 선고 2009도3580 판결.
11. 2006년 대법원 결정의 법적 논의는 다음을 참고할 수 있다. 이승현, "성전환자의 법적 지위에 대한 국내 논의 동향 및 제언: 2006년 대법원 성별정정 허가 결정 이후 국내 법학계 논의를 중심으로", 「법과 사회」 44권, 법과사회이론학회, 2013.
12. 청주지방법원 1989. 7. 5. 89호파299 결정.
13. 류민희 외, "트랜스젠더의 성별정정 절차 개선을 위한 성별정정 경험조사", 〈제2회 공익·인권분야 연구결과 보고서〉, 서울지방변호사회, 2018, 90-91쪽.
14. 앞의 글, 94-95쪽.
15. 앞의 글, 116-122쪽.
16. 앞의 글, 119쪽.
17. 친권에 관한 논의는 김현경의 글(82쪽)을 참고하라.
18. 류민희 외, 앞의 글, 119-122쪽.
19. 이현재, "자의 성과 본의 변경심판에 있어서 자의 복리", 「가족법 연구」 22권 2호, 한국가족법학회, 2008, 32쪽.
20. 위라겸·배은경, "성·본 변경, 부계혈통주의 탈출은 가능할까", 『경계를 가로질러 가족 만들기』, 시간여행, 2017 참고.
21. "이에 대해 유럽평의회는 2018년 9월 21일 성적 지향, 성별 정체성에 상관없이 사생활, 가족생활에서 차별받지 않을 권리에 대한 결의안을 채택하여 '자녀를 둔 트랜스젠더 부모의 성별 정체성이 자녀의 출생증명서에 올바르게 표기되도록 해야 한다'고 강조한 바 있다." 홍성수 외, 〈트랜스젠더 혐오차별 실태조사〉, 국가인권위원회, 2020, 343쪽.
22. 혼인평등 운동에 관한 논의는 이종걸의 글(252쪽)을 참고하라.
23. 홍성수 외는 트랜스젠더의 가족구성권 보장을 위해 "법적 성별정정에 있어 혼인 및 미성년자 자녀 요건 폐지, 동성혼 법제화 및 동성 커플의 권리 보장, 트랜스젠더 부모의 권리 보장을 위한 사회적 논의와 제도 개선"을 권고하였다. 홍성수 외, 앞의 글, 342-344쪽.
24. 김수영, 〈트랜스여성의 노동과 복합적인 젠더실천〉, 연세대학교 석사학위논문, 2017, 103쪽.
25. 앞의 글, 103-104쪽.

아동·청소년의 가족구성권

1. 김순남, "강제된 장소, 강제된 관계를 질문하는 탈시설 운동", 『시설사회』, 장애여성공감 엮음, 와온, 2020.

2. 2007년 청소년인권행동 아수나로 활동가 공현은 "친권에 대한 진지한 도전"(《참세상》, 2007년 11월 21일)이라는 기고문에서 '부모'를 '친권자'로 표현했다.
3. 법률 제6544호(2002년 7월 1일 시행).
4. 김상용, "개정민법(친족·상속법) 해설", 「법조」 54권 9호, 법조협회, 2005, 127쪽.
5. 법률 제7427호(2005년 3월 31일 시행) 제912조.
6. 민법(법률 제6544호) 제837조의2 2항, 가사소송법(법률 제6627호) 제58조 2항.
7. 제철웅, "친권과 자녀의 권리의 충돌과 그 조정방향: 자의 인권을 중심으로", 「아세아여성법학」 9권 9호, 아세아여성법학회, 2006, 132쪽.
8. 김상용, 앞의 글, 128쪽.
9. 제철웅, 앞의 글, 132쪽.
10. 배경내, "한국사회와 아동인권의 현실", 「교육비평」 13호, 교육비평, 2003, 114쪽.
11. 린 헌트, 『프랑스혁명의 가족 로망스』, 조한욱 옮김, 새물결, 1999, 41쪽.
12. "아들에게 회초리 때려 전치 2주⋯ '무죄' 선고", 《노컷뉴스》, 2010년 2월 17일.
13. 보건복지부 보도자료, "아동에 대한 국가 책임을 확대합니다", 2019년 5월 23일.
14. "가정 내 아동학대 막으려⋯ 민법 '친권자 징계권'서 체벌 제외", 《한겨레》, 2019년 5월 23일.
15. "체벌이 도움? 당사자인 아동·청소년들은 '글쎄⋯'", 《한겨레》, 2020년 8월 5일.
16. 2020년 9월 14일, 여러 시민단체가 모여 민법 제915조 징계권 삭제를 촉구하는 기자회견을 열었다. 기자회견문 전문은 아수나로 홈페이지에서 확인할 수 있다. https://asunaro.or.kr (검색일: 2024년 12월 1일)
17. 청와대 국민청원으로 올라왔던 글. 현재는 원문을 볼 수 없다.
18. 신재일, "가족의 경계", 《대경일보》, 2019년 5월 26일.
19. "보육교사들, 애매한 훈육 기준 때문에 '외줄타기'", 《국민일보》, 2018년 5월 14일.
20. "아동학대 판결문 85건 중 '체벌은 불법' 판시 2건뿐", 《국민일보》, 2018년 5월 8일.
21. 신권철, "친권의 변천과 현대적 이해: 징계를 중심으로", 「서울법학」 30권 2호, 서울시립대학교 법학연구소, 2022, 63쪽.
22. "민법 '자녀 징계권' 폐지 1년 반⋯ 10명 중 8명 알지 못한다", 《한겨레》, 2022년 6월 27일.
23. 1세 미만 1.7%, 1~3세 8.1%, 4~6세 12.0%, 7~9세 19.1%, 10~12세 23.3%, 13~15세 24.7%, 16~17세가 11.2%였다. 〈2022 아동학대 주요통계〉, 보건복지부, 2023, 24쪽.
24. "여가부, 가출청소년 27만 명 추산⋯ 청소년 쉼터로 연간 3만 명 자립 돕는다", 《이투데이》, 2017년 10월 23일.
25. 〈2021년 위기청소년 지원기관 이용자 생활실태조사〉, 여성가족부, 2022, 76쪽.
26. 자세한 내용은 여기서 확인할 수 있다. "우범소년 규정 폐지를 위한 활동", 사단법인 두루, 2021년 3월 9일 게시물, https://www.duroo.org/bbs/view.php?seqno=4200

(검색일: 2024년 12월 1일)
27. 국가인권위원회, 〈가정 밖 청소년 인권보호정책 개선 권고〉, 2017년 1월 24일.
28. "인권위, '우범소년 규정' 삭제 권고… 법무부 당장 수용은 어려워", 《법률신문》, 2022년 4월 26일.
29. "'가출'이라는 말 대신 '탈가정'이라는 표현을 쓰겠습니다", 〈탈가정 나름 안내서〉, 청소년인권행동 아수나로, 2015, 3-4쪽.
30. 제철웅, 앞의 글, 123-124쪽.
31. 신권철, 앞의 글, 63쪽.
32. "살기 위해 '명의도용' 할 수밖에, 그들의 이야기", 《오마이뉴스》, 2022년 3월 5일.
33. 공현, "가족 해소의 권리", 《평등정책 토론회: 가족, 의무에서 권리로 차별에서 평등으로》 자료집(2019년 10월 23일), 차별금지법제정연대, 42쪽.
34. 허민숙, 〈홈리스 청소년 지원 입법·정책 과제: 가정복귀 프레임을 넘어〉, 국회입법조사처, 2021.
35. 만 15세 이상이면 취업이 가능하다. 만 13~14세는 추가로 지방고용노동청에서 발급하는 취직인허증이 필요하다.
36. 현진, "내가 떠나온 건 집이지 일상이 아냐", 《비마이너》, 2021년 11월 8일.
37. 성정숙의 글(115쪽)을 참고하라.
38. "학대 피해 자녀가 부모 친권상실 청구… 국무회의 통과", 《연합뉴스》, 2022년 11월 8일.

가족 뒤로 숨는 국가와 사회복지제도의 '가족' 호명 비판

1. "가장 인상적인 수치는 나라마다 다른 물가나 환율 수준을 반영해 실제 국민의 구매력을 측정하는 지표인 PPP를 기준으로 따져 본 1인당 GDP이다. 1995년만 해도 한국의 PPP 기준 1인당 GDP는 13,498달러였으나 2020년에는 43,319달러로 뛰어올랐다." "OECD 대사, 한국 경제지표는 꿈의 수치… 격차 문제 해소할 때", 《연합뉴스》, 2021년 10월 31일.
2. 『21세기 정치학 대사전』(정치학 대사전 편찬위원회, 아카데미아리서치, 2002) 중 '복지국가'에 대한 설명에서 발췌했다. https://terms.naver.com/entry.naver?docId=727384&cid=42140&categoryId=42140 (검색일: 2024년 12월 1일)
3. 2020년 7월 13일 서철모 당시 화성시장은 화성시장애인정책개악저지공동투쟁단과 간담회를 진행하며 이를 자신의 SNS로 생중계했다. 이날 그는 "왜 가족이 있는데 국가가 장애인을 돌보냐? 부모가 어느 정도 재산 있으면 활동지원을 일체 중단할 것"이라는 일련의 발언을 해서 물의를 빚었다. 장애등급제가 바뀌면서 줄어든 활동지원 시간을 보존하겠다고 한 정부의 방침과 상반된 내용으로 개혁안을 만들었던 화성시장은 이후 자신의 발언에 대해 사과했으며, 화성시와 경기장애인차별

철폐연대는 활동지원사업 협력안을 마련하여 합의하였다.
4. 엄기현, 〈한국 사회복지에서 가족책임주의의 양상과 국제비교: Esping-Andersen의 지표를 중심으로〉, 중앙대학교 대학원 석사학위논문, 2005.
5. 신용하·장경섭, 『21세기 한국의 가족과 공동체 문화』, 지식산업사, 1996.
6. 장경섭, 『내일의 종언?: 가족자유주의와 사회재생산 위기』, 집문당, 2018.
7. "복지부의 부양의무자 조사로 수급자 자살 잇따라", 《함께걸음》, 2011년 7월 22일; "단돈 7,000원 때문에… 시청 화단서 자살한 할머니", 《한겨레》, 2012년 8월 9일; "큰딸 취직으로 수급 탈락 50대, 또 자살", 《비마이너》, 2013년 9월 11일.
8. 기초법개정공동행동, 〈부정수급자 적발에 앞서 사통망과 기초법 제도 운영상의 문제점을 시급히 점검하라!〉, 2012년 5월 2일.
9. "무심한 복지정책… 4년간 자살한 기초생활수급자 1,238명", 《라포르시안》, 2014년 10월 14일.
10. 한병철은 『투명사회』(2014)에서 정보를 쉽게 구할 수 있는 사회에서는 신뢰에서 통제로의 시스템적 전환이 일어난다고 지적한다. 모든 것을 손쉽게 정보화하는 디지털 기술로 많은 것을 볼 수 있게 되지만 가려진 것이 없는 포르노적 사회, 보이는 것에만 가치가 부여되는 전시사회가 성립된다고 비판한다. '디지털화된 투명성'은 더 많은 민주주의와 더 높은 효율성을 가져다주고 서로 신뢰할 수 있는 사회를 만들 것으로 기대되지만, 실은 폭력적인 방식으로 '유리 인간'을 만들어 내며 전면적인 통제와 감시의 사회로 전환시킨다는 것이다.
11. "세 모녀의 죽음… 사회안전망 구멍", 《YTN》, 2014년 2월 28일.
12. "송파 세 모녀 비극에도 복지 사각 여전… 탈북 모자 아사", 《이데일리》, 2019년 8월 13일.
13. "SOS도 못 치고 떠난 성북구 네 모녀", 《동아일보》, 2019년 11월 5일.
14. "보건복지부는 이번 사건 가구와 유사한 사각지대에 있는 대상자를 발굴·지원하기 위한 긴급 실태조사를 각 광역자치단체에 요청했다. (…) 복지부는 '복지 사각지대 발굴관리시스템'을 통해 입수되지 않는 재개발 임대주택 등 저소득층 거주 공동주택 월세, 관리비 장기체납(3개월 이상) 가구에 대해서도 함께 실태조사를 할 예정이다." "복지부, 탈북민 모자 사망에 위기가구 긴급 실태조사", 《연합뉴스》, 2019년 8월 16일.
15. 〈2023년 가계금융복지조사〉, 통계청, 2023.
16. 〈2022년 국민기초생활보장 수급자 현황〉, 보건복지부, 2023.
17. https://web-archive.oecd.org/temp/2024-06-24/63248-expenditure.htm (검색일: 2024년 12월 1일)
18. 정부는 생계급여에서 부양의무자 기준이 폐지되었다고 주장하지만, 2024년 현재 부양의무자가 '연소득 1억 원 또는 일반재산 9억 원 초과'라는 기준에 하나라도 속하면 생계급여 수급에서 탈락한다. 자세한 내용은 김다정의 글(195쪽)을 참고하라.

19. 자세한 내용은 참여연대에서 발행하는 「복지동향」 301호 중 김진석과 김윤민의 글을 참고할 수 있다. https://www.peoplepower21.org/welfarenow/1950767?cat=290&paged=0 (검색일: 2024년 12월 1일)
20. 이와 관련하여 가족구성권연구소는 〈코로나19 관련 긴급 재난지원자금은 개인별로 지급되어야 한다〉(2020년 3월 31일)라는 논평을 발표하였다. 다음의 링크에서 전문을 볼 수 있다. https://www.facebook.com/share/p/9gdZbRCPxRW5Yk6n/ (검색일: 2024년 12월 1일)
21. 가족구성권연구소, 〈법이 호명하는 가족의 의미와 한계 연구보고서〉, 서울시청년허브, 2019 참고.
22. 정현희의 글(235쪽)을 참고하라.
23. 김대현의 글(44쪽)을 참고하라.
24. 프로크루스테스는 그리스 신화에 나오는 포악한 거인으로, 지나가는 사람을 붙잡아 침대에 눕히고는 침대보다 키가 크면 발을 잘랐고 침대보다 작으면 다리를 억지로 잡아 늘려 죽였다.
25. 성정숙 외, 〈드림어게인 청소년 미혼한부모 교육지원사업에 관한 질적 연구보고서〉, CJ나눔재단, 2022.
26. 2022년 《tvN》에서 방영된 예능 프로그램이다. 2024년 《JTBC》에서 동명의 드라마가 방영되었다.

정상가족 밖에서 생존의 세계를 모색하는 한부모여성

1. 조문영, 『빈곤과정』, 글항아리, 2022, 151쪽.
2. 사라 아메드, 『행복의 약속』, 성정혜·이경란 옮김, 후마니타스, 2021, 38-39쪽.
3. Ann Shola Orloff, "Gender and the Social Rights of Citizenship: The Comparative Analysis of Gender Relations and Welfare States", *American Sociological Review*, Vol. 58, No. 3, 1993.
4. 미나시타 기류·우에노 지즈코, 『비혼입니다만, 그게 어쨌다구요?!』, 조승미 옮김, 동녘, 2017.
5. 가난한 여성의 반복되는 죽음에 관한 사건들은 성정숙의 글(110쪽)을 참고하라.
6. 〈2022년 빈곤통계연보〉, 한국보건사회연구원, 2022.
7. 정재원, 『숨겨진 빈곤』, 푸른사상, 2010.
8. 앞의 책, 243쪽.
9. "한국한부모연합 오진방 사무국장 인터뷰: 제2의 사유리 어려운 이유, 비혼 출산 이후 '비혼 양육' 있다", 《민중의소리》, 2020년 11월 24일.
10. "'왜 미혼모가 기초수급자 됐겠나' 양육·구직 막막한 홀로서기", 《쿠키뉴스》, 2024년 7월 11일.

11. 박용수, "1990년대 이후 잔여적 한국복지국가 발달의 주요 배경", 『국제정치논총』 47권 2호, 한국국제정치학회, 2007.
12. 조문영, 앞의 책, 34쪽.
13. 낸시 프레이저Nancy Fraser는 복지정책에서 '의존'이라는 말은 소수자를 의존적인 속성을 갖는 존재로, 이미 게으른 존재로 구분하고, 마치 의존과 무관한 삶이 가능한 것처럼 만든다는 점에서 이데올로기적인 성격이 강하다고 말한다. 낸시 프레이저, 『전진하는 페미니즘』, 임옥희 옮김, 돌베개, 2017, 122-123쪽.
14. 송병기, 『각자도사 사회』, 어크로스, 2023 참고.
15. 김혜경, "건강가정기본법의 제·개정을 둘러싼 담론에 대한 연구", 『여성과 사회』 16호, 한국여성연구소, 2005, 67쪽.
16. 앞의 글, 83쪽.
17. 다음 자료에서 최근 건강가정기본법 개정 발의의 핵심적인 내용과 현재까지의 개정에 대한 여러 갈래의 논의를 확인할 수 있다. 이근옥, "건강가정기본법 개정, 협소한 '가족' 규정을 넘어 시민의 삶을 반영하는 법으로", 《현실과 다른 가족규정, 어떻게 바꿀 것인가: 건강가정기본법 개정을 위한 국회토론회》 자료집(2022년 9월 28일), 한국여성민우회.
18. 신경아, 『백래시 정치』, 동녘, 2023, 39쪽.
19. 사회적인 낙인이나 수치심을 강화하는 선별적인 복지체계는 저소득층을 중심으로 진행되는 초등학교 돌봄교실을 이용하는 학생들이 주변에 돌봄교실 참여를 알리지 않는 상황과도 연결된다. 이성애 부부 중심의 돌봄 정책의 한계에 대한 자세한 내용은 다음을 참고할 수 있다. 장수정 외, "한부모여성의 빈곤과 사회권 연구: 노동권과 돌봄권을 중심으로", 『한국여성학』 37권 1호, 한국여성학회, 2021.
20. 유지영, "한부모 기본소득을 제안한다", 『복지동향』 272호, 참여연대, 2021, http://www.peoplepower21.org/welfarenow/1797556 (검색일: 2024년 12월 1일)
21. 허현희·성정숙, 〈한부모가족의 건강과 자기돌봄 제약 요인 탐색 연구〉, 사회건강연구소, 2022.
22. 황지성, "요구호자의 시설화: 형벌-복지 연계와 젠더화된 신체의 수용", 『젠더와 문화』 13권 2호, 계명대학교 여성학연구소, 2020.
23. 김대현, "1950~60년대 '요보호'의 재구성과 '윤락여성선도사업'의 전개", 『사회와 역사』 129권, 한국사회사학회, 2021.
24. 배은경, "젠더 관점과 여성 정책 패러다임", 『한국여성학』 32권 1호, 한국여성학회, 2016, 15쪽.
25. 앞의 글.
26. 최선영·장경섭, "압축산업화 시대 노동계급 가족 가부장제의 물질적 모순", 『한국사회학』 46권 2호, 한국사회학회, 2012.
27. "한부모·장애인 단체 '미혼모·장애인 비하 발언 김종인, 사과하라'", 《한겨레신문》,

2021년 2월 10일.

28. 1989년 모자복지법이 제정되었을 때에는 "미혼여성의 모자가정까지 보호한다는 것은 오히려 혼외정사를 조장하는 비윤리적 결과가 초래될 위험성"이 있다는 이유로 미혼모에 대한 지원은 제외되었다. 반면 한부모여성은 '건강한 생활'이 가능한 대상으로 구분되었다. 한국여성정책연구원, 〈2013 경제발전경험 모듈화사업: 한부모가족지원〉, 여성가족부, 2013, 54-55쪽.

29. "홀로 어머니 될 권리를 위해, 함께 키우는 사회를 위해", 「서울대저널」 166호, 2021.

30. 2021년에만 새롭게 국가보호대상이 된 아동이 3,437명이다. 결혼하지 않은 여성이 출산한 경우만이 아니라 학대, 빈곤, 실직 등 다양한 이유로 보호대상이 되어 왔다. 그러나 보호조치 유형으로는 시설입소가 2,183명(63.5%), 가정보호가 1,254명(36.5%)으로 시설입소가 많은 비중을 차지하고 있다. 보건복지부 보도자료, "2021년도 국가보호대상 아동 3,437명 발생", 2022년 5월 31일.

31. 오진방, "시설중심 지원을 넘어선 한부모 정책이 필요한 이유", 「복지동향」 267호, 참여연대, 2021, https://www.peoplepower21.org/welfarenow/1757816 (검색일: 2024년 12월 1일)

32. 김현철, "도시의 감금회로망적 상상: 유동하는 수용시설의 경계와 그 사이의 몸들을 언어화하기 위하여", 『시설사회』, 장애여성공감 엮음, 와온, 2020.

33. 김순남, "강제된 장소, 강제된 관계를 질문하는 탈시설 운동", 『시설사회』, 장애여성공감 엮음, 와온, 2020.

34. 앞선 내용의 일부는 가족구성권연구소가 발표한 〈보호출산제는 정상가족주의를 보호할 뿐이다〉(2023년 10월 11일)라는 논평에서 가져왔다. https://familyequalityrights.org/campaign/?q=YToyOntzOjEyOiJrZXl3b3JkX3R5cGUiO3M6MzoiYWxsIjtzOjQ6InBhZ2UiO2k6Mzt9&bmode=view&idx=16569415&t=board (검색일: 2024년 12월 1일)

35. 2024년 7월 성적권리와 재생산정의를 위한 센터 셰어, 청소년주거권네트워크 온, 시립십대여성일시지원센터 나무가 함께 진행한 간담회로, 자세한 내용은 다음에서 확인할 수 있다. https://srhr.kr/issuepapers/?q=YToxOntzOjEyOiJrZXl3b3JkX3R5cGUiO3M6MzoiYWxsIjt9&bmode=view&idx=49979140&t=board (검색일: 2024년 12월 1일)

36. https://srhr.kr/issuepapers/?bmode=view&idx=49986182 (검색일: 2024년 12월 1일)

37. 최형숙, "왜 그들의 삶은 비밀이어야 하는가", 《매일일보》, 2021년 6월 29일.

38. 2023년 12월에 열린 《제3회 친족성폭력피해자 생존기념축제: 좋지 아니한家》 중 나영정의 연대발언에서 가져왔다. https://familyequalityrights.org/campaign/?q=YToyOntzOjEyOiJrZXl3b3JkX3R5cGUiO3M6MzoiYWxsIjtzOjQ6InBhZ2UiO2k6UiO2

k6Mzt9&bmode=view&idx=17210341&t=board (검색일: 2024년 12월 1일)
39. 백영경, "돌봄이 정치적 기획이 되려면", 『창작과 비평』 204호, 창비, 2024.
40. 경순·이진희, "장애와 살아가는 삶을 물려주기", 『어쩌면 이상한 몸』, 장애여성공감 엮음, 오월의봄, 2018, 122쪽.
41. 가노 쓰치, 『침몰가족』, 박소영 옮김, 정은문고, 2022, 15쪽.

비혼 단독 출산으로 보는 여성의 재생산 권리

1. "임신 중인 허수경 '생물학적 아빠의 존재는 중요하지 않아'", 《연합뉴스》, 2007년 7월 26일.
2. 김순남, "이성애 비혼여성으로 살아가기: 지속 가능한 비혼, 젠더, 친밀성", 「한국여성학」 32권 1호, 한국여성학회, 2016.
3. 언니네트워크, 〈비혼여성·1인 가구를 위한 가이드북 Plan B〉, 2014.
4. 국립중앙도서관에서 '비혼'을 검색하여 나온 도서 수이다. 보고서나 비혼과 크게 관련 없는 책을 제외한 대중서만 집계했다(2022년 12월 31일 기준).
5. "해야 한다"는 "반드시 해야 한다"와 "하는 것이 좋다"를 합한 수치이며, "하지 말아야 한다"는 "하지 않는 것이 좋다"와 "하지 말아야 한다"를 합한 수치이다. 통계청 보도자료, "2022년 사회조사 결과", 2022년 11월 16일, 12쪽에서 변용.
6. 이와 연관된 다음 문항에서 결혼하지 않는 이유에 대해 물었을 때, 여성과 남성 모두 1순위는 "결혼 자금이 부족해서"였다. 하지만 2순위는 남성의 경우 "고용 상태가 불안정해서"인 반면, 여성의 경우 "결혼의 필요성을 느끼지 못해서"를 꼽았다는 점 또한 비혼이 남성보다 여성을 중심으로 하는 현상과 담론임을 보여 준다.
7. 〈다양한 가족에 대한 국민인식조사〉, 여성가족부, 2021, 30쪽에서 변용.
8. 앞의 글, 29쪽.
9. "선진국은 '여성 경제활동' 많을수록 출산율 높은데, 한국은 왜?", 《한국일보》, 2022년 8월 27일.
10. "380조 쏟았지만 출산율 세계 꼴찌… 현실로 다가온 인구재앙", 《복지타임즈》, 2022년 9월 6일.
11. 가족구성권연구소, 〈가족다양성에서 가족구성권으로: 가족정책 패러다임 전환의 필요성과 과제〉, 2021, 32-35쪽 참고.
12. 행정자치부 보도자료, "대한민국 출산지도 홈페이지 문 연다", 2016년 12월 28일.
13. 원종욱, 〈결혼시장 측면에서 살펴본 연령·계층별 결혼 결정요인 분석〉, 한국보건사회연구원, 2017, 105쪽.
14. 앞의 글, 106쪽.
15. 장우현, "생산가능인구 비중 감소에 대응하기 위한 재정정책 방향에 대한 제언", 「재정포럼」 335권, 한국조세재정연구원, 2024.

16. "윤 대통령, 인구 국가비상사태 선언… 인구전략기획부 신설", 《경향신문》, 2024년 6월 19일.
17. 김선혜, "모성의 의무에서 재생산 권리로: 모자보건법의 비판적 검토 및 개정방향 모색", 「이화젠더법학」 12권 2호, 이화여자대학교 젠더법학연구소, 2020.
18. 신옥주, "헌법적 관점에서 본 여성의 재생산권 보장을 위한 방안", 「공법연구」 49권 2호, 한국공법학회, 2020.
19. 김선혜, 앞의 글, 24쪽.
20. 한국여성정책연구원 성인지통계 시스템에서 검색이 가능하다. https://gsis.kwdi.re.kr/gsis/kr/main.html (검색일: 2024년 12월 1일)
21. 김순남, 앞의 글.
22. 강은애 외, 〈서울시민의 비혼 출산에 대한 인식 현황 및 정책 과제〉, 서울시여성가족재단, 2021, 65쪽.
23. 송효진, "비혼모에 대한 법제도 운영 현황과 개선방안", 「젠더법학」 10권 2호, 한국젠더법학회, 2019.
24. 이수형 외, 〈2019년 난임시술 지원사업 평가 및 개선사항 도출 연구〉, 한국보건사회연구원, 2020, 31쪽.
25. 강은애 외, 앞의 글, 77쪽.
26. 엄혜진, "성차별은 어떻게 '공정'이 되는가?: 페미니즘의 능력주의 비판 기획", 「경제와 사회」 132호, 비판사회학회, 2021.
27. 이유림, "뛰어난 여성들은 자신의 파이를 구할 수 있을까", 『능력주의와 불평등』, 홍세화 외, 교육공동체벗, 2020.

다문화가족 정책과 결혼이주여성

1. 헌법재판소 2005. 2. 3. 선고 2001헌가9 결정.
2. "친족성폭행, 혼인취소… 한 베트남 결혼이주여성의 '약탈 14년'", 《한겨레》, 2018년 1월 20일.
3. 대법원 2016. 2. 18. 선고 2015므654 판결.
4. 김정선·김재원, "결혼중개업의 관리에 관한 법률, 의미 없지만 유효한 법", 「경제와 사회」 86호, 비판사회학회, 2010.
5. 빈부격차·차별시정위원회 보도자료, "여성결혼이민자 가족의 사회통합 지원대책 확정", 2006년 4월 26일.
6. 양경은·노법래, "한국 다문화 담론 구조와 그 시계열적 변동", 「한국사회복지학」 72권 3호, 한국사회복지학회, 2020.
7. 국적법(법률 제5431호)의 '재정·개정 이유'에 나와 있다.
8. 김정선, "시민권 없는 복지정책으로서 '한국식' 다문화주의에 대한 비판적 고찰",

「경제와 사회」 92호, 비판사회학회, 2011.
9. "이주여성은 '아이 낳는 사람'이 아닙니다", 《일다》, 2018년 8월 3일.
10. 김현미, "결혼이주여성의 사회통합: 가부장제와 다문화주의 사이에서", 《2008년 추계 이민학회》(2008년 11월 21일).
11. "국제결혼 지원조례는 '제도화된 차별' 이제는 폐기해야", 《일다》, 2023년 12월 18일.

탈시설 운동과 가족구성권

1. 조미경, "IL 운동과 제도화", 『장애여성 운동, 15년 동안의 사고』, 장애여성공감, 2013.
2. 박정수, "자립생활을 위한 '자기와 타자의 통치'②: 탈시설 장애인이 드러내는 '진실한 삶'", 《비마이너》, 2018년 7월 12일 참고.
3. 장애여성공감 회원의 이야기를 각색했다.
4. "이제 웃으며 이야기할 수 있다! '마로니에 8인'의 유쾌한 10년", 《비마이너》, 2019년 6월 6일.
5. 김정하, "장애인 인권운동의 새로운 동향: 탈시설 운동을 중심으로", 「인권법평론」 5권 5호, 전남대학교 법학연구소, 2010.
6. 김명연, "'공동체로서의 함께 삶'을 향한 탈시설화의 철학과 의미 그리고 과제", 《2018년 춘계학술대회 발표집》, 한국장애학회, 2018.
7. 김지혜, "탈시설 운동은 '없애는 것' 넘어 '만드는 것'", 『시설사회』, 장애여성공감 엮음, 와온, 2020.
8. 조미경, "장애인 탈시설 운동에서 이뤄질 '불구의 정치' 간 연대를 기대하며", 『시설사회』, 장애여성공감 엮음, 와온, 2020.
9. "가려진 삶, 증발하는 죽음", 《비마이너》, 2018년 11월 29일.
10. 앞의 글.
11. 조한진 외, 〈중증·정신장애인 시설생활인에 대한 실태조사〉, 국가인권위원회, 2017.
12. 〈2024년 장애인 복지시설 사업안내〉, 보건복지부, 2024, 564쪽.
13. 김명연, "장애인의 탈시설 권리", 「민주법학」 45호, 민주주의법학연구회, 2011, 152-153쪽.
14. 더 케어 컬렉티브, 『돌봄 선언: 상호의존의 정치학』, 정소영 옮김, 니케북스, 2021 참고.
15. "부양의무 '폐지' 소식에 탈시설했더니 '수급 탈락', 이게 웬 날벼락?", 《비마이너》, 2020년 2월 18일.
16. 김순남 외, 〈서울시건강가정지원센터 정체성 및 활성화 방안〉, 서울시건강가정지

원센터, 2018.
17. 이진희, "동료가 된다는 것", 공익인권법재단 공감, 2018년 5월 31일자 게시물, https://www.kpil.org/board_column/동료가-된다는-것 (검색일: 2024년 12월 1일)

가족의 안과 밖을 질문하는 퀴어-비혼 정치

1. 국가통계포털KOSIS에서 검색이 가능하다. https://kosis.kr (검색일: 2024년 12월 1일)
2. 박진솔, 〈페미니즘 리부트 이후 4B 여성의 정치적 의미에 대한 연구〉, 이화여자대학교 석사학위논문, 2022.
3. 울리히 벡·엘리자베트 벡 게른스하임, 『사랑은 지독한, 그러나 너무나 정상적인 혼란』, 배은경 외 옮김, 새물결, 1999, 78쪽.
4. 지은숙, "한·일 비교의 관점에서 본 한국 비혼 담론의 특성과 생애서사 구축에서 나타나는 정치성", 「한국문화인류학」 53권 1호, 한국문화인류학회, 2020, 181쪽.
5. "최근 한국 가족의 현실은 더 이상 그러한 평가나 기대를 갖기 어렵게 하고 있다. 가출, 유기, 이혼 및 별거, 가정폭력 등 가족의 불안정성을 나타내는 현상들이 급격하게 증가하고 있기 때문이다. 특히 한국 가족의 불안정 추세는 1997년 말 외환위기로 인하여 국제통화기금IMF의 관리체제에 들어가면서 급속하게 확산되었으며, 이러한 결과는 통계청의 인구동태통계에서도 여실히 나타나며, '가족의 변화, 해체, 위기'라는 제목하에 이혼, 자살, 노숙, 가출, 유기, 아동비행, 결식아동, 가정폭력 등과 관련된 기사가 각종 언론매체에 연일 등장하고 있음에서 여실히 드러난다." 김승권 외, 〈한국 가족의 변화와 대응 방안〉, 한국보건사회연구원, 2000, 384-385쪽.
6. 〈2009 통계로 보는 여성의 삶〉, 통계청, 2009, 17쪽.
7. 원영희, "줄어드는 결혼, 늘어나는 이혼", 「보건복지포럼」 115권, 한국보건사회연구원, 2006, 46쪽.
8. 김순남, 『가족을 구성할 권리』, 오월의봄, 2022, 28쪽.
9. 김혜경, "건강가정기본법의 제·개정을 둘러싼 담론에 대한 연구", 「여성과 사회」 16호, 한국여성연구소, 2005.
10. 김인숙, "건강가정기본법 제정 과정에 나타난 가족 및 가족정책 담론", 「한국사회복지학」 59권 3호, 한국사회복지학회, 2007.
11. 김혜경, 앞의 글.
12. 김아령, 〈페미니스트 정체성 형성과정에 관한 연구: 2000년대 영페미니스트의 생애사를 중심으로〉, 부산대학교 석사학위논문, 2008.
13. 오김숙이, "한국 여성운동과 차이 문제", 「여성이론」 22호, 여성문화이론연구소,

2010.
14. 언니네트워크, 〈비혼여성·1인 가구를 위한 가이드북 Plan B〉, 2014, 16쪽.
15. 한국여성단체연합, 〈여성가족부에 대한 한국여성단체연합의 입장〉, 2004년 12월 17일.
16. http://www.unninetwork.net/?cool_timeline=성명서-여성가족부에-반대합니다 (검색일: 2024년 12월 1일)
17. "여성 내부의 차별과 차이 발언", 《경향신문》, 2004년 3월 4일.
18. http://www.unninetwork.net/?cool_timeline=언니네-채널넷-특집-122호-동성결혼-피로연疲勞宴 (검색일: 2024년 12월 1일)
19. "'골드미스' 증가 탓 저출산 심화", 《세계일보》, 2009년 10월 12일.
20. 윤자영, "경제위기? 여성노동 위기!: 여성 실업 현황과 실업 대책", 《사라지는 여성 일자리, 악화되는 여성 고용! 넘어설 대안은?》 자료집(2009년 6월 15일), 생생여성행동.
21. "돈 없으면 결혼 안 해! 외치는 여친에 고개 숙인 남", 《아시아경제》, 2011년 7월 30일.
22. https://family.unninetwork.net/28 (검색일: 2024년 12월 1일)
23. 언니네트워크·가족구성권 연구모임, 〈'비정상' 가족들의 '비범한' 미래 기획〉, 2012, 153쪽.
24. 언니네트워크, 〈언니네트워크 비혼 자료집〉, 2010, 43쪽.
25. 언니네트워크, 『언니들, 집을 나가다』, 에쎄, 2009, 6쪽.
26. "권영길 후보와 대담을 하는 자리가 있었는데 교섭이 들어왔다. 그래서 "레즈비언 비혼이요? 아니면 헤테로 비혼이요?" 하고 물어봤더니, "당연히 헤테로 아닌가?" 하는 답변이 돌아왔다. 레즈비언은 당연히 결혼을 '못 한다'고 생각할 뿐 아니라 대개의 레즈비언은 동반자등록법이 생기면 곧 그 버스를 탈 것이라고 생각하는 것이다." 2007년 12월 15일 언니네트워크 토론회 《감자모임》 속기록에 적힌 참가자 발언이다.
27. 언니네트워크, 〈언니네트워크 비혼 자료집〉, 2010, 140쪽.

죽음 이후의 가족

1. 이 글은 다음 보고서를 바탕으로 쓰였다. 한가람, "'비정상 가족들의 비범한 미래 기획: 찬란한 유언장' 활동 보고", 〈가족구성권 연구모임 2006-2011 활동자료집〉, 가족구성권 연구모임, 2011.
2. 헌법재판소 2015. 11. 26. 선고 2012헌마940 결정.
3. "내 주검은 내 뜻대로", 《한겨레21》, 2019년 10월 7일.
4. 장사 등에 관한 법률(법률 제20309호) 제12조 2항.

5. 《찬란한 유언장》 프로그램에서 실제 제공된 유언장 작성례이다.

다양한 친밀성과 돌봄 관계를 위한 제도적 공간 만들기

1. 2000년대 초반, 장애여성과 비혼여성은 '가족으로부터의 독립'과 '내가 선택한 사람과 함께 살기'를 동시에 고민해 온 대표적인 그룹이다. 동거하는 장애여성(이자 활동가) 세 명의 이야기를 그린 다큐멘터리 〈거북이 시스터즈〉(장애여성공감·여성영상집단 움, 2002)를 참고할 수 있다. 비혼여성의 경우, 대구여성회가 2002년부터 주최한 비혼여성캠프와 앞서 이유나의 글에서 소개한 언니네트워크의 비혼여성 운동사를 참고할 수 있다.
2. 이종걸의 글(252쪽)을 참고하라.
3. 가족구성권 연구모임, 〈대안적 가족제도 마련을 위한 기초자료집〉, 민주노동당, 2007, 8쪽.
4. 진선미 의원실, "생활동반자 관계에 관한 법률안 공동발의 협조요청", 2014년 9월 23일.
5. "'후보 배우자의 명함 배포 허용은 차별' 헌소", 《연합뉴스》, 2008년 3월 30일.
6. 헌법재판소는 2011년 당시 청구인 최현숙은 공직선거 (예비)후보 상태가 아니었으므로 판단의 실익이 없다는 이유로 각하했다. 헌법재판소 2011. 8. 30. 선고 2008헌마302 결정.
7. "'활동보조인 명함 돌리기' 위법 아니다", 《에이블뉴스》, 2009년 2월 27일.
8. 헌법재판소 2009. 2. 26. 선고 2006헌마626 결정.
9. 법률 제9974호(2010년 1월 25일 시행).
10. 의안번호 1807256(2009년 12월 30일 제안).
11. 헌법재판소 2013. 11. 28. 선고 2011헌마267 결정.
12. "미혼 후보자, 선거법 헌법소원 제기… '미혼자 차별' 왜?", 《경향신문》, 2016년 4월 5일.
13. 헌법재판소 2016. 9. 29. 선고 2016헌마287 결정.
14. 헌법재판소 2011. 8. 30. 선고 2010헌마259, 281(병합) 결정.
15. 가족구성권연구소, 〈법이 호명하는 가족의 의미와 한계 연구보고서〉, 서울시청년허브, 2019.
16. 가족구성권연구소, 〈가족다양성에서 가족구성권으로: 가족정책 패러다임 전환의 필요성과 과제〉, 2021.
17. 박진옥, 〈비혈연 관계 지인의 서울시 무연고 사망자 공영장례 경험에 관한 연구〉, 서울시립대학교 박사학위논문, 2022.
18. 박준혁, "프랑스의 PACS에 관한 연구: 2006, 2016년 개정을 반영하여", 「법학논총」 34권 3호, 국민대학교 법학연구소, 2022.

19. 2014년 7월에 열린 《새로운 가족, 제도의 모색: '생활동반자 관계에 관한 법률' 토론회》 중 진선미 의원의 발언이다.
20. Carol Bacchi, "Policy as Discourse: What Does It Mean? Where Does It Get Us?", *Discourse: Studies in the Cultural Politics of Education*, Vol. 21, No. 1, 2000.
21. 의안번호 2121647(2023년 4월 26일 제안).
22. 의안번호 2122404(2023년 5월 31일 제안).
23. 2023년 9월 가족구성권연구소는 발의된 법안의 사회적 의미를 환기하고, 생활동반자 등록과 관련해 가족제도로부터 차별과 배제를 겪고 있는 집단들과 함께 시민사회를 조직하기 위해서 공론장을 열었다. 가족구성권연구소, 나눔과나눔, 민달팽이유니온, 변화된미래를만드는미혼모협회 인트리, 사회복지연구소 물결, 성별이분법에저항하는사람들의모임 여행자, 안산공동체미디어, 언니네트워크, 장애여성공감, 청소년인권운동연대 지음, 한국게이인권운동단체 친구사이가 공동주최했다.
24. 나영정, "생활동반자법은 누구를 대변하는가?", 《일다》, 2023년 9월 20일.
25. 가족구성권연구소, 〈서울시 사회적 가족의 지위 보장 및 지원방안 연구〉, 서울특별시의회, 2019, 102쪽.

동성 결합의 실천과 혼인평등 운동

1. 친구사이는 2014년 단체 발기 20주년을 맞이하여 게이 인권운동의 과거와 현재, 미래를 조망하기 위해 담론팀을 조직하였다. 반년간 논의 끝에 2015년 상반기 총 네 차례의 기획토론을 진행했는데 그중 하나가 바로 《동성 결혼: 동성애 인권운동의 제도화 전략》이었다. 2023년에는 한국 최초로 혼인평등 법안이 발의되고 동성혼 법제화를 위한 움직임이 본격화되면서, 친구사이가 혼인평등 운동을 어떻게 맥락화하고 만날 것인지 회원들과 함께 이야기 나누는 시간을 가졌다.
2. "내 사위는 여자", 《동아일보》, 2002년 10월 31일.
3. "국내 첫 동성 간 공개 결혼식 성황", 《연합뉴스》, 2004년 3월 7일.
4. 한국게이인권운동단체 친구사이, "'스피크 아웃' 및 '예쁜 가족' 대회 사례 정리", 〈동성애자 가족구성권 자료집〉, 2006.
5. 가족구성권 연구모임이 주최한 두 차례의 워크숍 《가족 패러다임의 변화와 동성 결합의 의미》와 《동성 결합의 실천과 '당연한 결혼식'의 의미》, SOGI법정책연구회가 주최한 콜로키움 《동성 결합 제도화의 의미와 법적 쟁점》, 당연한 결혼식 기획단과 성소수자차별반대 무지개행동, SOGI법정책연구회가 공동주최한 《동성 결합 소송, 어떻게 할 것인가?》 등이 있다.
6. 김순남, "동성 결합의 실천과 '당연한 결혼식'의 의미 토론문", 《동성 결합의 실천과 '당연한 결혼식'의 의미》 자료집(2013년 9월 4일), 가족구성권 연구모임.
7. 성소수자차별반대 무지개행동, 〈김조광수, 김승환 씨의 결혼을 축하하며 다름이

차별이 되지 않는 세상, 보다 다양한 이들의 권리와 관계가 보장되는 세상을 함께 만들어 갈 수 있기를 바랍니다〉, 2013년 9월 4일.

8. "다양성의 이름으로", 「언니네 채널[넷]」 특집 122호, 언니네트워크, 2013년 12월 18일, http://www.unninetwork.net/?cool_timeline=언니네-채널넷-특집-122호-동성결혼-피로연疲勞宴 (검색일: 2024년 12월 1일)

9. 혼인평등연대는 성소수자가 평등하고 다양하게 가족을 이루고 살아갈 권리를 실현하기 위한 활동을 펼치는 연대 단체이다. 소속 단체로는 공익인권법재단 공감, 공익인권변호사모임 희망을만드는법, 녹색당 소수자인권특별위원회, 다양성을향한지속가능한움직임 다움, 정의당 성소수자위원회, 한국게이인권운동단체 친구사이, 한국레즈비언상담소, 행동하는성소수자인권연대가 있다.

10. 2024년 7월 18일 대법원 전원합의체는 동성 배우자에게 건강보험 피부양자 지위를 인정하는 판결을 만장일치로 확정했다. 대법원은 이성 동반자와 달리 동성 동반자를 피부양자로 인정하지 않는 것은 "성적 지향을 이유로 본질적으로 동일한 집단을 차별하는 행위"라고 명시했다. 또한 이는 "인간의 존엄과 가치, 행복추구권, 사생활의 자유, 법 앞에 평등할 권리를 침해"하며 "그 침해의 정도도 중하다"고 강조했다. 대법원 2024. 7. 18. 선고 2023두36800 전원합의체 판결.

11. 자세한 내용은 혼인평등연대 홈페이지에서 확인할 수 있다. http://gagoonet.org (검색일: 2024년 12월 1일)

12. 이호림, "함께 나아가는 동성혼 법제화 투쟁", 《제15회 성소수자 인권포럼 퀴어/운동/정의》 자료집(2023년 2월 18일), 성소수자차별반대 무지개행동, 196쪽.

13. "세 번째 담론팀 기획토론: 동성 결혼 제도화와 시민권", 「친구사이 소식지」 58호, 한국게이인권운동단체 친구사이, 2015.

14. 대법원 2024. 7. 18. 선고 2023두36800 전원합의체 판결.

15. 생활동반자법에 관한 논의는 정현희의 글(235쪽)을 참고하라.

관계와 시민의 기본값을 바꾸는 1인 가구

1. 와난 작가가 2018년부터 2024년까지 네이버에 연재한 웹툰 〈집이 없어〉 54화에 나오는 대사다.

2. 〈2023 통계로 보는 1인 가구〉, 통계청, 2023, 7쪽.

3. 김미숙·김안나, "1인 가구의 세대별 삶의 만족도 영향요인 비교 연구", 「한국학교·지역보건교육학회지」 21권 1호, 한국학교·지역보건교육학회, 2020; 강은나·이민홍, "우리나라 세대별 1인 가구 현황과 정책 과제", 「보건복지포럼」 234권, 한국보건사회연구원, 2016.

4. 민보경, 〈1인 가구 유형 분석과 행복 제고를 위한 시사점〉, 국회미래연구원, 2023.

5. 손희정, "여성의 이야기는 어디로 갔는가: 스크린 페미사이드와 스페이스 오프", 「누

가 여성을 죽이는가』, 이나영 엮음, 돌베개, 2019, 135쪽에서 재인용.
6. 민보경, 앞의 글.
7. 관계부처 합동, 〈1인 가구 중장기 정책방향 및 대응방안Ⅰ〉, 기획재정부, 2020.
8. 가족구성권연구소, 〈가족다양성에서 가족구성권으로: 가족정책 패러다임 전환의 필요성과 과제〉, 2021.
9. 김경서, "언젠가부터 내 친구들은 공공임대주택 청약을 넣지 않는다", 《한겨레21》, 2023년 8월 9일.
10. 가족구성권연구소, 앞의 글.
11. "함께 살고 있지만… '법' 안에 없는 내 가족", 《경기일보》, 2023년 5월 16일.
12. 가족구성권연구소는 가족상황 차별을 크게 '가족 형태 및 구성과정에 따른 차별'과 '가족구성권으로 인한 차별'로 구분한다. 전자는 특정 파트너십과 돌봄 관계의 과정을 거쳐 형성된 가족 관계 특성에 따른 차별을, 후자는 개인의 역사, 상태, 행위에 대한 차별이 가족 전체 또는 다른 가족구성원에 대한 부당한 대우로 확대되는 것을 의미한다. 가족구성권연구소, 〈가족실천 및 가족상황 차별 실태조사 최종보고서〉, 2021.
13. 김영정, "사회적 가족 도시 구현을 다시 생각하며: 서울시 1인 가구 지원정책의 실효성 확보를 위한 정책적 제언", 《1인 가구 지원조례의 개정을 위한 토론회: 서울시 1인 가구 지원정책의 미래를 그리다》 자료집(2021년 8월 10일), 서울특별시의회.
14. 민보경, 앞의 글.
15. 김혜정, "비혼여성 1인 가구의 사회적 배제에 관한 연구", 「여성학연구」 25권 2호, 부산대학교 여성연구소, 2015.
16. 통계청, 앞의 글, 8쪽.
17. 김민지, "청년세대 고학력 비혼 1인 가구 여성의 거주 공간의 경험을 통해 본 가족, 성 이데올로기의 저항과 수용, 변형", 「문화와 사회」 29권 3호, 한국문화사회학회, 2021.
18. 이인정·김미영, "1인 가구 청년의 행복에 영향을 미치는 요인: 성차를 중심으로", 「한국산학기술학회논문지」 22권 7호, 한국산학기술학회, 2021.
19. 김영정, 앞의 글.
20. 앞의 글.
21. 정현희의 글(249쪽)을 참고하라.
22. 이 결정에 대해 전국 23개 시민단체와 정당 내 위원회는 〈서울시의회는 사회적 가족 지원조례로 다양하고 실질적인 가족을 보호하라〉(2021년 9월 13일)라는 공동 논평을 발표한 바 있다. https://srhr.kr/statements/?idx=7945932&bmode=view (검색일: 2024년 12월 1일)

가족신분사회

호주제 폐지 이후의 한국가족정치

1판 1쇄 펴냄 2025년 2월 3일

지은이　가족구성권연구소
펴낸이　하늘

편집·디자인　하늘
제작　책과6펜스

펴낸곳　와온
출판등록　2019년 2월 14일 제484-251002019000023호
주소　전라남도 광양시 용지1길 8 2층
팩스　0504-261-2083
이메일　waonbooks@gmail.com

ISBN 979-11-967674-9-5 03330

이 책은 저작권법에 의해 보호받는 저작물이므로 무단 전재와 복제를 금합니다.
책의 전부 또는 일부를 이용하려면 저작권자와 출판사 양측의 동의를 받아야 합니다.